JN437317

# 질서자유주의, 독일의 사회적 시장경제

Ordo Liberalism, German Social Market Economy

황 준 성

# 저자 서문

독일 Deutschland, Germany이라는 나라에 대해 학문적 관심을 갖게 된 계기는 1982년 독일 베를린 자유대학에서 시작한 유학부터이다. 유학기간 중 깊은 인상을 받았던 것은 독일은 저자가 한국에서 경험했던 정치 및 사회 구조는 물론 경제시스템과 문화 등 여러 분야에서 상당히 다르다는 것이었다. 뿐만 아니라 학문적으로도 독일의 경제학은 한국 대학에서 공부한 경제학과 비교해 볼 때, 차이가 있다는 것이다.

독일에서의 유학경험을 한마디로 요약한다면, 저자에게는 고정관념을 깨는  사회문화적 충격이었으며 동시에 학문적 충격이었다고 할 수 있다. 이러한 충격과 새로운 경험은 그 동안 저자가 배워 온 경제학이 부분적이며 제한적이었고, 또한 하나의 세계관을 가지고 선입견과 편견 속에서 경제학을 공부하였음을 깨닫게 하였다.

독일에서 경제학을 보다 깊고 폭넓게 공부하면서 경제분석에 있어 다양한 접근방법이 존재한다는 사실을 알게 되었다. 즉, 경제변수를 중심으로 한 변수간의 상관관계 및 인과관계 분석이 경제학의 전부가 아니라 다른 분석방법도 있다는 점이다. 특별히 한 국가의 경제는 단순히 경제변수에 의해서만 작동하지 않는다는 것이며, 그 나라의 정치, 사회, 문화, 국민성 그리고 체제 및 제도 등이 경제에 영향을 미친다는 점이다. 경제현실의 이해와 분석에 대한 이러한 새로운 경험과 인식은 저자로 하여금 정치경제학과 비교경제체제론을 주전공으로 선택하게 하는 결정적 계기가 되었다. 뿐만 아니라 박사학위 취득 후에도 지속적으로 독일경제학과 독일의 '사회적 시장경제' 라는 시스템에 관심을 가지고 연구하게 된 동기가 되었다.

본 저서는 이러한 배경 하에 그 동안 저자가 연구하고 발표한 독일 사회적 시장경제에 관한 연구결과물들의 상당부분을 정리한 단행본이라고 볼 수 있다.

본 저서를 출간하게 된 주요 목적은 크게 다음과 같이 세 가지로 요약할 수 있다.

첫째, 본 저서를 통해 21세기 경쟁력 있는 한국 시장경제 모델을 정립하는데 필요한 이론적, 정책적 시사점을 제공하고자 한다.

독일은 제2차 세계대전 후, 패전 독일경제를 회복하기 위해 그 동안 운영하던 중앙관리형 나치경제시스템을 포기하고 사회적 시장경제 Soziale Marktwirtschaft 라는 독일 특유의 경제시스템을 운영하면서 소위 '라인강의 기적' 이라는 놀라운 경제적 성과를 달성하였고, 현재까지 세계 선진국의 자리를 지키고 있다. 독일 사회적 시장경제의 특징 중 하나는 경제에서 시장과 정부의 역할을 법적 · 제도적으로 구체화하고 여기에 근거하여 국민경제를 운영하고 있다는 점이다.

한국경제가 안고 있는 문제점 중의 하나는 국민경제에서 시장과 정부의 역할을 제대로 규정하지 못하고 있다는 것이다. 이러한 관점에서 본 저서는 한국의 바람직한 시장경제질서를 확립하는데 있어 요구되는 이론과 정책수립에 있어 필요한 시사점을 줄 수 있을 것이다.

둘째, 본 저서의 내용 중, 통일독일에 관한 연구는 향후 실현될 한반도 통일에 필요한 역사적 교훈과 통일문제와 관련된 일련의 정책적 시사점을 줄 수 있을 것이다.

독일은 제2차 세계대전 후 1990년 10월 3일 통일이 되기 전까지 사회주의 국가인 동독과 자본주의 국가인 서독으로 분단된 국가로 운영되었다. 그리고 1990년 10월 3일 통일 이후 현재까지도 정치, 경제, 사회 등 여러 분야에서 통일에 따른 부작용과 문제점들이 존재하고 있는 것으로 평가된다.

세계에서 유일한 분단국가로 남아 있는 한국도 장래에 다가 올 통일을 위해 정치, 사회, 경제 등 여러 분야에서 체계적으로 준비해야 한다. 이러한 당위론적 관점에서 독일의 통일과정과 통일 이후 나타난 문제점들에 대한 연구는 여러 면에서 향후 통일 한국에 주는 시사점이 클 것으로 사료된다.

셋째, 본 저술을 통해 시장경제의 기본이념인 자유주의에 대한 다양한 유형 소개와 폭넓은 이론적 틀을 제공하고자 한다.

시장경제시스템의 기본이념은 자유주의 Liberalism이다. 이러한 자유주의는 자본주의 시장경제가 발전하는 과정에서 크게 고전적 자유주의 Classical Liberalism, 영미형의 신자유주의 Neo-Liberalism 그리고 독일의 질서자유주의 Oro-Liberalism의 3가지 형태로 분류할 수 있다.

고전적 자유주의는 19세기까지 영국경제의 부흥과 세계 자본주의의 중심적인 패러다임으로 자리매김하다가 1930년대 대공황을 겪으면서 그 사상적, 철학적 실효성을 상실하게 되었다.

영미형의 신자유주의는 1980년대 발생한 스태그플레이션 현상이 정부실패에 기인한다고 비판하면서 구미 선진국에서 부활한 자유주의의 정책들과 사상을 말한다. 이러한 신자유주의는 20세기 말과 21세기 세계경제의 글로벌화를 추진하는 중심적인 패러다임으로 자리 잡고 있다.

이와는 달리 독일의 질서자유주의는 1920-1930년대 독일의 정부주도형 경제정책을 비판하는 자유주의적 성향을 가진 프라이부르크 대학의 경제학 및 법학 교수들을 중심으로 하여 형성된 프라이부르크 학파에 의해 정립된 독일 특유의 자유주의이다.

독일형 질서자유주의와 영미형 신자유주의와의 차이점을 한 마디로 요약한다면, 신자유주의는 시장의 핵심인 경쟁질서가 스스로 형성되는 자생적 질서 Gewachsene Ordnung라고 보는 반면, 질서자유주의는 법적, 제도적으로 만들어 가는 설정적 질서 Gesetzte Ordnung로 본다는 점이다.

자유주의에 관한 기존의 국내연구는 주로 신자유주의에 대한 옹호와 비판이라는 양(兩)측면에서의 일방적, 편파적 논쟁으로 진행되어 왔다. 이러한 관점에서 본 저서에서는 자유주의에 관한 다양한 유형과 이념적 특징들을 비교, 설명함으로써 자유주의에 대한 보다 객관적이고 깊이 있는 이론적 기반을 제공할 수 있을 것이다. 뿐만 아니라 한국 시장경제에 필요한 바람직한 자유주의는 어떠한 자유주의이어야 하는지에 대한 일련의 시사점도 줄 수 있을 것이다.

이러한 목적 하에 본 저술은 크게 5편으로 구성되어 있다.

제I편에서는 시장경제 이념으로서의 자유주의 개념과 이론적 특징을 Eucken, W과 Hayek, F. A의 이론을 중심으로 비교 · 소개하고, 여러 형태의 자유주의 중 대표적 유형인 독일형 질서자유주의와 영미형 신자유주의를 비교하였다.

제II편에서는 독일 사회적 시장경제가 역사적으로 어떻게 발전하여 왔는지를 정리하였다. 또한 내용적으로 독일 사회적 시장경제는 제도적으로 어떠한 특징들이 있는지를 살펴 보았다. 그리고 소위 'Agenda 2010' 으로 불리는 독일 사회적 시장경제의 개혁프로그램과 이러한 개혁정책이 추진된 원인과 배경을 고찰하였다.

제III편에서는 독일 특유의 기업지배구조를 살펴 보고, 그 동안 진행된 독일 공기업의 민영화에 대해 정리하였다.

제IV편에서는 독일 통일 후, 독일이 동독의 국유기업과 국유재산들을 어떻게 사유화 하였는지를 고찰하였고, 통일독일 15년의 사회, 경제적 평가를 하였다.

마지막으로 제V편에서는 제I편에서 제IV편까지의 다양한 주제별 연구를 통해 독일의 사회적 시장경제가 한국 시장경제에 어떠한 교훈과 시사점을 줄 수 있는지를 과제별로 정리하였다.

아무쪼록 본 저서가 시장경제의 기본이념인 자유주의에 대한 이해의 폭을 넓히고, 독일통일과 독일경제 및 독일의 사회적 시장경제에 대해 지적 관심을 가지고 있는 연구자들과 지역연구로서 독일에 대해 관심을 가지고 있는 모든 분들에게 이론적, 정책적 그리고 실무적으로 도움을 줄 수 있는 유익한 저술이 되기를 기대해 본다.

글로벌 금융위기 이후 한국사회는 물론 세계적으로 그 어느 때보다 신자유주의적 자본주의 3.0 시대에서 인본적 시장경제를 지향하는 '따뜻한 자본주의' 의 자본주의 4.0 시대로의 변화 필요성이 대두되고 있다. 이러한 관점에서도 본 저술은 21세기 신(新)자본주의 4.0을 정립하는데 있어 요구되는 의미있는 시사점을 줄 수 있을 것으로 믿는다.

본 저서를 흔쾌히 출판해 주신 숭실대학교 김대근 총장님께 감사를 드린다. 또한 출판부 이병덕 부장님과 출판과정에서 세심한 도움을 주신 임경란 팀장께도 감사를 드린다.

마지막으로 지난 30여 년간 신앙의 동반자로서, 삶의 파트너로서 그리고 인생의 좋은 멘토 역할을 해 주고 있는 아내와 가족이라는 아름다운 공동체를 구성해 주고 있는 딸 귀선, 아들 규호를 생각하면서 이 졸저를 집필하였음을 고백한다.

2011년 8월

상도동 연구실에서

저 자

# 목 차

## Part 01 시장경제 이념으로서의 질서자유주의



## Part 02 독일 사회적 시장경제의 특징과 문제점



## Part 03 독일 공기업의 민영화



## Part 04 통일 독일의 경제

## Part 05 한국 시장경제에 주는 시사점

# 그림 목차

# 표 목차

# Part 01

Ordo Liberalism, German Social Market Economy

## 시장경제 이념으로서의 질서자유주의

# 제1장
# 시장의 경쟁질서: 자생적 질서인가, 설정적 질서인가

지금 세계적인 화두는 세계화이며 이러한 세계화의 사상적 배경은 신자유주의이고, 체제적 배경은 시장경제이다. 이는 세계화 추세 속에 국가경쟁력을 제고하기 위해서는 신자유주의에 기초한 자유시장경제 외에는 다른 대안이 없다는 것을 의미한다. 따라서 한국뿐만 아니라, 그 동안 정부주도형 경제를 운영하던 많은 국가들도 '건전한 시장경제질서의 확립' 을 개혁정책의 제1우선순위에 놓고 있는 것도 이러한 이유에서이다.

한국경제에 있어서도 과거 김대중 정부의 경제개혁정책의 핵심적 과제도 지난 시절 정부주도의 관치형 경제구조를 시장중심형 경제구조로 전환시키는 것이었다고 볼 수 있다.

이렇게 시장경제의 중요성을 강조하는 주된 근거는 첫째, 시장이 정부보다는 더 효율적이고 부패정도가 낮다는 것이며, 둘째, 경제주체들의 부담과 편익을 시장에 의해 분배하는 것이 보다 더 공정하다고 믿는 데 있다.

한국의 경우, 지난 4반세기 이룩한 경제의 압축성장 신화는 60년대 중반부터 추진되었던 정부주도형 경제성장정책에 기인한 바가 크다. 이 정책의 특징은 경제성장을 최우선 목표로 하여 경제의 모든 부문에 있어 정부의 간섭과 개입을 필요로 한다는데 있다.

이는 경제를 불완전한 시장에 맡기기 보다는 오히려 계획된 정부의 간섭에 의해 운용하는 것이 보다 더 효율적이라는 경제간섭주의에 근거하고 있다.

그러나 정부의 간섭주의*interventionism* 패러다임은 WTO의 출범과 세계화라는 세계경제의 새로운 환경변화에 능동적으로 대처할 수 없다는 한계를 노정시켰다. 정부의 간섭주의는 한국경제에서도 정경유착, 금융시장의 관치화, 경제의 불균형, 정부의 비대화와 비효율성 등의 문제점으로 나타났다.

이러한 유형의 '정부실패*government failure*'를 교정하고 경제체제를 정부주도형의 경제로부터 시장중심형 경제로 전환하려는 정책은 문민정부 출범 이후 현재까지 계속해서 지속적으로 추진되어 오고 있다.[1)]

과거 김대중 국민의 정부에서도 소위 '민주주의와 시장경제'라는 슬로건을 내걸고 시장경제를 지향하는 경제개혁을 추진하였다. 여기서 문제는 시장에 대해 어떠한 이념을 갖고 자유시장경제체제를 정립하느냐에 따라 다양한 시장경제가 형성될 수 있다는 것이다.

최근 학계에서 논의되고 있는 시장경제관은 이념적으로 크게 신오스트리아학파에 기초한 시장경제관과 프라이부르크학파에 기반을 둔 시장경제관의 2종류로 대별하여 비교 · 평가해 볼 수 있다.

신오스트리아학파의 시장경제관은 한마디로 경제문제를 시장근본주

---

1) 과거 김영삼 문민정부 시절, 자유시장경제에 대한 구체적 철학이 없이 추진된 자유방임적 시장경제지향 정책은 IMF체제라는 경제위기를 초래하였다는 평가도 시장경제에 대한 올바른 사상적 정립의 중요성을 강조하는 하나의 예라고 볼 수 있다.

의*market-fundamentalism*적 사고를 갖고 경제문제에 접근하고 해결한다는 특징이 있다. 다른 한편, 시장경제의 경쟁질서를 중시하면서도 신오스트리아학파와는 다르게 시장경제에 접근하고 경제문제를 해결하는 학파로 프라이부르크학파를 들 수 있다. 프라이부르크학파는 시장의 경쟁을 통한 효율성을 중시하면서도 신오스트리아학파와는 달리 시장경제의 질서유지를 위한 정부의 역할을 강조한다는 데 그 특징이 있다.[2)]

제1장에서는 시장에서 경쟁질서의 중요성을 똑같이 강조하면서도 경쟁질서를 유지하는데 있어 차이점을 보이고 있는 신오스트리아학파와 프라이부르크학파의 시장경제질서관, 특히 경쟁질서관을 비교 · 분석함으로써 21세기 경쟁력 있는 한국 시장경제 정립을 위한 바람직한 이론적 패러다임은 무엇인지를 모색하는데 있어 시사점을 얻고자 한다.

이러한 목적 하에 제1장에서는 시장에서 경쟁의 경제적 의의를 이론적 측면에서 살펴보고, 신오스트리아학파의 시장경제질서관과 프라이부르크학파의 시장경제질서관을 비교 · 분석하였다.

## 1. 왜 시장이어야만 하는가

시장은 경제학의 절대적 관심영역이면서도, 그 동안 시장에 대해서는 이중적인 태도를 견지해 왔다고 볼 수 있다. 즉, 한편으로 미시경제학적인 '가격론' 차원에서는 완전경쟁시장의 장점만을 강조하고 있고, 다른 한편으로 '시장실패이론' 입장에서는 시장기능이 노정하고 있는

2) 프라이부르크학파의 사상에 기초하여 독일의 경제체제는 형성되었으며 이러한 독일의 경제체제를 사회적 시장경제(Soziale Marktwirtschaft)라고 부른다. 그 동안 국내에서도 독일의 사회적 시장경제에 관한 연구는 꾸준히 진행되어 왔다. 그러나 기존의 연구는 독일 사회적 시장경제의 이론적 배경에 관한 논문이거나, 사회적 시장경제의 경제정책의 특징을 중심으로 진행되어 왔다(안석교, 1987 ; 김용구, 1994 ; 황신준, 1995, 1997, 2000, 민경국, 1997 ; 안두순, 1998 : 황준성, 1995, 1997, 2001a, 2001b).

여러 가지 결함들을 지적하면서, 시장결함을 시정하기 위한 정부의 역할을 강조하고 있다. 경제문제, 특히 희소한 자원을 배분하는데 있어 시장과 정부 중 어느 것에 의존할 것인가를 선택하는 것은 대단히 복잡하고도 어려운 일임에 틀림없다. 왜냐하면 현실에 있어서의 선택은 불완전한 시장과 불완전한 정부 사이의 선택이며, 따라서 현실적인 선택은 양자의 불완전한 많은 조합 가운데서의 선택이기 때문이다.[3]

이러한 선택의 문제에 관한 갈등은 1970년대 후반 미국의 Friedman, M과 Galbraith, J. K 사이의 논쟁에서 살펴볼 수 있다. Smith, A의 전통을 이어받은 Friedman, M은 자유롭게 작동하는 시장경제는 경제성장, 기술진보, 효율적인 자원의 활용, 약간의 예외가 인정될 수 있지만 상당히 공정한 분배상태 하에서의 생활수준의 향상, 사회적 이동성과 정치적 자유로 특징 지워지는 사회를 가능케 한다고 본다. 이러한 관점에서 정부가 '공공재*public goods*' 생산과 같은 최소한의 범위를 넘어 그 기능을 확장하게 되면, 그것은 곧 자원의 효율적 활용을 저해하고, 경제적 진보를 지연시키며, 사회적 이동성을 제한하고, 궁극적으로는 정치적 자유도 제약하게 된다는 것이다*Friedman, M, 1980.*

이에 반해 Galbraith, J. K는 시장이 만들어 낸 놀라운 경제적 성과-특히, 물질적 풍요-에 대해서는 Friedman, M의 견해에 동조하면서도 시장의 전개와 성숙을 거시경제적 불안정과 미시경제적 비효율 그리고 사회적 불공평을 초래하는 불완전한 시장으로 이해한다. 따라서 그는 정부의 정책과 간섭은 시장이 지니는 이러한 결점들을 시정하여 경제적 안정과 효율 그리고 보다 증진된 사회적 형평을 달성하는데 필수적이라고 보고 있다*Galbraith, J. K, 1977.*

---

3) 우리는 종종 완전한 시장과 불완전한 정부를 비교하여 정부에 대한 시장의 우월성만을 강조하거나, 반대로 불완전한 시장과 완전한 정부(이 경우, 완전한 계획을 의미)를 비교하여 시장에 대한 정부의 우월성만을 강조하는 오류를 범하고 있다.

경제에서 시장과 정부에 관한 두 경제학자들의 대립되는 견해는 과거 정부주도형 경제로부터 경제의 재도약을 위해 자유시장경제의 중요성이 강조되는 현 한국경제에 시사하는 바가 크다. 이러한 관점에서 제1장에서는 두 명의 세계적 석학이 시장에 대해 서로 다른 입장을 취하고 있는 시장의 역할은 구체적으로 무엇인지 이론적 측면에서 살펴보고, 그리고 정부의 역할은 필요한지, 필요하다면 어떠한 역할을 해야 하는지를 규명해 보고자 한다.

시장경제는 경제의 여러 문제들을 기본적으로 시장의 힘에 의해 해결하려는 경제체제이다. 이는 시장의 가장 기본적인 기능이 시장참여자들로 하여금 각각 자신의 이기적 동기에 따라 경쟁적으로 교환에 참여하게 함으로써 경제적 효율성*economic efficiency*[4]을 달성하고 상호이익*omutual benefit*을 보장한다고 보기 때문이다. 즉, 시장경제는 국내외적으로 자유로운 경쟁을 보장함으로써 교환의 이익*gains from exchange*을 극대화시켜 준다. 이러한 시장경제가 갖는 효율성은 시장에 존재하는 가격기구*price mechanism*의 역할에서 찾을 수 있다. 이는 가격이 자원배분과정, 즉 무엇을, 어떻게 그리고 누구를 위해 생산할 것인가를 결정하는 과정에서 핵심적인 역할을 수행함으로써 효율성이 달성된다고 보기 때문이다.[5]

---

4) 경제학에서 효율적인 자원의 사용은 두 가지 측면에서 본다. 먼저 자원량이 주어져 있을 때 이 주어진 자원으로 최대의 효과를 얻고자 하는데, 이를 최대효과의 원칙이라고 한다. 한편 일정한 효과를 얻고자 할 때 들어가는 비용을 최소화하고자 하는데, 이를 최소비용의 원칙이라고 한다. 최대효과의 원칙과 최소효과의 원칙을 합쳐 경제적 효율성이라 한다. 경제적 효율성이 충족된다는 것은 효율적인 자원배분이 달성됨을 의미한다. 경제적 효율성은 경제원칙(economic principle) 또는 경제적 합리주의(economic rationalism)라고도 한다.

5) 여기에서 수많은 시장참여자들의 행위들을 조정하고, 새로운 규칙과 현실적인 제도들을 합리적으로 만들어 내는 가격의 기능을 아담 스미스와 다수의 스코틀랜드 계몽주의 철학자들은 '보이지 않는 손(invisible hand)' 이라고 보았다.

시장은 이러한 가격기구를 통해 다음과 같은 중요한 경제적 기능을 수행한다(손정식, 2001) :

첫째, 시장은 생산과 소비 및 거래의 효율성을 제고시킨다. 가장 효율적인 생산은 상품을 가장 값싸게 생산할 때 달성되며, 가장 효율적 분배는 상품이 가장 효용이 높은 사람에게 분배될 때 달성된다. 그러므로 상품이 효율적으로 생산되고 분배되기 위해서는 가장 효용이 높은 사람과 가장 값싸게 공급하려는 사람을 파악할 수 있어야 하는데, 바로 시장이 시장참가자들에게 그러한 시장정보[6]를 제공한다.

둘째, 시장은 분업을 통한 전문화*specialization*를 촉진시킨다. 만일 시장이 존재하지 않는다면 사회구성원들은 자급자족할 것이며, 이 경우 생산량은 각 생산자들이 자급자족하는 데 필요한 최소한의 수준에 불과할 것이다. 그러나 시장이 발달함에 따라 생산물의 교환이 용이해지고 자급자족의 단계를 벗어나 초과생산물을 타 상품과 교환할 수 있게 됨으로써 생산자들이 특정분야에 전문화할 수 있는 기회를 갖게 된다. 이러한 전문화는 (1) 생산규모의 확대를 의미하며 단위당 생산비를 하락시키는 규모의 경제*economies of scale*를 가져오고, (2) 개인의 재능과 능력에 따라 전문화를 시도하기 때문에 생산력증대를 가져오고 (3) 여러 분야보다는 한 분야에만 종사할 경우 숙련을 통해 일의 능률을 향상시킬 수 있다.

셋째, 시장은 거래시 발생하는 거래비용*transaction costs*[7]을 절감시켜 효율성을 높여주는 효과가 있다.

결론적으로 희소한 자원배분의 문제를 시장에 의해서 해결하면 효

6) 시장정보는 상품가격정보 이외에 상품의 과부족 상태에 관한 정보도 포함한다.

7) 코우즈(Coase)에 의하면 거래비용은 거래를 위한 탐색과 정보비용, 상담과 의사결정비용 및 감시와 이행비용으로 정의한다. 코우즈에 의하면 기업의 존재는 사람들이 시장에서 거래에 따라 발생하는 거래비용을 절감시키는데 있다고 본다.

율성과 정의가 달성된다고 볼 수 있다.

## 2. 시장은 믿을 만한가

지금까지의 논의는 경제문제를 시장의 힘에 맡길 때 경제는 가장 바람직한 방향으로 진행된다는 이론적 고찰을 하였다. 자유로운 시장이 앞서 언급한 경제적 기여를 하기 위해서는 시장에서의 '자유롭고 공정한 경쟁질서'가 전제되어야 한다. 만약에 시장에서 '자유롭고 공정한 경쟁'이 이루어지지 않으면 시장은 제 기능을 발휘하지 못하는 소위 '시장실패*market failure*'를 야기하게 된다. 여기서 시장실패란 시장기구가 자원을 효율적으로 배분하는데 실패하게 되는 현상을 말한다.[8)]

이러한 의미에서 현실에 존재하는 시장은 파레토 개선*pareto improvement*이 가능한 불완전한 경쟁시장이다.[9)] 따라서 시장 실패가 나타나는 시장이라고 볼 수 있다. 즉, 현실의 시장은 지금까지 암묵적으로 전제해온 완전경쟁시장이 존재한다고 보기 힘들다. 이는 시장에서 시장의 자동 조절적 기능을 제약하고 왜곡하는 많은 요인들이 존재함을 의미한다. 즉, 국민경제에는 시장의 실패를 가져오는 많은 요인들이 존재한다. 본 절에서는 시장의 실패를 일으키는 여러 가지 요인들을 알아보고 이를 시정하기 위한 정부의 역할이 무엇인지를 살펴보고자 한다.

---

8) 이러한 시장적 결함이 존재함에도 불구하고, 시장경제의 우월성을 강조하는데는 명백하게 시장경제보다 더 나은 대안을 제시하지 못하고 있기 때문이다. 시장경제에 의해 경제문제를 해결하는 것이 이상적인 것이 아닌 것을 인정하면서도 다른 제도보다는 상대적으로 낮은 비용을 지불한다고 믿기 때문이다.

9) 이러한 관점에서 Friedman, M으로 대변되는 친시장적 견해(pro-market view)는 이상적인 완전경쟁시장 모델을 전제로 하고 있다고 본다.

## 2.1 독과점의 존재와 정부개입

완전경쟁시장에서는 수많은 생산자와 소비자가 존재하여, 자유롭게 시장에 참여하므로 기업은 가격순응자*price-taker*가 되며, 이 경우 가격과 한계비용이 항상 일치되어 효율적인 자원배분이 이루어진다. 그러나 독과점과 같은 불완전경쟁시장에서는 기업들이 가격에 영향을 미칠 수 있게 된다*price-maker*. 이런 경우 독과점기업은 가격을 한계비용과 일치되는 점(P*)에서 결정하는 것이 아니라, 한계비용보다 높은 점(P)에서 결정한다(〈그림 1〉참조). 따라서 시장기능에 의한 자원배분은 효율성을 달성하지 못한다.

〈그림 1〉에서 보는 바와 같이 사각형 PP*CD는 독점기업의 독점이윤*monopoly profit*이며, 이것은 소비자로부터 독점기업에 이전되는 소득이다. 그러나 삼각형 CDE만큼의 후생손실*welfare loss*이 발생하며, 이는 사회구성원 어느 누구에게도 후생이 돌아가지 않는 자중손실*deadweight loss*이 초래되고 있음을 의미하게 된다. 이와 같은 독과점시장에서 발생하는 문제를 해결하기 위해서는 정부의 시장개입이 불가피하며, 이 경우 정부의 역할은 공정거래법 또는 독과점금지법 등의 제정을 통해 산업의 진입장벽을 철폐하고, 기업들의 불공정행위를 통한 독과점화를 방지하고 완전경쟁을 촉진시킴으로써 거시적 후생손실(자중손실)을 제거할 수 있다.

〈그림 1〉 독점시장에서의 비효율성

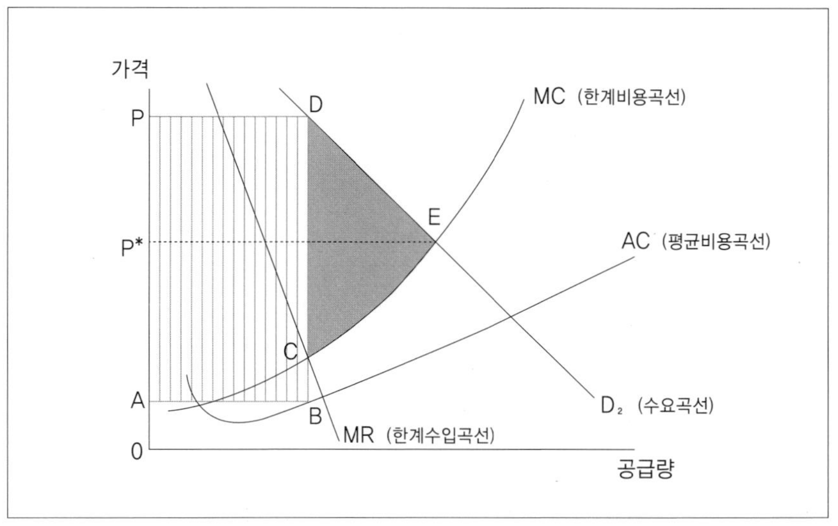


## 2.2 공공재와 정부개입

정부부문에서 주로 공급하는 재화인 공공재*public goods* 는 공공재가 가지는 특성으로 인하여 시장실패를 야기한다. 공공재가 가지는 특성으로는 먼저 소비에 있어서의 비경합성*non-rivalry*[10]과 비배제성*non-excludability*[11]을 들 수 있다. 공공재는 이러한 비경합성, 비배제성이라는 특성 때문에 사적인 교환관계 위에서 성립하는 시장을 통해서는 효율적인 자원배분이 불가능하다.

10) 사적 재화(private goods)인 경우에는 한 소비자가 소비하면 다른 소비자들은 그 재화를 소비할 수 없게 되는데, 이는 소비에 있어서 경합성을 지니고 있기 때문이다. 그러나 공공재(public goods)는 여러 소비자들이 동시에 소비할 수 있다.

11) 사적 재화의 경우에는 대가를 지불하지 않으면, 그 재화를 소비할 수 없으나, 국방이나 경찰서비스와 같은 공공재의 경우에는 대가를 지불하지 않았다고 하여 서비스를 받지 못하도록 하기가 어렵다.

〈그림 2〉 공공재의 수요와 공급

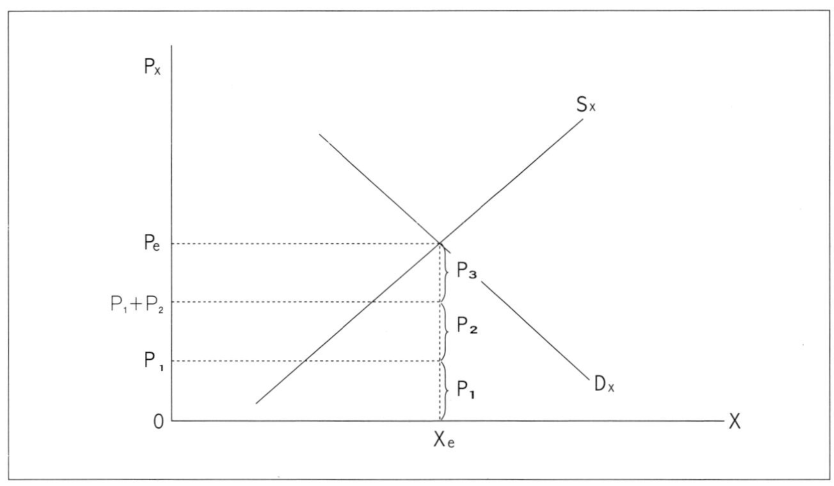


〈그림 2〉에서 Dx는 공공재 X에 대한 수요곡선이며, Sx는 MC에 의해 결정되는 공급곡선이다. 사회적으로 보면 Xe만큼 생산되어야만 효율적인 자원배분이 달성되어 사회적 후생이 극대화된다. 이 때 Xe만큼 생산되려면 모든 소비자들이 그들의 한계효용에 해당되는 지불가격을 현시해야 한다. 이러한 경우 〈그림 2〉에서 첫 번째 소비자는 $P_1$, 두 번째 소비자는 $P_2$, 그리고 세 번째 소비자는 $P_3$만큼 그들의 지불가격을 현시해야만 Pe가 지불되고 Xe가 생산된다. 그러나 개별소비자들은 공공재가 지닌 특성 때문에 그들의 주관적 지불가격을 현시하지 않으며, Pe를 누가 지불하든 Xe가 공급되면 모두 공동으로 소비하게 되므로, 개별 소비자들은 무임승차자*free rider*가 되려고 한다. 따라서 공공재의 경우는 사회적으로 생산이 바람직한 한, 정부는 국민들로 하여금 강제적으로 세금을 징수하여 이러한 공공재의 공급에 사용하여야 한다.

## 2.3 외부효과와 정부개입

외부효과[12]는 자원배분을 왜곡한다. 이러한 외부효과는 외부경제효과와 외부불경제효과로 나눌 수 있다. 외부경제효과는 상대방에게 혜택을 주는 외부성으로서 고속도로나 개인에 의해 잘 가꾸어진 아름다운 공원 등이 이에 해당된다. 반면에 외부불경제효과는 영향을 받는 상대방에게 해를 입히는 외부성으로서 환경오염 같은 공해가 대표적인 예이다. 따라서 외부경제를 가진 경제활동은 사회적으로 바람직한 수준보다 과소하게 이루어지고, 반면에 외부불경제를 가진 경제활동은 사회적으로 바람직한 수준보다 과다하게 이루어지기 때문에 자원의 효율적인 배분이 달성되지 않는다. 따라서 외부효과가 있는 경제활동에는 정부가 시장에 개입하여 외부효과를 제거함으로써 자원배분의 효율성을 달성할 수 있다. 이것은 결국 괴리를 보이는 사적 한계비용과 사회적 한계비용을, 그리고 사적 한계편익과 사회적 한계편익을 각각 일치시키는 것을 말한다. 이와 같이 사회적 비용과 편익을 사적비용과 편익에 편입시킬 때, 이 둘 사이의 괴리로 인한 자원배분의 왜곡은 시정될 수 있다. 이와 같이 어떤 경제활동이 외부불경제를 창출할 때는 정부가 시장에 개입하여 금지, 경고, 벌과금 및 조세의 부과 등을 통해 시장을 교정하고, 반대로 외부경제를 창출하는 경우에는 보조금 지급 등을 통해 이를 장려하는 조치를 취함으로써 효율적인 자원배분을 달성할 수 있다.

---

12) 외부효과란 어떤 경제주체의 소비 또는 생산행위가 시장을 통하지 않고 무상으로 다른 경제주체에게 혜택을 주거나 손해를 입히는 효과로 정의된다.

## 2.4 시장 실패와 정부역할의 필요성

시장기구가 제대로 작동하지 않을 경우, 비효율성이 초래되고 정부의 적절한 개입을 통하여 효율성을 제고시켜야 할 필요성이 대두된다. 그럼에도 불구하고 신오스트리아학파의 입장에서는 시장의 실패가 존재한다고 해서 정부개입의 당위성이 자동적으로 인정될 수 있는 것이 아니라는 점을 강조하고 있다. 즉, 시장의 실패는 정부개입의 필요조건은 될지언정 충분조건은 될 수 없다고 할 수 있다(이준구, 1997).

문제는 시장의 실패를 교정한다는 명목으로 정부가 개입할 때, 그 결과로서 더 큰 비효율성이 초래될 수 있다는 점이다. 이는 시장실패의 원인을 교정함으로써 효율성이 제고되는 정도보다 정부의 개입 그 자체가 가져오는 효율성 상실의 정도가 더 클 수 있다고 보기 때문이다.[13] 이는 시장의 실패가 발생하는 것과 마찬가지로 정부의 시장개입은 정부의 실패*government failure*[14]를 야기하게 됨을 의미한다.

이러한 관점에서 시장의 실패가 발생하더라도 정부의 개입이 효율성을 제고할 수 있다는 것을 확신할 수 있을 경우에 한해서만 정부의 시장개입이 바람직하다고 볼 수 있다.[15] 이는 구체적으로 정부개입을 통해 얻는 사회적 편익*social benefit*이 정부개입에 따른 사회적 비용*social*

---

13) 정부의 개입은 필연적으로 민간부문에서의 자유로운 의사결정을 방해하게 되고, 그 결과 초과부담(excess burden) 혹은 자중손실(deadweight loss)이라는 형태의 효율성 상실을 초래하게 된다.

14) 정부실패의 원인은 크게 다음의 다섯 가지로 나누어 볼 수 있다(송병락, 1994, pp.258-260) : i) 독점으로서의 정부기구, ii) 주인-대리인(principal-agent)문제, iii) 지대추구(rent-seeking), iv) 불완전한 지식과 정보 및 v) 내부성의 문제 등이다.

15) 정부의 시장개입에 대한 이론적 근거는 크게 영미형 시장경제와 동아시아형 시장경제에서 큰 차이를 보이고 있다 : 영미형 시장경제에서는 환경오염, 공공재, 독과점문제 등 이른바 '시장의 실패'에 관해서만 정부가 개입하는 반면, 동아시아형 시장경제에서는 개입 근거가 시장의 실패뿐만 아니라 '시장의 불완전'에도 개입해야 한다는 입장이다.

*cost*을 초과할 경우에 한해서만 정부가 시장에 개입해야 한다는 것을 의미한다(송병락, 1992).[16)]

## 3. 어떠한 시장이 바람직한가

가장 바람직한 이상적인 시장질서는 완전경쟁시장 하에서 자발적으로 형성되는 시장경제질서이다. 문제는 현실적으로 완전경쟁시장의 성립이 불가능하다는데 있으며, 경쟁의 결과 시장구조는 독과점화되고 그 결과 사회적 후생은 감소하게 된다는 것이다. 그럼에도 불구하고 자유시장경제를 선택하는 근거는 시장이 정부보다는 더 효율적이고 부패정도가 낮다는 데 있다.

이 문제와 관련하여 시장경제 정립에 관한 지적 논쟁은 크게 신오스트리아학파*Neo-Austrian School*의 시장경제관과 프라이부르크학파*Freiburg School*의 시장경제관으로 대별되어 진행되고 있다고 볼 수 있다.[17)]

다음에서 신오스트리아학파의 시장경제관과 프라이부르크학파의 시장경제관을 비교 · 분석해봄으로써 경쟁력 있는 한국형 시장경제를 정립하기 위해서 바람직한 시장질서관은 어떤 것인지를 모색해 본다.

### 3.1 신오스트리아학파의 시장경제관 : 자생적 질서*spontaneous order*

시장에 대한 정부의 간섭을 가장 강하게 비판하는 대표적 학파는 신

16) 즉 사회적 편익에서 사회적 비용을 뺀 순(純)사회적 편익(net social benefit)이 0보다 크다는 판단 아래 정부의 시장개입은 정당화 될 수 있다.

17) 필자는 신오스트리아학파의 시장관은 경제사상면에서 하이에키안 자유주의(Hayekian Liberalism)에 기초하고, 프라이부르크학파의 시장관은 오이케니안 자유주의(Euckenian Liberalism)에 기초하고 있다고 규정하고자 한다.

오스트리아학파라고 볼 수 있다. 신오스트리아학파는 오스트리아학파[18]의 전통을 계승하면서 시장의 기능과 역할을 다른 관점에서 바라보고 있다. 즉, 시장은 균형분석의 틀 속에서는 올바로 인식할 수 없으며, 시장은 연속적인 변화를 동반한 불균형 속에서 하나의 과정으로 파악해야만[19] 그 기능을 충분히 이해할 수 있다고 본다.[20] 신오스트리아학파에 있어서 시장의 경쟁은 과정으로서의 경쟁이다. 이러한 특징을 갖는 신오스트리아학파에 속하는 대표적 학자로 Mises, L. v와 Hayek, F. A를 들 수 있다.

최초로 신오스트리아학파의 시장에 관한 이론적 기초는 Mises, L. v에 의해 정립되었다. 그는 1920년대 사회주의와의 계산논쟁*calculation debate*에서 합리적인 경제계획은 효율적인 자원배분을 요구하게 되고, 이것은 시장에서의 희소성에 관한 정보를 제공하는 가격외에는 다른 선택이 없다고 언급하였다. 시장의 가격메커니즘에 대한 정부의 간섭은 경제전반에 걸쳐 연쇄적인 통제파급효과를 가져오고, 이것은 결국 경제질서를 시장경제로부터 중앙집권적 명령경제로 만드는 결과를 가져온다는 것이 그의 입장이다*Mises, L. v, 1923*.

Mises, L. v의 시장에 대한 이러한 관점은 Hayek, F. A와 오스트리아학파의 이론을 계승한 신오스트리아학파에 의해 더욱 발전되었다.[21]

---

18) 1870년대의 한계혁명(marginal revolution) 이후, Menger, Boem-Bawerk, Wieser로 이어지는 경제학체계를 오스트리아학파로 분류한다.

19) 이러한 의미에서 신오스트리아학파의 시장분석에 관한 이론을 시장과정론이라고 부른다.

20) 이러한 면에서 신오스트리아학파의 시장이론이 신고전학파의 확실성의 세계에서 불확실성의 세계로 한 단계 발전한 것은 사실이지만, 그것은 '시장과 계획의 이분법' 에 근거하여 시장기구의 자생적 조절과 진화를 지나치게 과신하고 있다는 문제점이 있다. 이러한 의미에서 신오스트리아학파의 이론도 '확실성의 세계' 에서 벗어나고 있지 못하다고 본다.

21) Mises는 오스트리아학파의 제2세대, Hayek는 오스트리아학파의 제3세대라고 볼 수 있으며, 필자는 이들을 신오스트리아학파로 분류하고자 한다.

Hayek, F. A는 Smith, A가 밝혔던 시장경제의 장점을 이론적으로 발전시킨 대표적 자유주의 학자이다. Hayek, F. A는 체제*system*라는 용어 대신, 질서*order*라는 용어를 사용하면서 질서를 인위적 질서*made order*와 자생적 질서*spontaneous order*로 구분하였다. 이 중 Hayek, F. A는 인간생활에 바람직한 질서는 자생적 질서임을 강조한다. 여기서 말하는 자생적 질서는 진화과정*evolutionary process*을 통해 시장에서 저절로 형성되는 질서를 의미한다. 반면, 인위적 질서는 특정한 인간 혹은 집단이 특정한 목적에 맞추어서 의도적으로 설계하여 만든 질서를 말한다. Hayek, F. A.에 의하면 대표적으로 시장경제와 윤리, 언어 등이 자생적 질서이며 사회주의 계획경제, 정부조직법 등이 인위적 질서에 속한다.

Hayek, F. A는 시장의 경쟁질서는 자생적으로 형성되는 질서라고 믿는다. 자생적 질서인 시장 내에는 오랜 기간에 걸쳐 진화해 온 구조가 존재한다. 자생적 질서는 진화의 결과, 저절로 형성된 것이므로 만든 사람이 따로 있는 것도 아니고 목적이 있는 것도 아닐뿐만 아니라, 사람들이 그 작동 메커니즘을 이해할 수도 없다는 특징을 갖는다. 자생적 질서인 시장은 그 자체로 교정적*corrective* 질서이며, 교환을 통하여 각자의 상이한 지식과 목표가 서로 화합되도록 한다는 것이다.[22] 따라서 시장이 불안정하다고 하여 정부의 힘을 이용하여 이를 교정하려는 시도는 필연적으로 시장의 고유한 질서인 자생적 질서 자체를 파괴시킨다.

이러한 입장에서 Hayek, F. A는 정부는 시장에서 자유를 보장한다는 이유에 의해서만 시장개입을 정당화시킬 수 있으며, 이외에는 정부의 시장개입을 배제하는 것을 원칙으로 한다. 이러한 배경은 시장실패

---

22) 이 경우 각 개인은 이기적일 수도 있고, 이타적일 수도 있다. 이러한 점에서 하이에크는 분업을 통하여 개인의 이기적 행동들이 서로에게 이익을 가져다준다는 아담 스미스와는 시장에 대해 다른 입장을 취하고 있다.

의 비용보다 정부실패의 비용이 더 크다고 판단하기 때문이다.

시장경제의 이러한 효율성을 설명함에 있어서 Hayek, F. A는 정보전달망*information network*으로서의 시장이라는 개념과 발견과정으로서의 경쟁*competition as a discovery procedure*이라는 상호 연관되는 개념을 사용하고 있다. 여기서 정보전달망은 바로 시장의 가격기구를 의미한다. 시장질서는 수많은 관련정보들을 가격으로 집약하여 모든 경제주체들에게 알려주는 하나의 정보전달망의 역할을 하며 이를 통하여 필요한 재화들이 낮은 비용으로 공급되게 된다. 이러한 시장질서에서의 경제활동은 경쟁을 통해 이루어진다. 경쟁은 경제주체, 특히 생산자들에게 합리성을 강요하는 과정이다.[23] 경쟁은 소비자들이 원하는 상품들을 가장 싼 가격으로 생산하는 기업들에 의하여 생산되어 현실적으로 가장 싼 가격으로 판매될 수 있도록 한다. 또한 Hayek, F. A는 시장에서는 기업의 수와 상관없이 경쟁의 효율이 존재한다고 생각한다는 것이다(이근식, 1999).

신고전학파 이론이 가정하고 있는 시장은 완전경쟁시장모형이며, 완전경쟁시장에서만 자원배분의 효율성이 달성된다.[24] 그러나 Hayek, F. A는 신고전학파류의 완전경쟁시장은 현실적으로 존재하지 않는다는 사실을 지적하고, 완전경쟁시장이 존재하지 않아도 시장에서는 둘 이상의 기업만 존재하면 기업간 경쟁으로 인해 가장 효율적

---

23) 정통경제학에서는 합리적 행동을 가정하고 분석을 시작하지만 하이에크는 이는 원인과 결과를 뒤바꾼 것이라고 비판한다. 그에 의하면 경쟁이 경제주체들로 하여금 합리적으로 행동하도록 강요한다.

24) 시장에서의 완전한 정보와 아울러 기업의 무수한 존재는 신고전학파에 있어 완전경쟁시장을 위한 필수적인 가정이다. 그러나 하이에크에 의하면 시장에서 필요한 모든 정보를 경제주체들이 안다는 것은 불가능하다. 이 때문에 하이에크는 완전한 정보를 가정하는 신고전학파의 일반균형론을 비판한다. 따라서 하이에크에 의하면 완전한 정보가 불가능하기 때문에 시행착오를 통해서 사후적으로만 구체적인 사실들과 결과를 알 수 있으며 이는 일종의 진화의 과정이다.

인 자원배분이 달성된다고 보았다(이근식, 1999).

또한 Hayek, F. A는 독점시장에서도 경쟁의 효율이 존재한다고 보았다(이근식 1999). 이는 다른 기업의 시장진입에 대한 두려움으로 독점기업이 판매가격을 낮은 수준으로 유지하려고 노력하기 때문에 그 자체로서 경쟁의 의미를 갖는다는 것이다(이근식, 1999).[25]

결론적으로 신오스트리아학파의 시장경제관은 시장구조와는 무관하게 항상 시장에서는 자생적으로 경쟁질서가 형성되어 진다고 보는 시장근본주의적 입장을 취하고 있음을 알 수 있다.

### 3.2 프라이부르크학파의 시장경제관 : 설정적 질서*Gesetzte Ordnung*

'사회적 시장경제' 로 표현되는 독일의 시장경제는 효율성과 형평성의 조화라는 특성을 반영한 시스템으로 평가되어 왔다.[26] 이러한 독일 경제시스템은 자유로운 경쟁을 최고의 가치로 규정하는 질서자유주의 정신과 또한 사회적 균형을 중요시하는 휴머니즘적 경제운용을 특징으로 한다고 볼 수 있다. 이러한 면에서 질서자유주의는 독일 사회적 시장경제의 이론적, 철학적 기초가 된 독일 고유의 '수정된 자유주의 *Revisionistischer Liberalismus*' 라고 볼 수 있다.

이러한 질서자유주의에 대한 이론적 작업(질서경제학)은 독일 프라이부르크학파에 의해 시작되었다. 프라이부르크학파는 1920년대와 1930년대 독일의 정부주도형 경제정책을 비판하는 자유주의적 성향을 가진 프라이부르크 대학의 Eucken, W와 Boem, F, Grossmann-

25) 이러한 면에서 하이에크는 독점에 관해 부정적인 스미스나 오이켄과 달리, 독점을 상당부분 긍정적으로 보고 있다.

26) 1990년대 후반 들어 나타나기 시작한 정부부채의 증가 , 높은 실업률 등의 부정적인 거시경제적 지표는 독일 경제시스템에 기인하는 것이라기 보다는 통일에 따른 과도한 통일비용지출과 구동독지역의 구조조정에 따른 실업의 증가에 기인한다고 볼 수 있다.

Doerth, H 등을 중심으로 하여 형성되었다.[27]

프라이부르크 대학의 이들 3명의 교수들은 서로 다른 전공과 관점에서 독일경제에 관한 연구를 전개하였으나 이들의 연구는 다음과 같은 두 가지 면에서 공통된 결과를 도출하였다*Grossekettler, H, 1997*.

첫 번째 공통된 결과는 시장에서의 경쟁의 중요성을 강조하고 있다는 것이다. 그러나 일반적으로 시장에서의 경쟁은 카르텔과 기업집중 등을 통해 파괴되는 경향이 있다는 점이다.

두 번째 결과는 정치-행정시스템 내에서도 경쟁이 필요하다는 것이다. 그러나 일반적으로 독점화된 정부권력은 국민 모두의 공통된 목표를 만족스럽게 달성하기보다는 소수 이익집단의 이익을 대변하는 정책을 추진하는 경향이 많다는 점이다.

1930년대 독일에서 경제뿐만 아니라 정치에 있어서의 이러한 경쟁의 자기 파괴적 경향은 당시 독일의 법학 및 경제학자들의 지배적인 생각이었다. 따라서 이들은 제2차 세계대전 후, 과거 중앙관리형 나치경제를 시장경제로 전환하는 법적, 제도적 장치의 개념을 정립하는데 주력하였으며, 그 중추적 역할을 담당한 그룹이 프라이부르크학파이다.[28] 이 중에서도 특히 프라이부르크학파의 창시자격인 Eucken, W

27) 프라이부르크 대학 경제학과의 Eucken, W, 법학과의 Boehm, F 및 Grossmann-Doerth, H 등 세 명의 교수들은 당시 나치경제의 문제점을 각자의 전공분야에 따라 각각 서로 다른 관점에서 분석하고 개선방향을 제시하였다. Eucken, W(1891-1950)은 제2차 세계대전 후 독일이 나치경제에서 시장경제로 체제를 전환하는 과정에서 시장에서의 조정기구로서 가격시스템을 어떻게 효과적으로 작동시킬 수 있는가에 관심을 갖고 연구하였다. Boehm, F(1895~1977)은 독일의 사회적 질서에 있어 법의 역할과 기능 및 국가의 법질서와 개인의 힘의 관계에 관심을 갖고 연구하였다. Grossmann-Doerth, H(1894-1944)는 어떻게 국가가 자유로운 경제활동을 보장하는 일반적인 법적 조치를 취할 수 있는가에 초점을 두고 연구하였다.

28) 현재까지 질서자유주의 경제사상을 계승, 발전시키고 있는 프라이부르크학파의 학자들로는 Eucken, W의 제자인 Hensel, K. P 과 Johns, R, Maier, K. F, Meyer, F. W, Lutz, F. A, Pfister, B, Gestrich, H. Stackelberg, H. v, Veit, O, Welter, E, Miksch, L, Lampe, A, Mestmaekker, E. J, Moeschel, W 등을 들 수 있다.

은 질서자유주의 이론을 정립하는데 있어 중추적 역할을 담당하였다.

독일 사회적 시장경제의 이론적 배경이 된 프라이부르크학파의 질서자유주의는 규범적이고 윤리에 바탕을 둔 개념이다. Eucken, W에 의하면 질서자유주의의 중심사상은 '잘 기능하는 그리고 인간 중심적인 좋은 질서'를 확립하고 유지하는 것이다*Eucken, W, 1959*. 이러한 개념의 질서는 바로 시장에서의 경쟁질서이고 경쟁질서를 유지하는 정책이 경제분야에서 뿐만 아니라 동시에 사회적으로도 똑같이 고려되는 것을 최우선의 정책과제로 삼아야 한다는 것이 프라이부르크학파의 중심사상이다*Eucken, W, 1959*.

프라이부르크학파에 있어서 시장의 경쟁질서는 고전적 자유방임형 자유주의에 기초하는 '방임적 질서'가 아니라, '설정적 질서*Gesetzte Ordnung*'이며 이 설정적 질서는 시장에 방치해서는 달성될 수 없으며, 정부에 의해 지속적으로 보장되어야만 가능하다는 것이다. 따라서 프라이부르크학파는 자유시장의 경쟁질서를 최우선적으로 강조함에도 불구하고, 시장의 경쟁질서를 유지하기 위해서 정부가 수행해야 할 역할에 결정적인 중요성을 부여한다는 점에서 신오스트리아학파와 본질적인 차이가 있다.

독일 프라이부르크학파는 시장에서의 유효한 경쟁과 유효한 가격체계의 형성이 자동적으로 달성된다고 보지 않는다. 신오스트리아학파가 진화적 과정을 통해 경쟁질서가 자동적으로 형성된다고 보는 것과는 달리, 프라이부르크학파는 시장에서 경쟁과 가격기구가 작동하기 위해서는 일정한 영역에서 정부의 강력한 정책이 필요하다고 본다*Zeppernick, R.1987*.[29)]

---

29) 독일에서 자유롭고 공정한 경쟁이 보장되는 경쟁질서를 유지하기 위해 정부가 추진하는 가장 중요한 경제정책은 질서정책(Ordnungspolitk)이며, 이는 영미형 경제체제에서는 볼 수 없는 독일 특유의 정책이라고 볼 수 있다.

프라이부르크학파의 대표적 학자인 Eucken, W은 시장질서의 핵심인 경쟁질서를 유지하기 위해서는 다음과 같은 7개의 구성적 원칙*Konstituierende Prinzipien*과 4개의 규제적 원칙*Regulierende Prinzipien*의 필요성을 제시하고 있다*Eucken, W, 1959*.

그에 의하면 7개의 구성적 원칙과 4개의 규제적 원칙이 동시에 그리고 완전하게 실현될 경우에만 '자유롭고 공정한 경쟁'의 질서를 기초로 하는 시장질서가 유지될 수 있다는 것이다.

먼저 구성적 원칙을 살펴보면, ⅰ) 완전경쟁 가격체계의 기본원칙*Grundprinzip des Preissystems vollstaendiger Konkurrenz*, ⅱ) 통화정책 우위의 원칙*Prinzip des Primats der Waehrungspolitik*, ⅲ) 개방적 시장의 원칙*Prinzip der offenen Maerkte*, ⅳ) 사유재산의 원칙*Prinzip von Privateigentum*, ⅴ) 계약자유의 원칙*Prinzip der Vertragsfreiheit*, ⅵ) 책임의 원칙*Prinzip der Haftung*, ⅶ) 경제정책 일관성의 원칙*Prinzip von Konstanz der Wirtschaftspolitik*이다.

또한 Eucken, W은 이러한 구성적 원칙이 지켜진다 하더라도 독과점의 형성 등 경쟁질서를 저해하는 요인이 발생할 경우, 경쟁질서를 지속적으로 유지하기 위해서는 시장에 대한 규제가 필요함을 제시하였다. 이러한 규제적 원칙은 크게 ⅰ) 정부의 독점규제 원칙*Prinzip der staatlichen Monopolaufsicht*, ⅱ) 공정한 소득재분배의 원칙*Prinzip der gerechtigkeitsorientierten Korrektur der Einkommensverteilung*, ⅲ) 외부효과 수정의 원칙*Prinzip der Korrektur externer Effekte*, ⅳ) 시장에서 비정상적 공급반응에 대한 수정의 원칙*Prinzip der Korrektur anormaler Angebotsreaktionen* 등 네 가지이다.

Roepke, W 같은 학자는 경쟁질서를 식물의 '재배식물*Kultur-Pflanze*'에 비유하고 있다. 그에 의하면 "시장경제는 본래 자생식물*Natur-Pflanze*이 아니라 재배식물이므로 이것은 결코 자연 그대로 방임해 두면 스스로 꽃을 피워 열매를 맺지 못한다. 그에 의하면 종래의 자유주의적 사고나 행동의 근본적인 오류는 시장경제가 독자적으로 존립하고 자생적으로 발전하는 과정이라고 생각한데 있다. 시장 경제는 스스로 자생하는 것이 아니라 오히려 방임해 두면 부패될 수 있으며, 부패된 독소로 인해 사회전체에 나쁜 영향을 미치게 된다. 시장경제는 자생식물이 아니고 그 성장과 성숙에는 많은 배려와 손질이 필요한 즉, 묘판을 만들고 거름을 주고 잡초를 뽑아 주어야 하는 재배식물과 유사한 것이다."

여기서 Roepke, W가 비유하고 있는 묘판은 바로 경제주체들의 정신을 의미한다. 자유경쟁에는 자유와 자기책임이라는 자율적 태도가 기초로 되어 있지 않으면 안 된다. 이것은 자유경쟁의 인간적, 윤리적 조건이라고 할 수 있다. 또한 Roepke, W에 의하면 거름을 주고 잡초를 뽑아주는 역할은 정부가 담당해야 한다는 것이다.

이러한 배경 하에서 독일 프라이부르크학파의 시장경제관은 공정한 시장경제질서를 유지하기 위해서는 정부의 질서정책, 특히 경쟁정책의 필요성을 강조한다는 것이다.

제2장
# 영미형 신자유주의와 독일형 질서자유주의의 비교

제2장은 저자의 지속적 관심분야인 '인간의 얼굴을 한 자본주의'[30] 모델을 정립하는데 필요한 이념적 연구과정의 하나로 진행되었다.

20세기 말부터 확산된 세계화는 21세기에 접어들어 더욱 심화되면서 세계경제질서를 '시장의 힘'이 지배하는 체제로 새롭게 변화시키고 있다. 이러한 세계화 과정의 이론적, 사상적 패러다임은 바로 신자유주의*Neoliberalism*라고 볼 수 있다. 시장근본주의라고도 표현할 수 있는 신자유주의는 최근 한국경제에도 예외 없이 경제전반에 걸쳐 새로운 패러다임으로 자리 잡고 있다.

한국경제가 과거 정부실패*Government Failure*를 교정하고 21세기 경쟁력 있는 시스템을 갖추기 위해서는 경제체제를 정부주도형의 경제로부터 시장자율형으로 전환해야 하고, 또한 이를 위한 새로운 패러다임을 정립해야 한다.

---

30) 신자유주의적 세계경제질서가 오로지 재무적 수치목표와 경제적 효율성을 최고의 가치로 여김으로써 자본주의의 주인이어야 할 인간이 소외되고 있다. 이러한 자본주의에게 인간의 얼굴을 부여하고 자본주의가 인간을 위한 시스템으로 작동할 수 있도록 하자는 명제이다.

이러한 배경 하에 과거 김대중 정부는 소위 민주주의와 시장경제라는 슬로건을 내걸고 시장지향적 경제개혁을 추진하였다. 김대중 정부의 시장지향적 경제개혁의 기본 철학은 영미형 신자유주의에 기초하고 있다고 볼 수 있다.[31] 영미형 자유주의의 특징은 한마디로 경제문제를 시장근본주의*Market-Fundamentalism*적 사고를 갖고 접근하고 해결한다는 데 있으며, 이러한 자유주의를 일반적으로 신자유주의로 규정하고 있다.

다른 한편, 자유주의적 사상에 기초하면서도 영미형과는 다르게 경제에 접근하고 경제문제를 해결하는 모델이 있는데 그 중의 하나가 독일형 자유주의이다. 독일형 자유주의는 시장의 효율성을 중시하면서도 영미형과는 달리 시장경제의 질서유지를 위한 정부의 역할을 강조하고 더 나아가 휴머니즘에 입각한 공동체의 구축을 전제로 하는 자유주의라고 볼 수 있다. 이러한 독일형 자유주의를 특별히 질서자유주의*Ordoliberalismus*라고 부른다.

그 동안 독일의 사회적 시장경제에 관한 연구는 여러 학자들에 의해 꾸준히 진행되어 왔다. 그러나 기존의 연구는 독일 사회적 시장경제의 이론적 배경에 관한 연구이거나, 사회적 시장경제의 경제정책의 특징을 중심으로 진행되어 왔다(안석교, 1987 ; 김용구, 1994 ; 황신준, 1995, 1997, 2000, 민경국, 1997 ; 안두순, 1998).

제2장에서는 최근 세계경제의 지배적 패러다임인 영미형 신자유주의와는 다른 형태의 자유주의인 독일 사회적 시장경제의 질서자유주의의 특징을 살펴보고, 기존연구와는 달리 독일형 질서자유주의와 영

31) 김대중 전대통령은 「대중참여경제론」등에서 자신의 경제철학이 독일식의 질서자유주의에 기초하고 있다고 밝히고 있으나, 필자의 견해로는 김대중 정부의 경제철학은 영미식의 신자유주의에 더 가깝다고 본다. 이렇게 김대중 정부의 경제철학을 신자유주의로 규정하는 이유는 김대중 정부가 추진하였던 개혁정책이 1980년대 영국의 대처수상에 의해 추진되었던 경제개혁 프로그램과 동일하며, 대처리즘의 경제사상을 신자유주의로 규정하고 있기 때문이다.

미형 신자유주의와의 차이점을 비교 · 분석함으로써 경제개혁을 추진하고 있는 한국경제와 더 나아가 21세기 경쟁력 있는 한국 시장경제정립을 위한 바람직한 이론적 패러다임은 무엇인지를 모색하는데 있어 일련의 시사점을 얻고자 하였다.

## 1. 질서자유주의 : 독일 사회적 시장경제의 이론적, 사상적 배경

### 1.1 질서자유주의의 태동

독일경제는 1948년 6월 20일 시행된 화폐개혁을 기점으로 하여 경제의 시스템이 정부가 주도하는 나치경제에서 시장경제로 전환하는 계기가 되었다. 그 이후로 독일경제는 경쟁이 보장되는 시장경제와 사회적 균형을 조화시키는 시스템으로 발전하여 '라인강의 기적' 을 이루어 냈고, 지난 반세기 동안 세계 선진경제대국의 경제모범국가로 평가받아 왔다.

이러한 독일의 경제체제는 1946년 Mueller-Armack, A에 의해 최초로 '사회적 시장경제' 로 표현되고 정립되었다*Mueller-Armack, A,1946.*[32] 그 이후 독일의 사회적 시장경제는 시스템이 가지고 있는 효율성과 형평성의 조화라는 특성을 반영해 경쟁력 있는 시스템으로 평가되어 왔다. 이러한 독일경제의 기적은 자유로운 경쟁을 최고의 가치로 규정하는 질서자유주의 정신과 또한 사회적 균형을 중요시하는 휴머니즘적 경제운용에 기인한다고 볼 수 있다. 이러한 면에서 질서자유주의는 독

32) Mueller-Armack, A은 1946년에 발간된 그의 저서 Wirtschaftslenkung und Marktwirtschaft에서 처음으로 '사회적 시장경제' (88쪽)라는 용어를 사용하였다.

일 사회적 시장경제의 이론적, 철학적 기초가 된 독일 고유의 '수정된 자유주의*Revisionistischer Liberalismus*' 라고 볼 수 있다.

질서자유주의에 대한 이론적 작업(질서경제학)은 독일 프라이부르크학파에 의해 시작되었다. 프라이부르크학파는 1920년대와 1930년대 독일의 정부주도형 경제정책을 비판하는 자유주의적 성향을 가진 프라이부르크 대학의 경제학 및 법학 교수들을 중심으로 하여 형성되었다. 프라이부르크 대학 경제학과의 Eucken, W 및 법학과의 Boehm, F, Grossmann-Doerth, H 등 세 명의 교수들은 당시 나치 경제의 문제점을 각자의 전공분야에 따라 각각 서로 다른 관점에서 분석하고 개선방향을 제시하였다.

먼저 Eucken, W(1891~1950)은 제2차 세계대전 후 독일이 나치경제에서 시장경제로 체제를 전환하는 과정에서 시장에서의 조정기구로서 가격시스템을 어떻게 효과적으로 작동시킬 수 있는가에 관심을 갖고 연구하였다. Boehm, F(1895~1977)은 독일의 사회적 질서에 있어 법의 역할과 기능 및 국가의 법질서와 개인의 힘의 관계에 관심을 갖고 연구하였다. Grossmann-Doerth, H(1894~1944)는 어떻게 국가가 자유로운 경제활동을 보장하는 일반적인 법적 조치를 취할 수 있는가에 초점을 두고 연구하였다.

프라이부르크 대학의 이들 3명의 교수들은 이와 같이 서로 다른 전공과 관점에서 독일경제에 관한 연구를 전개하였으나 이들의 연구는 다음과 같은 두 가지 면에서 공통된 결과를 도출하였다*Grossekettler, H, 1997*.

첫 번째 공통된 결과는 시장에서의 경쟁의 중요성을 강조하고 있다는 것이다. 그러나 일반적으로 시장에서의 경쟁은 카르텔과 기업집중 등을 통해 파괴되는 경향이 있다는 점이다.

두 번째 결과는 정치-행정시스템 내에서도 경쟁이 필요하다는 것이다. 그러나 일반적으로 독점화된 정부권력은 국민 모두의 공통된 목표를 만족스럽게 달성하기보다는 소수 이익집단의 이익을 대변하는 정책을 추진하는 경향이 많다는 점이다.

1930년대 독일에서 경제뿐만 아니라 정치에 있어서의 이러한 경쟁의 자기 파괴적 경향은 당시 독일의 법학 및 경제학자들의 지배적인 생각이었다. 따라서 이들은 제2차 세계대전 후, 과거 중앙관리형 나치경제를 시장경제로 전환하는 법적, 제도적 장치의 개념을 정립하는데 주력하였으며, 그 중추적 역할을 담당한 그룹이 프라이부르크학파이다. 프라이부르크학파의 특징은 경제학자와 법학자가 공동으로 소위 학제간 교류를 통해 이론을 정립하였다는 것과 이론을 정립하는데 있어 시장경제를 작동하는 제반 제도적 결과를 고려하였다는 것이다. 따라서 독일에서 질서자유주의의 태동은 시장경제에서 제도의 중요성을 강조하고 이를 이론적으로 분석하려는 시도라고 볼 수 있다.

이 밖에도 프라이부르크학파에 속하면서 현재까지 질서자유주의 경제사상을 계승, 발전시키고 있는 대표적 학자들로는 Eucken, W의 제자인 Hensel, K. P 과 Johns, R, Maier, K. F, Meyer, F. W, Lutz, F. A, Pfister, B, Gestrich, H, Stackelberg, H. v, Veit, O, Welter, E, Miksch, L, Lampe, A, Mestmaekker, E. J, Moeschel, W등을 들 수 있다.[33)]

이 중에서도 특히 프라이부르크학파의 창시자격인 Eucken, W은 질서자유주의 이론을 정립하는데 있어 중추적 역할을 담당하였다.

33) Eucken, W, Boehm, F, Grossmann-Doerth, H가 프라이부르크학파의 제1세대라면, 이들은 그 뒤를 잇는 제2세대라고 볼 수 있다. in : Beyenburg-Weidenfeld, U (1992), Wettbewerbstheorie, Wirtschaftspolitik und Mittelstandsfoerderung 1948-1963, Stuttgart, 49쪽.

## 1.2 질서자유주의의 특징

### (1) 질서로서의 자유로운 경쟁질서

독일 사회적 시장경제의 이론적 배경이 된 프라이부르크학파의 질서자유주의는 규범적이고 윤리에 바탕을 둔 개념이다. Eucken, W에 의하면 질서자유주의의 중심사상은 '잘 기능하는 그리고 인간 중심적인 좋은 질서'를 확립하고 유지하는 것이다*Eucken, W, 1959*. 이러한 개념의 질서는 바로 시장에서의 경쟁질서이고 경쟁질서를 유지하는 정책이 경제분야에서 뿐만 아니라 동시에 사회적으로도 똑같이 고려되는 것을 최우선의 정책과제로 삼는 자유주의가 질서자유주의이다*Eucken, W, 1959*.

독일 사회적 시장경제에서 자유와 사회적 정의라는 두 가지 윤리적 목적은 '책임 있는 인간'이 중심을 이룬다. 여기서 책임 있는 인간의 실현은 오직 자신의 의지대로 행동할 수 있는 선택가능한 자유가 보장될 경우에만 가능하다. 이것이 자유에 대한 윤리적 정당성을 강조하는 Eucken, W의 입장이다. Eucken, W에 의하면 "인간에게 자유가 없이는 사회적 문제를 결코 해결할 수 없다"*Eucken, W, 1959*고 말한다.

사회적 시장경제에서의 자유는 고전적 자유방임형 자유주의에 기초하는 '방임적 자유'가 아니라, '질서적 자유'이며 이 질서적 자유는 시장에 방치해서는 달성될 수 없으며, 정부에 의해 지속적으로 보장되어야만 가능하다는 것이다. 따라서 질서자유주의는 자유시장의 경쟁질서를 최우선적으로 강조함에도 불구하고, 정부가 수행해야 할 역할에 결정적인 중요성을 부여한다는 점에서 신자유주의와 본질적인 차이가 있다.

이러한 경쟁질서를 Roepke, W는 '재배식물*Kultur-Pflanze*'에 비유하고 있다. 그에 의하면 "자유시장경제는 본래 자생식물*Natur-Pflanze*이 아니라 재배식물이므로 이것은 결코 자연 그대로 방임해 두면 스스로 꽃을 피워 열매를 맺지 못한다. 종래의 자유주의적 사고나 행동의 근본적인 오류는 시장경제가 독자적으로 존립하고 자생적으로 발전하는 과정이라고 생각한데 있다. 시장 경제는 스스로 자생하는 것이 아니라 오히려 방임해 두면 부패될 수 있으며, 부패된 독소로 인해 사회전체에 나쁜 영향을 미치게 된다. 시장경제는 자생식물이 아니고 그 성장과 성숙에는 많은 배려와 손질이 필요한, 즉 묘판을 만들고 거름을 주고 잡초를 뽑아 주어야 하는 재배식물과 유사한 것이다."

여기서 Roepke, W 가 비유하고 있는 묘판은 바로 경제주체들의 정신을 의미한다. 자유경쟁에는 자유와 자기책임이라는 자율적 태도가 기초로 되지 않으면 안 된다. 이것은 자유경쟁의 인간적, 윤리적 조건이라고 할 수 있다. 또한 Roepke, W에 의하면 거름을 주고 잡초를 뽑아주는 역할은 정부가 담당해야 한다는 것이다.

경쟁질서는 그 법적인 틀뿐만 아니라 사회적, 경제적인 조건들도 형성하고 유지해야 하기 때문에 이익집단의 이해를 초월한 강력한 정부의 권위와 일관된 정부정책이 불가결하다는 것이다.[34] 즉 질서자유주의는 고전적 자유주의의 특징인 자유방임과 같은 '보이지 않는 손' 의 자동적 조정기능에 의한 시장경제를 요구하는 것이 아니라, '보이는 손' 으로서 정부에 의해 조직되고, 정부에 의해 보장되며, 정부에 의해 계속 관리되는 경쟁질서*Wettbewerbsordnung*에 의존하는 시장경제를 요구하는 것이다. 결국 질서자유주의의 핵심은 완전경쟁[35]이 지배하는 시

34) 이는 윤리적 규제나 정부의 간섭으로부터의 해방을 자유로 인식하는 신자유주의와는 정반대의 입장을 취하고 있다.

35) 사회적 시장경제가 가정하는 완전경쟁은 이론적으로 신고전학파가 전제로 하는 완전경쟁과는 다른 as-if(als-ob)式 완전경쟁이다. as-if식 완전경쟁은 완전경쟁을 위한 제반 전제조건이 실제적으로 충족되기 어려울 경우, 경제를 '완전경쟁이 지배하는 것처럼' 결과가 나오도록 정부에 의해 조정되고 관리되는 경쟁을 의미한다. in : Miksch, L(1949), Die Wirtschaftspolitik des Als-ob, Zeitschrift fuer die gesamte Staatswissenschaft, Tuebingen, pp.310-338.

장경제 하에서의 개인적 자유주의의 실현이라고 볼 수 있으며 이는 시장에서의 경쟁의 자유를 보장함을 의미한다.

Eucken, W에 의하면 독일 사회적 시장경제 경제질서의 핵심은 경쟁질서의 유지인데, 이것은 바로 정부의 경제정책에 따라 특정한 원칙들이 실현될 경우에만 장기적으로 시장이 제 기능을 발휘할 수 있다는 것이다. Eucken, W에 의하면 "건축가가 집을 짓기 위해서는 건축에 관련된 제반 법률을 알아야 하는 것과 마찬가지로, 경제정책을 집행하는 사람은 경쟁질서라는 집을 구체적으로 설립하기 위해서는 그 원칙을 알아야만 한다"*Eucken, W, 1989*. 여기서 Eucken, W이 말하는 특정한 원칙이란 다음과 같이 4가지로 나누어 볼 수 있다*Eucken, W, 1989*.

첫째, 구성적 원칙 둘 째, 규제적 원칙, 셋째, 가능한 보충의 원칙 그리고 마지막으로 국가정책의 원칙이다.

먼저 구성적 원칙의 내용을 살펴보면 i ) 완전경쟁 가격체계의 기본원칙, ii ) 통화정책 우위의 원칙, iii) 시장개방의 원칙, iv) 사유재산의 원칙, v ) 계약자유의 원칙, vi) 책임의 원칙, vii) 경제정책 일관성의 원칙이다. 또한 Eucken, W은 이러한 구성적 원칙들이 지켜진다 하더라도 독과점의 형성 등 경쟁질서를 저해하는 요인이 발생할 경우, 경쟁질서를 지속적으로 유지하기 위해서는 시장에 대한 규제가 필요함을 제시하였다. 이러한 규제적 원칙들로는 i ) 정부의 독점규제 원칙, ii ) 공정한 소득재분배의 원칙, iii) 외부효과 수정의 원칙, iv) 시장에서 비정상적 공급에 대한 수정의 원칙 등이다.

이 밖에도 Eucken, W은 가능한 보충의 원칙으로 i ) 불필요한 정부간섭 배제의 원칙, ii ) 경쟁질서, 법의 제정, 법의 판결과 행정과의 상호 통합의 원칙, iii) 극심한 경기변동에 대한 경기대책의 원칙 그리고 iv) 자립을 위한 지원 원칙 등이다*Eucken, W, 1989*.

마지막으로 국가정책의 원칙으로는 이익집단의 권력을 제한하는 원칙 등을 들 수 있다.

이 중에서도 특히 구성적 원칙과 규제적 원칙은 경쟁질서를 유지하는 불가결한 내용들로서 독일 사회적 시장경제의 경제질서를 유지하기 위한 기본원칙으로 간주되고 있다.[36)]

결론적으로 질서자유주의의 본질적 요소는 경제와 사회에서의 경쟁질서*Wettbewerbsordnung*의 유지이며, 이의 실현을 위한 정부의 역할을 강조한다는데 있다.

### (2) 정부 역할의 중요성

질서자유주의에 바탕을 둔 독일 사회적 시장경제는 건전하고 효율적인 시장기능을 위하여 정부의 개입을 필요로 한다는 특징이 있다. 독일 사회적 시장경제의 특징 중 하나는 경제주체로서 정부가 해야 할 일과 해서는 안될 일들을 이론적, 정책적으로 규정해 놓고 있다는 점이다.

앞서 살펴본 바와 같이 질서자유주의는 시장에서 경쟁질서가 제 기능을 발휘하지 못하거나, 바람직하지 못한 결과를 가져 올 때는 정부가 적극적으로 시장에 개입하는 것을 원칙으로 한다. 독일의 질서자유주의는 시장경제를 적극 지지하지만, 시장에서의 유효한 경쟁과 유효한 가격체계의 형성이 자동적으로 달성되지 않는다는 점에서 영미형 신자유주의와 차이를 보이고 있다. Eucken, W에 의하면 시장에서의 경쟁을 통한 효율성을 보장하기 위해서는 적절한 정부의 개입이 필요하다는 것이다.

질서자유주의는 완전한 경쟁시장을 실질적으로 보장하기 위해서는

---

36) Eucken, W의 경쟁질서를 유지하기 위한 제원칙에 관한 보다 상세한 내용은 황준성, 독일 사회적 시장경제의 경제질서와 질서정책(질서경제저널 제1집, 1997, pp.233-257)을 참조할 것.

경제적, 사회적 나아가서는 자연적인 조건을 충족시키는 정책이 필요하다고 본다. 따라서 질서자유주의에 바탕을 두고 있는 사회적 시장경제는 신자유주의의 '최소정부론'의 정부 역할과는 달리, 일정한 영역에 있어 정부의 강력한 정책을 요구한다. 이와 같은 의미에서 질서자유주의에 있어 정부 역할은 단순한 정부기능의 확대를 의미하는 것이 아니라, 시장에서의 경쟁질서를 유지하기 위해서 정부가 '해야 할 일'을 규정하고 있다는 것이다.

질서자유주의는 정부가 시장에 개입하여 추진하는 경제정책을 크게 질서정책*Ordnungspolitik*과 과정정책*Ablaufspolitik*으로 나누고 있다. 질서정책이란 경쟁시장의 틀을 형성하기 위해 필요한 제반조건을 마련하는 정책을 의미한다. 여기서 '경쟁시장의 틀의 형성'이란 Eucken, W에 의하면 완전경쟁이 지속적으로 가능하기 위한 유효한 가격체계의 형성을 의미한다. 완전경쟁이 가능한 유효한 가격체계의 형성을 위해서는 경쟁질서에 필요한 법적, 제도적 기초를 정비함은 물론, 그 위에 건전한 통화체계와 독점금지를 위한 반독점정책이 중요하게 된다.

과정정책이란 상황에 따라 변하는 경제변동을 조정하기 위해 정부가 시장에 개입하는 정책을 의미한다. 이 중 정부는 경제질서를 유지하기 위한 질서정책에 한해서만 시장에 개입하고 과정정책을 통해 정부가 시장에 개입하는 것은 원칙적으로 안 된다는 입장을 견지하고 있다. 즉 정부가 해야 할 일은 경쟁시장의 틀을 보전하거나 그 보완에 국한되어야지, 경제의 일반적 흐름에 대한 간섭은 정부가 해서는 안 된다는 것이다.[37]

질서자유주의에 바탕을 둔 독일 사회적 시장경제의 또 다른 특징은

37) 왜냐하면 과정정책은 가격기구의 유효한 기능을 저해하고 정책의 유효성을 유지하기 위해 계속적으로 다른 간섭을 필요로 하게 되며, 마침내는 경제에서 자유를 억제하는 전면적인 관리경제로 유도된다는 생각이 그 기초에 있기 때문이다. 이러한 면에서 질서자유주의의 과정정책에 대한 정부 역할론은 신자유주의와 동일하다고 볼 수 있다.

경제질서를 경쟁적 시장경제원리에 바탕을 두되 사회적 목표[38]간의 조화로운 균형을 위해서는 정부의 시장개입이 필요하다는 것을 강조한다는 점이다. 이러한 관점에서 독일 사회적 시장경제의 발전과정의 이데올로기는 질서자유주의와 사회적 자유주의의 혼합에서 찾을 수 있다.

질서자유주의에서 정부 역할을 필요로 하는 또 다른 이유는 Mueller-Armack, A이 주장하는 정부 개입의 필요성이다. 독일의 경제체제를 최초로 사회적 시장경제로 명명한 Mueller-Armack, A은 사회적 시장경제의 중심사상은 " - 경쟁의 기초 위에서 자유로운 창의성과 그 결과 나타난 시장경제의 성과들을 통해 사회적 목표를 달성시키는 것"임을 강조한다*Mueller-Armack, A, 1956*. 이는 바로 독일의 사회적 시장경제가 경제에서의 효율성뿐만 아니라, 형평성도 체제운용의 중요한 목표로 간주하고 있음을 의미한다.

특히 Mueller-Armack, A은 "인간이 항상 경제의 중심에 서 있어야 한다"고 강조하면서 인간중심의 시장경제를 강조하고*Mueller-Armack, A, 1974* 이러한 인본적 시장경제를 실현하기 위해서는 정부의 시장개입이 필요하다고 주장하였다.

인본적 시장경제를 실현하기 위해 Mueller-Armack, A이 주장하는 정부의 주요한 역할로는 ⅰ) 경쟁질서의 창출과 확보, ⅱ) 사회정책적 관점에서의 소득조정, ⅲ) 중소기업의 견실한 유지를 위한 시장정합적 조치, ⅳ) 인간적이고도 공동결정에 입각한 노사관계의 정립, ⅴ) 경제안정을 위한 경기안정 정책, ⅵ) 환경보호정책[39]을 들 수 있다*Mueller-Armack, A, 1974*.

---

38) 여기서 사회적 목표란 사회적 안정(Soziale Sicherung), 사회적 공정(Soziale Gerechtigkeit) 및 사회적 발전(Soziale Fortschritt)을 의미한다.

39) Mueller-Armack, A은 1~5번의 정부 역할은 독일 사회적 시장경제의 제1단계에서의 역할로 파악한 한편, 6번째의 환경보호정책은 독일 사회적 시장경제의 제2단계에서의 정부 역할로 파악하고 있다(Grossekettler, H, p.65).

특히, Mueller-Armack, A은 중간계급의 육성이 독일 사회적 시장경제의 안정과 번영을 위한 제일 우선적인 과제로 인식하여, 중소기업 및 중산층 육성에 대한 정부의 지원과 보호를 강조하였다. 이러한 관점에서 질서자유주의에서 Euckenian이 강조하는 정부 역할이 단순히 경쟁을 파괴하는 '시장의 실패'를 교정하는 소극적 역할이라면, Mueller-Armackian이 주장하는 정부 역할은 인간의 평등을 위한 보다 적극적 의미에서의 정부 역할을 강조하고 있다고 볼 수 있다.

(3) 제 질서 상호의존의 원칙

질서자유주의의 또 다른 특징은 경제에서 '제질서 상호의존의 원칙 *Interdependenz der Ordnung*'을 적용하고 있다는 점이다. 이 원칙은 경제 전체를 구성하는 여러 부문 사이에서의 질서, 그러한 부문간의 제 질서와 경제 전체의 질서 사이, 그리고 경제질서와 경제 외의 사회 · 정치 · 문화 등과의 질서 사이에는 상호 불가분의 의존관계가 존재한다는 것이다.

즉, 제 질서 상호의존의 원칙은 인간의 사회생활 전체를 구성하는 다양한 질서사이에는 불가분의 상호 의존관계가 존재함을 강조하는 것이다. 예를 들면 경제는 중앙에서 관리하면서, 기타의 부문에서 자유를 기대할 수 없으며, 또한 그 반대로 정치분야에서 자유를 억압하는 비민주적 행위가 이루어지면서 경제에서 자유를 기대할 수 없다는 것이다. 이 원칙은 결국 인간의 자유를 보장하기 위해서는 시장에서의 자유보장이 선행되지 않으면 안 된다는 것이다.[40]

40) 김대중 정부의 시장경제와 민주주의의 병행발전이라는 개혁프로그램은 바로 독일 질서자유주의의 '제질서 상호 의존의 원칙'에 근거하였다고 볼 수 있다.

## 2. 질서자유주의와 신자유주의의 비교

### 2.1 자유주의의 대표적 3유형

19세기 영국경제의 부흥과 세계자본주의의 패러다임이었던 자유방임형 고전적 자유주의*Klassischer Laissez-Faire-Liberalismus*는 1930년대 대공황을 경험하면서 그 이론적 실효성을 상실하게 되었다. 그러나 1970년대 말부터 나타나기 시작한 세계경제의 스태그플레이션현상은 당시 지배적 패러다임이었던 케인즈 주의의 효과에 대한 의구심과 함께 다시금 경제에서 자유주의적 패러다임의 필요성을 추구하는 계기가 되었다.

현대의 신자유주의란 1970년대 구미의 선진국가에서 나타난 정부의 실패를 비판하여 1980년대 이후 본격적으로 부활한 자유주의의 정책들과 사상 및 이론을 가리킨다고 말할 수 있다.[41]

그러나 실제로 신자유주의 사상은 1920년대 초 점차 확대되어 가는 정부의 간섭에 대한 비판운동에서 그 연원을 찾을 수 있다. 강화되어 가는 정부의 간섭에 대해서 최초로 이를 비판하고 그 위험성을 경고한 사람은 Mises, L. v이다. Mises, L. v는 사회주의, 계획 그리고 가격 및 임금통제 등과 같은 시장에 대한 모든 종류의 정부간섭은 경제적 실패를 야기하고, 그러한 실패는 실패를 교정하려는 또 다른 개입을 불러오면서 경제전반에 걸쳐 연쇄적 파급효과를 가져와 궁극적으로는 정부의 경제전반에 대한 강력한 통제를 초래할 것이라고 예견하였다 *Mises, L. v, 1919*.

41) 본 연구에서 독일 질서자유주의와 비교하고 있는 신자유주의는 바로 1970년대 이후 형성된 현대 신자유주의를 의미한다.

독일을 비롯한 유럽에서는 1930년대 나치즘의 발흥과 중앙관리 경제체제의 강화 및 케인즈 혁명으로 신자유주의자들의 정부의 경제간섭에 대한 비판운동은 위축되었으나, 1945년 제2차 세계대전의 종식과 나치경제의 붕괴로 신자유주의사상은 다시금 활기를 띠게 되었다.

Hayek, F. A, Eucken ,W 및 Roepke, W 등을 중심으로 한 신자유주의자들은 1947년 스위스의 Mont Pelerin에 모여 '몽페르랑학회 *Mont Pelerin Gesellschaft*'를 창설하고, 1948년에는 기관지인 '오르도*ORDO*'[42]를 창간하면서 신자유주의 경제사조를 확대하게 되었다 .

본래 '신자유주의'라는 용어는 1938년 8월 파리에서 개최되었던 〈Colloque Walter Lippmann〉의 심포지움에서 독일의 Roepke, W에 의해 처음으로 사용되었다*Renner, A, 1999*. Roepke, W는 당시 일고 있는 자유주의적 운동을 19세기의 고전적 자유방임형 자유주의와는 그 성격과 내용을 구별하여 신자유주의로 규정하였다.

이후 신자유주의에 대한 개념정의 및 신자유주의의 내용 등은 유럽 및 영미권에서 소위 신자유주의자라 불리는 그룹 내에서도 학자 간에 상당한 차이를 보이고 있다. 이 중 가장 중요한 대표적인 비교의 판단기준은 경제에서 자유와 강제(규제)의 범위를 어떻게 설정하느냐에 달려있다고 볼 수 있다.

이러한 광의의 개념의 신자유주의[43]는 Becker, H에 따르면 크게 다음의 세 종류의 협의의 자유주의로 세분하여 나누어 볼 수 있다 *Becker, H, 1965*[44]

42) ORDO- Jahrbuch fuer die Ordnung von Wirtschaft und Gesellschaft- 는 1948년 Eucken, W과 Boehm, F에 의해 제1권이 창간된 이후, 현재까지 매년 독일 질서자유주의 경제사상에 관한 연구논문들을 발표하고 있다

43) 20세기 후반에 등장한 이러한 자유주의는 분석하는 관점에 따라 여러 형태의 자유주의로 정의되고 있으나, 일반적으로 20세기 초의 자유방임형 고전적 자유주의와 구별하여 신자유주의로 부르고 있다.

즉, ① 진화적 자유주의*Evolutorischer Liberalismus*[45], ② 질서자유주의*Ordoliberalismus* 그리고 ③ 사회적 자유주의*Soziologischer Liberalismus* 이다.

첫째의 자유주의 유형으로 진화론적 자유주의를 들 수 있다. 이는 대표적으로 Friedman, M, Hayek, F. A, Mises, L. v와 그의 추종자[46]들에 의해 주창되고 정립된 개념이다.

이들이 주장하는 자유주의 특징은 경제에 있어 정부의 역할은 작으면 작을수록 좋다는 '최소국가*Minimalstate*' 론을 주장하는데 있으며, 시장의 경쟁질서는 자생적으로 형성되는 질서라고 믿는다. 자발적 질서인 시장 내에는 오랜 기간에 걸쳐 진화해 온 구조가 존재한다. 시장은 그 자체로 교정적*corrective* 질서이며, 정부의 힘을 이용하여 이를 교정하려는 시도는 필연적으로 시장의 자생적 질서 자체를 파괴시킨다(Hayek, F. A). 따라서 정부는 시장에서 자유를 보장한다는 이유에 의해서만 시장개입을 정당화시킬 수 있으며, 이외에는 정부의 시장개입을 배제하는 것을 원칙으로 한다.

이러한 Hayekian의 진화론적 자유주의는 협의의 개념에서 1970년대 이후 세계경제의 대중적 패러다임으로 제시되고 있는 신자유주의의 근간이라고 볼 수 있다.

둘째의 자유주의 유형으로는 독일 프라이부르크학파에 의해 제시된 질서자유주의를 들 수 있다. 질서자유주의라는 개념은 1950년대 독일 사회적 시장경제의 이론적 틀을 제공하는 토론의 중심과제가 되었고, 경우에 따라서는 광의의 신자유주의와 같은 개념으로, 그리고 프라이

---

44) 자유주의에 관한 보다 방대하고 심도 있는 국내문헌으로는 이근식, 자유주의 사회경제사상(한길사, 1999)을 들 수 있다. 동 저서에서 이근식 교수는 주요 경제학자의 경제사상을 중심으로 자유주의를 크게 다음과 같이 7가지로 유형화하고 있다 : ① 고전적 자유주의, ② 진보적 자유주의, ③ 질서자유주의, ④ 인본적 자유주의, ⑤ 진화론적 자유주의, ⑥ 통화론적 자유주의, ⑦ 헌법적 자유주의이다.

45) 협의의 개념에서의 최근 논의되고 있는 신자유주의 경제사상과 유사한 내용이다.

46) p.40의 〈표 1〉을 참조할 것.

부르크학파의 질서자유주의라는 특별한 협의의 개념으로 정립되었다.

이러한 의미에서 질서자유주의는 내용상 협의의 개념에서의 신자유주의와 사회적 자유주의의 중간적 입장을 취하고 있다.

마지막 세 번째 형태의 자유주의는 사회적 자유주의이다. 사회적 자유주의는 옥스포드 자유주의*Oxford-Liberalism*로 불리우기도 하며, 또한 인본적 자유주의로 불리 우기도 한다. 이 그룹에 속하는 독일의 대표적 학자로는 Ruestow, A, Roepke, W 및 Mueller-Armack, A을 들 수 있다. Ruestow, A와 Roepke, W는 사회적이고 보수적인 관점에서 자유주의에 접근한 반면, Mueller-Armack, A은 기독교적 윤리에 근거한 자유주의를 정립하였다.

이러한 사회적 자유주의의 특징은 시장에서 경쟁질서를 유지하기 위한 법 및 제도적 장치를 통한 정부의 역할 외에 인간의 삶의 질을 추구하는 복지국가를 위한 정부의 역할을 강조한다는데 있다.

독일에서 사회적 자유주의에 속하는 그룹은 Eucken의 질서자유주의와 Keynes의 경제사상의 동시적 수용이라는 입장에서 사회적 자유주의를 정립하였다.[47] 따라서 사회적 자유주의는 기본적으로 질서자유주의의 경쟁원리를 적극 수용하는 입장이면서도, 한편으로는 경제의 안정, 평등이라는 의미에서의 경제적 정의 등에 높은 비중을 두고 이를 위한 정부의 역할을 강조하고 있다는 특징이 있다.

이러한 의미에서 사회적 자유주의를 인본적 자유주의로 부르는 것이다. 이 경우 정부의 역할은 "가능한 한 경쟁, 필요한 경우 계획(개입)"이라는 원칙에 따르고 있으며*Schiller, K, 1965,* Mueller-Armack, A은 시장에서 자유원리는 동시에 사회적 균형과 조화를 이루는 경제체

47) 독일에서 사회적 자유주의 그룹에 속하는 대표적 학자들로는 Roepke, W, Ruestow, A 및 Mueller-Armack, A 등을 들 수 있다.

제를 사회적 시장경제의 특징으로 강조하였다*Mueller-Armack, A., 1956/76*.

이러한 세 종류의 자유주의를 정리, 요약해 보면 다음 〈표 1〉과 같다.

**표 1** 자유주의의 제 유형

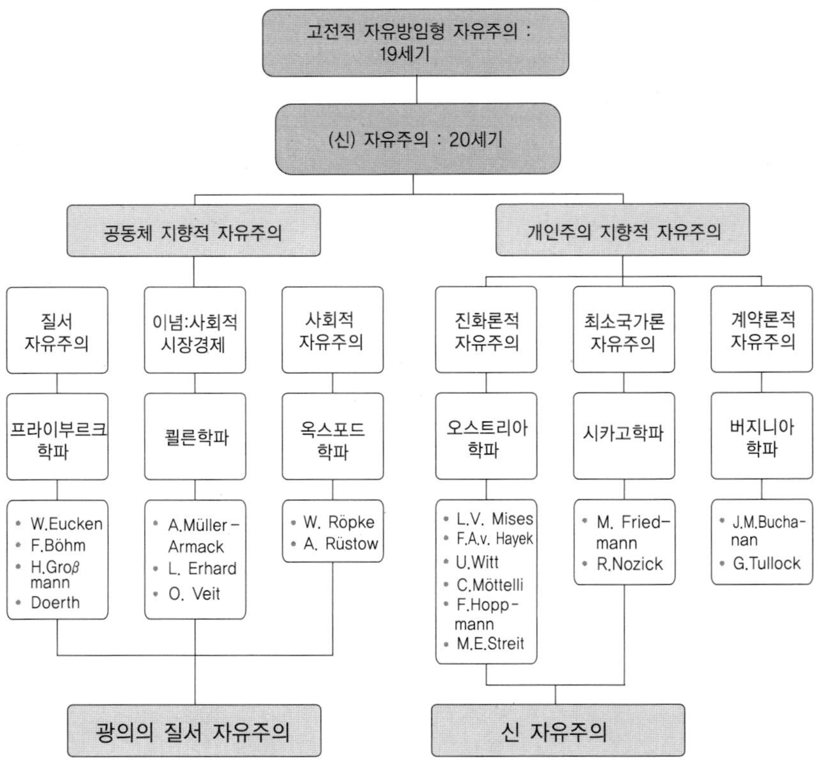


제2장에서는 Hayekian의 진화론적 자유주의에 기초하고 있는 영미형 신자유주의와 Eucken, W 및 Mueller-Armack, A, Ruestow, A, Roepke, W 등에 의하여 정립된 광의의 개념에서 독일 질서자유주의의 특징을 비교 · 분석하고자 한다.[48)]

## 2.2 신자유주의[49]와 질서자유주의의 비교[50]

기본적으로 신자유주의나 질서자유주의는 모두 전체주의나 집단주의를 비판, 부정한다는 공통점을 가지고 있다. 또한 개인의 자유보장과 시장에서의 자유로운 경쟁질서 유지를  중요한 가치로 평가한다는 점에서도 두 자유주의는 차이가 없다. 그럼에도 불구하고 신자유주의와 질서자유주의는 본질적으로, 내용적으로 다음의 두 가지 관점에서 큰 차이를 보이고 있다.

첫 번째 차이점은 두 자유주의 모두 시장에서의 자유로운 경쟁질서 유지를 최고의 가치로 평가하면서도 이러한 경쟁질서가 어떻게 형성되고 유지되는 가에 있어서는 다른 견해를 보이고 있다는 것이다.

영미형 신자유주의는 자유시장경제가 저절로 성립되고 자동적으로 전개된다고 본 반면, 독일의 질서자유주의는 자유시장경제란 자유의

48) 독일 프라이부르크대학의 Vanberg, V 교수는 광의의 질서자유주의(Eucken, W 과 Boehm, F의 협의의 질서자유주의 + A. Mueller-Armack의 사회적 시장경제론 + Roepke, W 및 Ruestow, A의 사회적 자유주의)를 헌법적 자유주의(Konstitutioneller Liberalismus)로 규정하고 있다.
in : Vanberg, V(1998), The Impossibility of Rational Regulation, Regulation, Free-Market Liberalism and Constitutional Liberalism. Paper prepared for General Meeting, Mont Pelerin Society, Washington D.C.

49) 본고에서 질서자유주의와 비교되는 신자유주의는 1970년대 중반 이후 구미의 선진국가에서 부활한 자유주의 경제정책들과 사상 및 이론을 의미한다. 여기서 신자유주의 경제정책의 대표적 예로는 레이거노믹스, 대처리즘을 들 수 있다. 또한 신자유주의의 대표적 이론들로는 공급중시경제학, 통화주의, 합리적 기대론, 공공선택이론, 신오스트리아 학파의 이론 등을 들 수 있다.

50) 독일의 질서자유주의 이념은 50~60년대 에르하르트에 의해 정책에 현실적으로 반영되었으나, 이후 사민당(SPD)의 사회정책과 연결되면서, 현재 독일의 사회적 시장경제의 체제적 특징과 체제의 기본이념이 되었던 질서자유주의는 상호 혼합적 성격을 띠고 있다. 본고에서 논의되는 질서자유주의와 신자유주의는 기본적으로 이념에 기초하여 비교하고자 한다.

제 원칙[51] 하에 정부에 의해 조직되고 관리되는 경제질서로 이해한다.

Eucken, W에 의하면 시장경제의 경제질서로서 경쟁질서는 단순히 스스로 형성되는 자생적 질서*Gewachsene Ordnung*가 아니라, 의식적으로 형성해야 할 제정적 질서*Gesetzte Ordnung*라는 것이다 *Eucken, W, 1989*.

독일 질서자유주의는 영미형 신자유주의에 기초한 경제정책의 가장 큰 약점은 경쟁이라는 시장경제 질서가 개인의 이해문제에 의해 이루어지도록 방치하고 있다는 입장이다. 질서자유주의는 시장경제가 제 기능을 효율적으로 발휘할 수 있는 경제질서, 즉 경쟁질서는 스스로 형성되어질 수 없으며, 오직 공정하고 지속적인 경제정책의 실천과 그 성과에 의해 형성된다는 것이다.[52] 따라서 시장기구의 기능이 효율적으로 작동하기 위해서는 정부의 개입이 필요하다는 것이다.

두 번째 차이점은 경제주체로서 인간의 모습을 어떻게 설정하느냐에 있다.

신자유주의는 개인의 경제활동의 동기가 '개인의 이기심' 에 전적으로 의존한다고 보는 반면, 질서자유주의는 개인의 경제활동이 단순히 이기심에만 의존하는 것이 아니라, 인간은 사회적 동물로서 이타적 행동도 한다는 점을 중요시한다.

따라서 질서자유주의는 시장에서의 경쟁의 효율성을 최고의 가치로 중시하면서도 인본적 측면에서 사회적 형평을 중시하는 사회적 시장경제의 이념적 토대를 제공하게 된다.

이러한 문제와 관련하여 다음에서는 신자유주의와 질서자유주의를 (1) 인간상의 설정, (2) 사회모델 (3) 경제질서로 나누어 그 차이점을 비교해 보고자 한다.

---

51) 여기서 자유의 제원칙이란 개인의 시장에서의 자유와 자기책임의 원칙을 의미한다.
52) 독일의 이러한 대표적 경제정책을 질서정책(Ordnungspolitik)이라 부른다.

### (1) 인간상의 설정

경제주체로서 인간의 모습을 어떻게 설정하느냐에 따라 신자유주의와 질서자유주의는 큰 차이를 보이고 있다. 먼저 신자유주의의 인간상은 신고전학파 경제학이 가정하고 있는 '방법론적 개인주의'를 전제로 한다. 즉 연구방법론적 관점에서 합리성을 추구하는 'Homo Oeconomicus'적 인간의 경제행위모델을 기초로 하고 있다*Ulrich, P, 1995*.

이는 신자유주의가 인간의 본질을 오로지 이기심에 두고 경제주체를 이기적 인간으로 가정하고 있는데 기인한다. 신자유주의에 따르면 인간의 소유욕을 위한 치열한 경쟁은 사익을 증가시킬뿐만 아니라, 더 나아가서 사회전체의 이익에도 도움이 된다는 것이다(Smith, A). 따라서 신자유주의는 개인의 이기심에 따른 경제행위는 자유정신의 실현과 자본주의의 번영을 가져온다고 믿는다. 이러한 신자유주의적 인간상은 자유시장경제에서 이기심에 따른 경제주체의 경제행위가 윤리적으로 정당화될 수 있는 근거를 제공하였다.

반면, 질서자유주의는 '사회적 존재'로서의 '인간상*Homo Sapiens*'을 설정하고, 사회구성체로서 인간의 경제활동에 초점을 두는 소위 인간주의에 바탕을 두고 있다. 질서자유주의적 관점에서 본 신자유주의적 이기심은 인간들은 모두 자신의 이기적 욕망만을 추구하고 타인의 권리나 자유는 조금도 돌보지 않기 때문에, 사회는 이기심이 판치는 혼란의 상태가 된다는 것이다. 따라서 질서자유주의는 경제에서의 인간의 모습을 합리적 이기심과 이타심을 동시에 갖고 있는 주체로 파악하고 있다.

### (2) 사회 모델

질서자유주의는 시장경제는 홀로 설 수 없으며 경제는 사회, 문화적인 제도나 관행에 '내재화되어 있다*embedded*' 는 점을 강조한다*Embedded Economy*. 따라서 질서자유주의는 기본적으로 개인의 자유를 최고의 가치로 설정하면서 동시에 공동체주의를 중요시한다.

질서자유주의는 개인의 자유뿐만 아니라, 공동체적 가치를 또한 중시한다. 질서자유주의에 기초하고 있는 사회적 시장경제는 주요 경제 문제에서 다양한 이해집단들이 참여해 합의를 도출하는 조합주의적인 과정을 특징으로 한다. 대표적인 예로 영미식에서는 볼 수 없는 노사간의 공동의사결정*Mitbestimmung*제도를 들 수 있다. 질서자유주의는 사회적 형평을 통한 사회적 결속을 위해 무제한의 경쟁이 어느 정도 제한되어야 한다고 주장한다. 이러한 배경에는 오히려 사회적 결속이 성장과 효율을 더 증가시키는 결과를 가져온다고 보기 때문이다*Albert, M, 1993*.

반면, 신자유주의는 방법론적 개인주의에 근거하고 있기 때문에 공동체적 가치의 개입을 배제한다. 이는 개인이 서로 자기의 이익추구에 따라 경제행위를 하면 자동적으로 사회적으로도 후생이 증대하기 때문에 공동체적 관심은 자연히 개인의 '사적 이기심' 으로 전가될 수밖에 없다.

이에 따라 신자유주의에서는 경제주체들이 국가전체나 공동체의 이익이나 윤리는 고려하지 않고 자신의 이익에 따라 행위를 한다. 시장의 논리에 따라 자신의 이익을 추구하는 경제행위는 자동적으로 경제를 성장시킨다. 따라서 시장근본주의*Marketfundamentalism*적 시각을 가진 신자유주의는 사회적 복지란 정부의 혜택이 아니라 시장이 그 기적을 만들어냄으로써 경제 성장, 곧 사회전체의 부를 극대화하는 것으로 이해한다*Giddens, A, 1998*.

### (3) 경제질서관

신자유주의는 시장의 질서는 시장에서 시장이 가지는 힘, 즉 스스로 역동적이고 진화적인 과정을 통해 확장되는 자생적 질서에 의해 형성된다고 본다. 반면 질서자유주의는 '자유로운 시장'이 자원배분의 기본적 기구이지만, 정부는 자유로운 시장이 제 기능을 수행할 수 있도록 경쟁질서를 법과 제도를 통해 창출하고, 이것을 지속적으로 일관성 있게 보장하는 책임을 져야 한다는 것이다. 이러한 의미에서 질서자유주의에 있어 시장과 정부는 상호 보완의 관계에 있다고 본다.

반면, 신자유주의는 시장과 정부는 상호 대립되는 것으로 이해한다. 이는 시장은 자유방임, 정부는 개입(간섭)이라는 인식에서 출발한다. 이러한 배경에는 시장이 자동적으로 자생적 질서*Spontaneous Order*[53]에 의해 효율성을 보장해 주며, 이러한 효율성이 경제성장을 보장해 준다는 논리가 내재되어 있다.

신자유주의자들에 의하면 시장은 희소한 자원들을 배분하는 과정에서 개인들이 가지고 있는 다양한 정보들이 모아지고 활용될 수 있는 유일한 경제질서이다. 시장은 누가 인위적으로 조작하는 것이 아니고 자발적으로 구성되고 조정되는 자유로운 질서이다. 시장에서의 자유를 제한하는 어떠한 계획이나 통제는 실패를 초래한다는 것이다. 따라서 신자유주의에 있어 경제문제의 최선의 해결방법은 자유로운 경제

---

53) Hayek, F. A는 체제(System)라는 용어 대신에 질서(Order)라는 말을 사용하고, 질서를 자생적 질서와 인조된 질서(Made Order)로 분류하였다. 여기서 자생적 질서는 진화를 통하여 저절로 형성된 질서인 반면, 인조된 질서는 특정한 인간, 혹은 집단이 특정한 목적에 맞추어서 의도적으로 설계하여 만든 질서이다. Hayek, F. A에 의하면 인간의 이성과 지식이 불완전하므로 이에 근거하여 형성된 인조된 질서는 불완전한 질서이다. 반면, 사회의 진화과정에서 저절로 형성된 질서인 자생적 질서는 진화가 가지는 환경적응적 특징과 균형의 달성이라는 내재적 메커니즘이 있기 때문에 가장 바람직하다는 것이다. 이러한 면에서 Hayek, F. A의 진화론은 Smith, A의 자유방임주의(Lassez-Faire)와 일맥상통하며, 자유방임주의 경제사상은 경제사적으로 1930년대의 대공황을 직면하면서 설명력을 잃어버렸다가 1970년대 말부터 부활하였다고 볼 수 있다.

질서를 방해하는 정부의 역할을 최소화하는 것이다.

이러한 의미에서 신자유주의의 핵심적 이념은 '최소한의 정부'와 '자유'라고 할 수 있다. 여기서 자유는 사유재산제도에 바탕을 둔 협의의 시장에서 개인의 자유를 의미한다. 이러한 시장의 자유는 사유재산권에 기초하여 시장에서 경제적 활동에 정부가 개입하지 않는 것을 전제로 한다. 반면 질서자유주의는 시장과 정부는 시장에서의 효율성을 제고하기 위해 상호 보완적일 수 있음을 전제로 한다.

신자유주의와 질서자유주의의 서로 다른 차이점을 요약하면 다음 〈표 2〉와 같다.

**표 2** 신자유주의와 질서자유주의의 비교

| | 신자유주의 | 질서자유주의 |
|---|---|---|
| 인간상 | – 방법론적 개인주의<br>(실증적 공리주의를 우선)<br>– 이기심을 극대화하는 인간<br>(호모 에코 노미쿠스)<br>"나는 계산한다, 그러므로 나는 존재한다."<br>– 상호 무관심 (순수한 자기적 관심)<br>– 이익이 이성을 수단화<br>(인간의 자연적 욕구를 우선)<br>– 순수한 전략적, 성과지향적 합리성<br>(일원론적) | – 사회적 구성체인 동일성의 인간주의<br>(발달심리학에 근거)<br>– 사회적(도덕적) 존재로서의 인간<br>(호모사피언스)<br>"나는 동정심을 갖는다, 그러므로 나는 존재한다."<br>– 상호 도덕적 감정의 교환(일치, 부합)<br>– 이성이 관심을 반영하고 통제(인간의 중립적 관계를 우선)<br>– 전략적 합리성보다 윤리적 이성을 우선시함(이원론적) |
| 사회모델 | – 민주주의 경제이론<br>– 상호 장점의 교환을 통한 사회구성<br>(계약이론)<br>=〉 교환계약<br>=〉 사회계약 | – 민주주의의 윤리적 담론의 개념<br>– 보편화된 인간의 권리와 의무의 상호 인정을 통한 사회의 구성<br>– 사회적 관계는 개인의 자유보다 상위에 있음 : 사회는 개인의 자유를 구성하는 전제 |

| | | |
|---|---|---|
| 사회모델 | - 사회적 관계는 개인보다 하위 또는 종속됨<br>: 개인의 자유를 제한하지 않는 사회<br>- 기준 : 파레토 효율성<br>=〉 모든 개인들의 거부권<br>=〉 "주어진" 것으로 평가하는 사회적 현상(Ceteris Paribus)<br>- 정의(합법성)보다 효율성을 우선 | - 기준 : 공정성<br>=〉 현상으로서 정의(합법성) 평가<br>=〉 경우에 따라서는 파레토 비효율성의 정당화(합법화)<br>- 효율성 보다 정의를 우선 |
| 경제질서 | - 경쟁시장 사회의 전형(典型)<br>- 경제적인 논리의 순환<br>: 시장의 틀을 형성하는 질서로서 '순수한' 경제적 근거<br>- 최고의 기준으로서 국제 경쟁력<br>- 기본질서로서 경쟁<br>: 글로벌 시장에 있어서 최적의 생존메커니즘<br>- 삶, 세계 그리고 사고(思考)의 국경 없는 경제화<br>- 경제민주주의 | - 사회적 시장경제의 전형<br>- 시장에 선행하여 주어지는 윤리적, 정치적 시장<br>: 활력정책<br>=〉 시장의 틀을 형성하는 질서의 규범적 구성.<br>- 최고의 기준으로서의 삶의 질 향상을 위한 시장(기준: 비경제적)<br>=〉 세계경제질서<br>- 내재화된 경제 (embedded economy)<br>- 윤리에 기초한 사회적 시장경제 |

자료 : Ulrich, P, Die Zukunft der Marktwirtschaft : neoliberaler oder ordoliberaler Weg Eine wirtschaftsethische Perspektive, Stuttgart, 1995.

# 제3장
# 하이에키안 자유주의와 오이케니안 자유주의의 비교

지난 4반세기 한국경제의 압축 성장 신화는 60년대 중반부터 추진되었던 정부주도형 경제성장정책에 기인하는 바가 크다. 이 정책의 특징은 경제성장을 최우선 목표로 하여 경제의 모든 부문에 있어 정부의 간섭(개입)을 필요로 한다는데 있다. 이는 경제를 불완전한 시장에 맡기기보다는 오히려 계획된 정부의 간섭에 의해 운용하는 것이 보다 더 효율적이라는 개입주의에 근거하고 있다.

그러나 정부의 개입주의*Interventionism* 패러다임은 한국경제에 정경유착, 금융시장의 관치화, 경제의 불균형, 정부의 비대화와 정부실패라는 문제점을 야기하였고 동시에 WTO의 출범과 세계화라는 세계경제의 새로운 환경변화에도 능동적으로 대처할 수 없다는 한계를 노정시켰다.

이러한 문제점을 해결하고 세계화 시대에 경쟁력 있는 시스템을 구축하기 위해서는 정부의 개입주의를 배제하고 자유로운 시장을 중심으로 하는 시장경제체제가 확립되어야 한다. 이러한 체제개혁에 대한 시도는 과거 문민정부 출범 이후 현재까지 계속해서 진행되고 있다고 볼 수 있다.

자유로운 시장경제를 지탱하는 경제사상(철학)은 자유주의*Liberalism*이다. 경제에서의 자유주의 논의는 18세기 후반 아담 스미스*Smith, A*의 국부론에 나타나 있는 고전적 자유주의*Classical Liberalism*에서 출발하여 현재의 신자유주의*Neo-Liberalism*에 이르기까지 다양하게 진행되고 있다.

이러한 다양한 자유주의 논의와 관련하여 우리에게 중요한 문제는 한국경제는 어떠한 형태의 자유주의에 기초하여 시장경제체제를 정립하느냐에 있다. 왜냐하면 어떠한 형태의 자유주의에 기초하여 시장경제를 확립하느냐에 따라 시장경제에 대한 이해와 정부의 역할을 규정하는데 있어 견해의 차이가 발생하기 때문이다.

최근 한국 시장경제 정립을 위해 활발하게 논의가 전개되고 있는 대표적인 유형의 자유주의로는 크게 하이에크의 경제사상을 중심으로 하는 자유주의와 오이켄의 경제사상을 중심으로 하는 자유주의의 2종류로 대별하여 볼 수 있다.[54]

여기서 하이에키안 자유주의*Hayekian Liberalism*는 시장에서의 경쟁질서를 중시하고 이러한 경쟁질서의 형성과 유지를 하기 위한 방법론에 있어 한 마디로 시장근본주의*Market Fundamentalism*적 사고를 갖고 시장경제에 접근하고 해결한다는 특징을 갖는 자유주의라고 볼 수 있다.

반면, 시장경제의 경쟁질서를 중시하면서도 하이에키안 자유주의와는 다르게 시장경제에 접근하고 경제문제를 해결하는 자유주의로 오이케니안 자유주의*Euckenian Liberalism*를 들 수 있다. 오이케니안 자유주의는 시장의 경쟁을 통한 효율성을 중시한다는 점에서는 하이에키안 자유주의와 같으면서도 하이에키안 자유주의와는 달리 시장경제의 경

---

54) 저자는 본 연구에서 하이에크의 경제사상(철학)에 기초하여 형성되는 자유주의를 하이에키안 자유주의 (Hayekian Liberalism)로, 그리고 오이켄의 경제사상(철학)에 기초하여 형성된 자유주의를 오이케니안 자유주의(Euckenian Liberalism)로 명명하고자 한다.

쟁질서 유지를 위해서는 일정한 정부의 역할이 필요하다는 것을 강조한다는 점에서 차이가 있다.

제3장에서는 시장에서 경쟁질서의 중요성을 똑같이 강조하면서도 경쟁질서를 유지하는데 있어 차이점을 보이고 있는 하이에키안 자유주의와 오이케니안 자유주의의 특징과 내용을 비교 · 분석함으로써 21세기 경쟁력 있는 한국 시장경제확립을 위해 필요한 이상적 자유주의는 어떠한 자유주의인지를 모색해 보고자 한다.

이러한 목적 하에서 제3장에서는 먼저 자유주의의 개념과 원리를 이론적 측면에서 고찰하고, 하이에키안 자유주의의 특징과 오이케니안 자유주의의 특징을 각각 살펴보고, 두 자유주의가 가지고 있는 특징을 크게 ① 질서개념, ② 질서이론의 핵심, ③ 경쟁에 대한 개념설정과 경쟁질서 형성에 대한 입장, ④ 국가의 사회정책적 기능, ⑤ 학문적 관심의 출발과 발전방향 및 ⑥ 이론탄생의 시대적 배경의 6가지 기준을 중심으로 비교 · 분석하고자 한다. 그리고 두 자유주의의 비교 · 분석을 통해 한국 시장경제정립을 위해 필요한 바람직한 자유주의는 어떤 유형의 자유주의이어야 하는지를 모색해 보고자 한다.

자유주의에 관한 기존의 국내 연구의 특징은 자유주의의 개념 규정과 특징을 분석하거나 경우에 따라서는 분석결과를 통해 다양한 유형의 자유주의를 제시하는 형태의 논문이 주류를 이루고 있다(이근식, 1999 ; 황준성, 2001 등). 특히 본 연구와 관련성이 있는 국내 연구로는 오이켄의 경제사상(철학)과 하이에크의 경제사상을 각각 분리하여 독립적으로 분석한 논문들이 상당히 축적되어 있다. 그러나 오이켄의 경제사상을 기초로 하여 형성된 자유주의를 오이케니안 자유주의, 하이에크의 경제사상을 기초로 하여 형성된 자유주의를 하이에키안 자유주의로 규정하고 양 자유주의의 특징을 체계적으로 비교 · 분석한 연구는 본 연구가 최초라고 생각된다.

기존의 국내 연구 중 본 연구주제와 유사성을 가진, 즉 두 경제사상을 비교·발표한 논문으로는 안석교(2003)와 전성인(1998)의 2편의 논문을 들 수 있다. 안석교는 하이에크와 오이켄의 경제사상을 비교하였는데, 특히 국가와 시장경제에 관한 이론과 사상을 중심으로 하이에크와 오이켄의 경제사상의 공통점과 차이점을 도출하고자 하였다. 그러나 안석교의 논문에서는 하이에크와 오이켄의 경제사상을 세부적으로 주제별로 나누어 구체적으로 분석하고 있지는 않으며, 단지 하이에크와 오이켄의 경제사상을 국가와 시장이라는 틀 속에서 비교하고 있다는 특징이 있다. 한편, 전성인은 하이에크의 경제사상을 신자유주의로, 오이켄의 경제사상을 질서자유주의로 규정하여 두 자유주의의 특징을 설명하고 두 자유주의의 공통점과 차이점을 특히 국가와 법제도의 역할에 대한 시각이 어떻게 차이를 나타내며, 질서형성의 과정에 대한 사고는 어떤 차이를 보이는지를 살펴보았다. 전성인의 연구 역시 두 자유주의 경제학자의 경제사상을 체계적으로 비교하기 보다는 단편적인 비교·분석을 하였다고 볼 수 있다.

이러한 기존 연구와의 차별성을 가지기 위해 본 연구는 기존의 두 경제학자의 자유주의적 관점을 하이에키안(하이에크주의자)과 오이케니안(오이켄주의자) 자유주의로 확대·해석하고, 두 자유주의의 공통점과 차이점은 무엇인지를 주제별로 세분화하여 비교·분석하고자 하였다. 특별히 두 자유주의의 차이점이 무엇인지를 보다 선명하게 밝히려고 노력하였다. 또한 본 연구를 통해 현 한국경제에서 논의되고 있는 자유주의의 이상적, 현실적 패러다임은 어떠한 자유주의이어야 하는지를 모색하는데 그 의의를 두고자 하였다.

## 1. 자유주의의 역사적 배경과 원리

시장경제는 경제문제를 기본적으로 시장기구*Market Mechanism*에 의해 해결하려는 경제체제이다. 이는 시장의 가장 기본적인 기능이 시장참여자들로 하여금 자유롭게 각각 자신의 이기적 동기에 따라 경쟁적으로 교환에 참여하게 함으로써 경제적 효율성*Economic Efficiency*[55]을 달성하고 상호이익*Mutual Benefit*을 보장하기 때문이다. 즉, 시장경제는 국내외적으로 자유로운 경쟁을 보장함으로써 교환의 이익*Gains from Exchange*을 극대화시켜 준다. 이러한 시장경제가 갖는 효율성은 시장에 존재하는 가격기구*Price Mechanism*의 역할에서 찾을 수 있다. 이는 가격이 자원배분과정, 즉 무엇을, 어떻게 그리고 누구를 위해 생산할 것인가를 결정하는 과정에서 핵심적인 역할을 수행함으로써 효율성을 달성하기 때문이다.[56] 이러한 장점과 특징을 가진 시장경제를 뒷받침하는 경제사상과 철학이 바로 자유주의이다.

그 동안 역사적으로 자본주의 시장경제의 발전과정에서 나타난 자유주의는 학자에 따라 여러 형태로 분류되어 분석, 연구되어 왔음에도 불구하고 자유주의의 기본원리를 규정하는데 있어서는 큰 차이가 없다고 볼 수 있다.

---

55) 경제학에서 효율적인 자원의 사용은 두 가지 측면에서 본다. 먼저 자원량이 주어져 있을 때 이 주어진 자원으로 최대의 효과를 얻고자 하는데, 이를 최대효과의 원칙이라고 한다. 한편 일정한 효과를 얻고자 할 때 들어가는 비용을 최소화하고자 하는데, 이를 최소비용의 원칙이라고 한다. 최대효과의 원칙과 최소효과의 원칙을 합쳐 경제적 효율성이라 한다. 경제적 효율성이 충족된다는 것은 효율적인 자원배분이 달성됨을 의미한다. 경제적 효율성은 경제원칙(economic principle) 또는 경제적 합리주의(economic rationalism)라고도 한다.

56) 여기에서 수많은 시장참여자들의 행위들을 조정하고, 새로운 규칙과 현실적인 제도들을 합리적으로 만들어 내는 가격의 기능을 아담 스미스와 다수의 스코틀랜드 계몽주의 철학자들은 '보이지 않는 손(invisible hand)' 이라고 보았다.

## 1.1 자유주의 태동의 역사적 배경

자유주의는 원래 중세 절대왕정이나 국가가 권력과 부를 확장하기 위해 국내외 경제를 규제하던 중상주의에 대한 반작용으로 나타난 사상이라고 볼 수 있다. 중세 봉건체제하에서 상공인과 농민들로 구성되는 평민들은 과중한 조세와 병역 부담, 관헌들에 의한 생명과 재산 강탈로 인해 심한 고통을 겪었다.

한편, 이 시대에 도시를 중심으로 상공업이 꾸준히 발달하고, 산업혁명 이후 자본주의 경제체제가 형성 · 발전되면서 자본주의의 주도계층인 중소상공인 중심의 부르주아계급들이 새로운 주도계층으로 부상하게 되었다. 이들은 당시 신분상 수탈을 당하는 평민에 속했기 때문에 구체제*Ancient Regime*에 대항, 투쟁하는 주도적 계급이 되었고, 이 부르주아계급이 서양 근대 사회발전의 주역인 시민계급이다.

이와 같이 서구의 근대 시민사회 형성기에 구체제에 대항하여 근대 자본주의체제를 가능하게 한 시민계급의 사상이 바로 자유주의이다(이근식/황경식, 2001). 즉, 자유주의란 부르주아들이 서양 근대사에서 구체제를 무너뜨리고 인간의 자유와 평등을 보장하고자 구체제와 싸우는 과정에서 제창된 사상적 패러다임이다(이근식/황경식, 2001). 이러한 주장의 배경에는 인간은 태어나면서 천부적(天賦的)인 자연권을 가지며, 이 자연권이 만인에게 평등하게 보장되어 사람들이 간섭과 규제 없이 자유롭게 행동한다면, 그로 인해 사회전체에 자연히 질서가 형성된다고 믿기 때문이다. 따라서 자유주의자들은 국가의 부(富)는 국가로부터 간섭받지 않고 경제주체간의 자유로운 교환을 최대한 보장함으로써 달성될 수 있다고 주장함으로써 구체제인 중상주의를 비판하고 자유주의를 새로운 사상적 패러다임으로 제시하게 되었다.

## 1.2 자유주의의 기본 원리

경제사적으로 중상주의의 반작용으로 출발한 자유주의적 패러다임은 아담 스미스, 데이비드 리카아도 및 존 스튜어트 밀 등의 고전적 자유주의 전통에 뿌리를 두고 발전하였다*Smith, A, 1776, Ricardo, D, 1817, Mill, J. S, 1848*. 이러한 고전적 자유주의는 자본주의 발전과정에서 여러 형태의 자유주의로 나타나고 있으나, 자유주의의 기본원리에는 변함이 없다고 볼 수 있다. 자유주의의 기본원리는 크게 (1) 개인의 자유와 권리 보장*Individual Freedom & Rights*, (2) 자유로운 시장*Free Market*, (3) 정부개입의 최소화*Minimization of Government Intervention*의 3가지로 요약할 수 있다*Balaam, D. N / Veseth, M, 2001*.

### (1) 개인의 자유와 권리 보장

자유주의는 기본적으로 경제주체로서 개인을 이성적이고 협조적이며 경쟁적으로 각자 자기의 이익 극대화를 추구하는 합리적 행위자로 가정한다*Balaam, D. N / Veseth, M, 2001*. 따라서 자유주의는 인간의 평등문제[57]보다는 자유의 문제에 관심을 가져왔다. 이러한 관점에서 개인의 자유보장은 자유주의의 가장 기본적인 원리이다. 여기서 개인의 자유는 협의의 개념에서 개인의 경제적 자유를 의미한다.[58] 이론적으로 경제적 자유는 개별 경제단위가 수요자 또는 공급자로서의 기능을 수행함에 있어서 '실효 있는 선택*Effective Choice*'을 제약하는 사회적 장애가 없

---

57) 여기서의 평등의 문제는 마르크시즘(Marxism)이 강조하고 있는 분배상의 평등을 의미한다.

58) 자유주의에서 말하는 자유는 협의의 자유만을 의미하는 것이 아니라, 생명권과 재산권을 모두 포함하는 기본인권(Basic Human Rights)으로 규정하기도 한다(이근식/황경식 2001).

음을 의미한다.

경제적 자유는 크게 이를 행사하는 주체에 따라 가계선택의 자유 *Freedom of Household Choice*와 기업의 자유*Freedom of Enterprise*로 나누어 살펴볼 수 있다. 또한 자유주의는 개인의 권리로서 사유재산권*Private Property Rights* 보장을 강조한다. 고전적 자유주의자인 스미스와 밀도 '사유재산제도는 자기노력의 과실을 향유하도록 한다는 점에서 정의와 부합하며 또한 사람들로 하여금 근면과 저축에 힘쓰도록 한다는 점에서 경제발전을 위한 필수요건이다' 라고 강조하고 있다(이근식/황경식, 2001).[59]

(2) 자유로운 시장

자유주의의 또 다른 기본원리는 자유로운 시장, 즉 자원의 최적 배분을 가능하게 하는 수단으로서 자유로운 시장에서 결정되는 가격 메커니즘을 신봉한다는 것이다. 이러한 면에서 자유주의 경제구조의 기초는 시장이다. 즉 시장에서의 자유로운 경쟁을 통한 개인의 사익추구 *Self-Interest*는 결과적으로 사회 모든 구성원의 복지를 증가시키며, 그 결과 경제성장은 달성되고 궁극적으로 모든 사람에게 이익이 된다. 이 경우 개인들은 시장이라는 제도를 통해 그들의 효용을 극대화시키게 된다. 여기서 말하는 시장은 자유롭고 경쟁적인 시장을 의미한다. 자유롭고 경쟁적인 시장에 대해서 하이에크는 다음과 같이 설명하고 있다.

---

59) 이근식은 경우에 따라서는 사유재산을 제한하여야 한다는 주장을 한 자유주의그룹이 있음을 제시하고, 대표적 예로 사회적 자유주의(Social Liberalism)를 들고 있다. 여기서 사회적 자유주의는 19세기 후반 영국을 중심으로 노동자들의 극심한 빈곤문제를 해결하기 위해 고전적 자유주의를 비판하고 노동문제와 분배문제를 해결해야 한다는 개량주의 사상으로 규정하고 있다(이근식/황경식 2001. 36~37). 이와는 달리 필자는 사회적 자유주의를 이러한 영국의 옥스포드학파와 독일의 사회적 시장경제의 정책 및 이론 발전에 기여한 뢰프케(Roepke, W)와 뤼스토브(Ruestow, A)를 포함하여 사회적 자유주의자로 규정하였다. 보다 자세한 내용은 황준성, 독일형 질서자유주의와 영미형 신자유주의의 비교(경상논총 제24집, 한독경상학회, 2001.12)를 참조할 것.

경쟁이 제한받지 않는다면 다음과 같은 상태를 가져온다. 첫째, 어떤 생산자가 어떻게 생산하는가를 알아서 구매자가 그것을 적정하게 살 수 있는 가격으로 팔 수 있는 상태로 생산할 것이다. 둘째, 생산되고 있는 모든 것은 실제 그것을 생산하고 있지 않는 사람보다 적어도 값싸게 만들 수 있는 사람에 의해 생산된다. 셋째, 그 모든 것은 실제로 그렇게 팔지 않는 다른 사람보다 값싸거나 최소한 비슷하게 팔리게 될 것이다*Hayek, F. A, 1979*.

이상적인 자유시장은 어떤 생산자나 소비자도 가격에 영향을 줄 수 없는 가격순응자*Price-Taker*가 되는 상태, 즉 완전한 경쟁시장에서 찾을 수 있다. 자유주의는 이러한 완전경쟁시장은 인간이 고안한 산물이 아니며 경제 발전과정에서 자연발생적으로 형성된 사회제도로 파악한다. 이는 자유주의자들은 시장은 인간의 욕망을 충족시키는 시장 고유의 내적 논리를 가지고 기능한다고 믿기 때문이다 *Hayek, F. A, 1973*.

### (3) 최소 정부 : 정부개입의 최소화

자유주의 패러다임의 특징 중 하나는 개인의 자유로운 경제활동을 매우 중요시한다는 점이다. 이 경우 정부는 개인이 자신의 목표를 달성하게 하는 수단이며 대리자이다. 아담 스미스 이후, 자유주의자들은 정치권력의 집중과 경제에 대한 정부의 간섭에 대해 매우 부정적이며 비판적이었다. 고전학파의 완성자이며 자유주의자의 한 사람인 밀은 다음과 같이 설명하고 있다.

입헌주의 정부의 원칙은 정치권력이 그 소유자의 특수한 목적을 촉진하기 위해 남용될 수 있다는 것을 전제로 요구되고 있다. 그것은 항상 그러한 것이기 때문이 아니라, 그러한 것이 모든 일의 자연적 경향이기 때문이다. 그것에 대항하기 위해 이용되는 것이 자유주의적 제도이다*Mill, J. S, 1974.*

자유주의는 경쟁적 자본주의를 구성하는 경제적 자유가 또한 정치적 자유를 가능하게 한다고 본다. 즉, 경제적 자유를 보장하기 위해서는 정부 권력의 남용을 막아야 하며, 다만 정부의 역할은 자유로운 시장의 결함을 보완하는데 그쳐야 한다. 프리드만은 정부간섭을 억제해야 하는 적극적, 소극적 이유를 들어 자유주의의 중요성을 더욱 강조하였다.

자유의 보전은 정부권력을 제한하고 분권화한다는 면에서 소극적이다. 그러나 거기에는 또한 적극적인 이유도 있다. 건축과 회화, 과학과 기술, 공업과 농업에서의 위대한 진전은 결코 중앙집권화된 정부에서 유래하지 않았다. 정부는 결코 개인행동의 다양성을 복제할 수 없다*Friedman, M, 1962.*

그렇다고 해서 자유주의가 정부를 방어하거나 정당화하지 않는 것은 아니다. 자유주의는 동시에 완전한 무정부상태를 옹호하고 있지 않다는 것이다. 자유주의에 있어서 정부는 합법적이고 존재의 필요성을 가지지만 자유롭고 공정한 경쟁적인 시장을 창출하고 유지하기 위한 제한적 역할을 수행할 뿐이다. 이와 관련하여 프리드만은 정부의 역할을 다음과 같이 규정하고 있다.

정부의 중요한 기능은 외부로부터의 적과 내부의 동료시민으로부터 우리의 자유를 방어하고, 법과 질서를 보존하고, 사적 계약을 보증하고, 경쟁적 시장을 촉진하는 것이다*Friedman, M, 1962.*

## 2. 하이에키안 자유주의의 특징

시장에 대한 정부의 간섭을 가장 강하게 비판한 대표적 학자로는 신오스트리아학파*Neo-Austrian School*의 한 사람인 하이에크를 들 수 있다. 여기서 신오스트리아학파는 기본적으로 오스트리아학파[60]의 전통을 계승하면서도 시장의 기능과 역할을 다른 관점에서 바라보고 있다는데서 오스트리아학파와 차이점이 있다(강명규, 1980 ; 전성인, 1998).

신오스트리아학파는 오스트리아학파와는 달리 시장은 소위 정태적 균형분석의 틀 속에서는 올바로 인식할 수 없으며, 시장은 연속적인 변화를 동반한 불균형 속에서 균형을 찾아가는 하나의 과정으로 파악해야만[61] 그 기능을 충분히 이해할 수 있다고 본다.[62] 이러한 관점에서 신오스트리아학파에 있어서 시장의 경쟁은 과정으로서의 경쟁이다. 이러한 신오스트리아학파에 속하는 대표적 학자로는 미제스*Mises, L. V*와 하이에크 *Hayek, F. A*를 들 수 있다.

최초로 신오스트리아학파의 시장에 관한 이론적 기초는 미제스에 의해 정립되었다. 그는 1920년대 사회주의와의 계산논쟁*Calculation Debate*에서 합리적인 경제계획은 효율적인 자원배분을 요구하게 되고, 이것은 시장에서의 희소성에 관한 정보를 제공하는 가격 이외에는 다른 선택이 없다고 언급하였다. 시장의 가격 메커니즘에 대한 정부의

60) 1870년대의 한계혁명(marginal revolution) 이후, Menger, Boem-Bawerk, Wieser로 이어지는 경제학체계를 오스트리아학파로 분류한다.

61) 이러한 의미에서 신오스트리아학파의 시장분석에 관한 이론을 시장과정론이라고 부른다.

62) 이러한 면에서 신오스트리아학파의 시장이론이 신고전학파의 확실성의 세계에서 불확실성의 세계로 한 단계 발전한 것은 사실이지만, 그것은 '시장과 계획의 이분법' 에 근거하여 시장기구의 자생적 조절과 진화를 지나치게 과신하고 있다는 문제점이 있다. 이러한 의미에서 신오스트리아학파의 이론도 '확실성의 세계' 에서 벗어나고 있지 못하다고 본다.

간섭은 경제전반에 걸쳐 연쇄적인 통제파급효과를 가져오고, 이것은 결국 경제질서를 시장경제로부터 중앙집권적 명령경제로 만드는 결과를 가져온다는 것이 그의 입장이다*Mises, L. v, 1923*.

시장에 관한 미제스의 이러한 관점은 하이에크와 오스트리아학파의 이론을 계승한 신오스트리아학파에 의해 더욱 발전되었다.[63)]

신오스트리아학파 중 하이에크는 아담 스미스가 밝혔던 시장경제의 장점을 이론적으로 발전시킨 대표적 자유주의 학자이다. 하이에크의 자유주의 사상은 계획경제가 초래할 전체주의의 위험성을 경고하고 개인의 자유를 수호하고자 한 그의 저서 '노예의 길*The Road to Serfdom, 1944*'의 출판을 통해 확대되기 시작하였다.

하이에크는 체제*System*라는 용어 대신, 질서*Order*라는 용어를 사용하면서 질서를 인위적 질서*Made Order*와 자생적 질서*Spontaneous Order*로 구분하였다. 이 두 질서 가운데 하이에크는 인간생활에 바람직한 질서는 자생적 질서임을 강조한다. 여기서 말하는 자생적 질서는 진화과정*Evolutionary Process*을 통해 시장에서 저절로 형성되는 질서를 의미한다. 반면, 인위적 질서는 특정한 인간 혹은 집단이 특정한 목적에 맞추어서 의도적으로 설계하여 만든 질서를 말한다. 하이에크에 의하면 대표적으로 시장경제와 윤리, 언어 등이 자생적 질서이며 사회주의 계획경제, 정부조직법 등이 인위적 질서에 속한다.

하이에크는 시장의 경쟁질서는 자생적으로 형성되는 질서라고 믿는다. 자생적 질서인 시장 내에는 오랜 기간에 걸쳐 진화해 온 구조가 존재한다. 자생적 질서는 진화의 결과, 저절로 형성된 것이므로 만든 사람이 따로 있는 것도 아니고 목적이 있는 것도 아닐 뿐만 아니라, 사람

---

63) 미제스는 오스트리아학파의 제2세대, 하이에크는 오스트리아학파의 제3세대라고 볼 수 있으며, 필자는 이들을 신오스트리아학파로 분류하고자 한다.

들이 그 작동 메커니즘을 이해할 수도 없다는 특징을 갖는다. 자생적 질서인 시장은 그 자체로 교정적*corrective* 질서이며, 교환을 통하여 각자의 상이한 지식과 목표가 서로 화합되도록 한다는 것이다.[64)]

따라서 시장이 불안정하다고 하여 정부의 힘을 이용하여 이를 교정하려는 시도는 필연적으로 시장의 고유한 질서인 자생적 질서 자체를 파괴시킨다. 이러한 입장에서 하이에크는 정부는 시장에서 자유를 보장한다는 이유에 의해서만 시장개입을 정당화시킬 수 있으며, 이외에는 정부의 시장개입을 배제하는 것을 원칙으로 한다. 이러한 배경은 시장실패의 비용보다 정부실패의 비용이 더 크다고 판단하기 때문이다.

시장경제의 이러한 효율성을 설명함에 있어서 하이에크는 정보전달망*Information Network*으로서의 시장*Catallaxy*이라는 개념과 '발견과정으로서의 경쟁*Competition as a Discovery Procedure*'이라는 상호 연관되는 개념을 사용하고 있다. 여기서 정보전달망은 바로 시장의 가격기구를 의미한다. 시장질서는 수많은 관련정보들을 가격으로 집약하여 모든 경제주체들에게 알려주는 하나의 정보전달망의 역할을 하며 이를 통하여 필요한 재화들이 낮은 비용으로 공급되게 된다. 이러한 시장질서에서의 경제활동은 경쟁을 통해 이루어진다. 경쟁은 경제주체, 특히 생산자들에게 합리성을 강요하는 과정이다.[65)] 경쟁은 소비자들이 원하는 상품들을 가장 싼 가격으로 생산하는 기업들에 의하여 생산되어 현실적으로 가장 싼 가격으로 판매될 수 있도록 한다. 또한 하이에크는 시장에서는

64) 이 경우 각 개인은 이기적일 수도 있고, 이타적일 수도 있다. 이러한 점에서 하이에크는 분업을 통하여 개인의 이기적 행동들이 서로에게 이익을 가져다준다는 아담 스미스와는 시장에 대해 다른 입장을 취하고 있다.

65) 정통경제학에서는 합리적 행동을 가정하고 분석을 시작하지만 하이에크는 이는 원인과 결과를 뒤바꾼 것이라고 비판한다. 그에 의하면 경쟁이 경제주체들로 하여금 합리적으로 행동하도록 강요한다.

기업의 수와 상관없이 경쟁의 효율이 존재한다고 생각한다는 것이다(이근식, 1999).

신고전학파 이론이 가정하고 있는 시장은 완전경쟁시장모형이며, 완전경쟁시장에서만 자원배분의 효율성이 달성된다.[66] 그러나 하이에크는 신고전학파류의 완전경쟁시장은 현실적으로 존재하지 않는다는 사실을 지적하고, 완전경쟁시장이 존재하지 않아도 시장에서는 둘 이상의 기업만 존재하면 기업 간 경쟁으로 인해 가장 효율적인 자원배분이 달성된다고 보았다(이근식, 1999).

또한 하이에크는 독점시장에서도 경쟁의 효율이 존재한다고 보았다(이근식, 1999). 이는 다른 기업의 시장진입에 대한 두려움으로 독점기업이 판매가격을 낮은 수준으로 유지하려고 노력하기 때문에 그 자체로서 경쟁의 의미를 갖는다는 것이다 (이근식, 1999).[67]

결론적으로 하이에크의 시장관은 시장구조와는 무관하게 항상 시장에서는 자생적으로 경쟁질서가 형성되어 진다고 보는 시장근본주의적 입장을 취하고 있음을 알 수 있다.

## 3. 오이케니안 자유주의의 특징

'사회적 시장경제' 로 표현되는 독일의 시장경제는 효율성과 형평

---

66) 시장에서의 완전한 정보와 아울러 기업의 무수한 존재는 신고전학파에 있어 완전경쟁시장을 위한 필수적인 가정이다. 그러나 하이에크에 의하면 시장에서 필요한 모든 정보를 경제주체들이 안다는 것은 불가능하다. 이 때문에 하이에크는 완전한 정보를 가정하는 신고전학파의 일반균형론을 비판한다. 따라서 하이에크에 의하면 완전한 정보가 불가능하기 때문에 시행착오를 통해서 사후적으로만 구체적인 사실들과 결과를 알 수 있으며 이는 일종의 진화의 과정이다.

67) 이러한 면에서 하이에크는 독점에 관해 부정적인 스미스나 오이켄과 달리, 독점을 상당부분 긍정적으로 보고 있다.

성의 조화라는 특성을 반영한 시스템으로 평가되어 왔다.[68] 이러한 독일 경제시스템은 자유로운 경쟁을 최고의 가치로 규정하는 질서자유주의 정신과 또한 사회적 균형을 중요시하는 휴머니즘적 경제운용을 특징으로 한다고 볼 수 있다. 이러한 면에서 질서자유주의는 독일 사회적 시장경제의 이론적, 철학적 기초가 된 독일 고유의 '수정된 자유주의*Revisionistischer Liberalismus*' 라고 볼 수 있다*Moeller, H, 1939*.

이러한 질서자유주의에 대한 이론적 작업(질서경제학)은 독일 프라이부르크학파에 의해 시작되었다. 프라이부르크학파는 1920년대와 1930년대 독일의 정부주도형 경제정책을 비판하는 자유주의적 성향을 가진 프라이부르크 대학의 오이켄*Eucken, W*, 뵘*Boem, F* 및 그로스만 되르트흐*Grossmann-Doerth, H* 등을 중심으로 하여 형성되었다.[69]

오이켄을 중심으로 한 프라이부르크 대학의 이들 3명의 교수들은 서로 다른 전공과 관점에서 독일경제에 관한 연구를 전개하였으나 이들의 연구는 다음과 같은 두 가지 면에서 공통된 결과를 도출하였다 *Grossekettler, H, 1997*.

첫 번째 공통된 결과는 시장에서의 경쟁의 중요성을 강조하고 있다는 것이다. 그러나 일반적으로 시장에서의 경쟁은 카르텔과 기업집중 등을 통해 파괴되는 경향이 있다는 점이다.

---

68) 90년대 후반 들어 나타나기 시작한 정부부채의 증가, 높은 실업률 등의 부정적인 거시경제적 지표는 독일 경제시스템에 기인하는 것이라기보다는 통일에 따른 과도한 통일비용지출과 구동독지역의 구조조정에 따른 실업의 증가에 기인한다고 볼 수 있다.

69) 프라이부르크대학 경제학과의 오이켄 및 법학과의 뵘 및 되르트흐 등 세 명의 교수들은 당시 나치경제의 문제점을 각자의 전공분야에 따라 각각 서로 다른 관점에서 분석하고 개선방향을 제시하였다. 오이켄(1891-1950)은 제2차 세계대전 후 독일이 나치경제에서 시장경제로 체제를 전환하는 과정에서 시장에서의 조정기구로서 가격시스템을 어떻게 효과적으로 작동시킬 수 있는가에 관심을 갖고 연구하였다. 뵘(1895-1977)은 독일의 사회적 질서에 있어 법의 역할과 기능 및 국가의 법질서와 개인의 힘의 관계에 관심을 갖고 연구하였다. 되르트흐(1894-1944)는 어떻게 국가가 자유로운 경제활동을 보장하는 일반적인 법적 조치를 취 할 수 있는가에 초점을 두고 연구하였다.

두 번째 결과는 정치-행정시스템 내에서도 경쟁이 필요하다는 것이다. 그러나 일반적으로 독점화된 정부권력은 국민 모두의 공통된 목표를 만족스럽게 달성하기보다는 소수 이익집단의 이익을 대변하는 정책을 추진하는 경향이 많다는 점이다.

1930년대 독일에서 경제뿐만 아니라 정치에 있어서의 이러한 경쟁의 자기 파괴적 경향은 당시 독일의 법학 및 경제학자들의 지배적인 생각이었다. 따라서 이들은 제2차 세계대전 후, 과거 중앙관리형 나치경제를 시장경제로 전환하는 법적, 제도적 장치의 개념을 정립하는데 주력하였으며, 그 중추적 역할을 담당한 그룹이 프라이부르크학파이다.[70] 이 중에서도 특히 프라이부르크학파의 창시자격인 오이켄은 질서자유주의 이론을 정립하는데 있어 중추적 역할을 담당하였다.

독일 사회적 시장경제의 이론적 배경이 된 프라이부르크학파의 질서자유주의는 규범적이고 윤리에 바탕을 둔 개념이다. 오이켄에 의하면 질서자유주의의 중심사상은 '잘 기능하는 그리고 인간 중심적인 좋은 질서'를 확립하고 유지하는 것이다*Eucken, W, 1959*. 이러한 개념의 질서는 바로 시장에서의 경쟁질서이고 경쟁질서를 유지하는 정책이 경제분야에서 뿐만 아니라 동시에 사회적으로도 똑같이 고려되는 것을 최우선의 정책과제로 삼아야 한다는 것이 오이켄의 중심사상이다*Eucken, W, 1959*.

오이켄에 있어서 시장의 경쟁질서는 고전적 자유방임형 자유주의에 기초하는 '방임적 질서'가 아니라, '설정적 질서*Gesetzte Ordnung*'이며 이 설정적 질서는 시장에 방치해서는 달성될 수 없으며, 정부에 의해 지

70) 현재까지 질서자유주의 경제사상을 계승, 발전시키고 있는 프라이부르크학파의 학자들로는 Eucken, W의 제자인 Hensel, K. P과 Johns, R, Maier, K. F, Meyer, F. W, Lutz, F. A, Pfister, B, Gestrich, H, Stackelberg, H. v, Veit, O, Welter, E, Miksch, L, Lampe, A, Mestmaekker, E. J, Moeschel, W 등을 들 수 있다.

속적으로 보장되어야만 가능하다는 것이다. 따라서 오이켄은 자유시장의 경쟁질서를 최우선적으로 강조함에도 불구하고, 시장의 경쟁질서를 유지하기 위해서 정부가 수행해야 할 역할에 결정적인 중요성을 부여한다는 점에서 하이에크와 본질적인 차이가 있다.

오이켄은 시장에서의 유효한 경쟁과 유효한 가격체계의 형성이 자동적으로 달성된다고 보지 않는다. 하이에크가 진화적 과정을 통해 경쟁질서가 자동적으로 형성된다고 보는 것과는 달리, 오이켄은 시장에서 경쟁과 가격기구가 작동하기 위해서는 일정한 영역에서 정부의 강력한 정책이 필요하다고 본다*Zeppernick, R, 1987.*[71)]

오이켄은 시장질서의 핵심인 경쟁질서를 유지하기 위해서는 다음과 같은 7개의 구성적 원칙*Konstituierende Prinzipien*과 4개의 규제적 원칙*Regulierende Prinzipien*의 필요성을 제시하고 있다 *Eucken, W, 1959.*[72)]

오이켄에 의하면 7개의 구성적 원칙과 4개의 규제적 원칙이 동시에 그리고 완전하게 실현될 경우에만 '자유롭고 공정한 경쟁'의 질서를 기초로 하는 시장질서가 유지될 수 있다는 것이다.

먼저 구성적 원칙을 살펴보면, ⅰ) 완전경쟁 가격체계의 기본원칙*Grundprinzip des Preissystems vollstaendiger Konkurrenz*, ⅱ) 통화정책 우위의 원칙*Prinzip des Primats der Waehrungspolitik*, ⅲ) 개방적 시장의 원칙*Prinzip der offenen Maerkte*, ⅳ) 사유재산의 원칙*Prinzip von Privateigentum*, ⅴ) 계약자유의 원칙*Prinzip der Vertragsfreiheit*, ⅵ) 책임의 원칙*Prinzip der Haftung*, ⅶ) 경제정책 일관성의 원칙*Prinzip von Konstanz der Wirtschaftspolitik*이다.

---

71) 독일에서 자유롭고 공정한 경쟁이 보장되는 경쟁질서를 유지하기 위해 정부가 추진하는 가장 중요한 경제정 책은 질서정책(Ordnungspolitk)이며, 이는 영미형 경제체제에서는 볼 수 없는 독일 특유의 정책이라고 볼 수 있다.

72) 오이켄의 구성적 원칙과 규제적 원칙에 관한 논의와 상세한 내용들은 '독일의 사회적 시장경제'에 관한 기존의 국내논문에서도 많이 소개(황신준 1995, 1997 ; 황준성 1995, 1997, 2001)되어 있으므로 본고에서는 필요성에 따라 핵심적인 주제어만 기술하였다.

또한 오이켄은 이러한 구성적 원칙이 지켜진다 하더라도 독과점의 형성 등 경쟁질서를 저해하는 요인이 발생할 경우, 경쟁질서를 지속적으로 유지하기 위해 시장에 대한 규제가 필요함을 제시하였다. 이러한 규제적 원칙은 크게 ⅰ) 정부의 독점규제 원칙*Prinzip der staatlichen Monopolaufsicht*, ⅱ) 공정한 소득재분배의 원칙*Prinzip der gerechtigkeit-sorientierten Korrektur der Einkommensverteilung*, ⅲ) 외부효과 수정의 원칙*(Prinzip der Korrektur externer Effekte)*, ⅳ) 시장에서 비정상적 공급반응에 대한 수정의 원칙*(Prinzip der Korrektur anormaler Angebotsreaktionen)* 등 네 가지이다.

오이케니안 자유주의 그룹에 속하는 뢰프케*Roepke, W*같은 학자는 경쟁질서를 식물의 '재배식물*Kultur-Pflanze*'에 비유하고 있다. 그에 의하면 "시장경제는 본래 '자생식물*Natur-Pflanze*'이 아니라 재배식물이므로 이것은 결코 자연 그대로 방임해 두면 스스로 꽃을 피워 열매를 맺지 못한다. 그에 의하면 종래의 자유주의적 사고나 행동의 근본적인 오류는 시장경제가 독자적으로 존립하고 자생적으로 발전하는 과정이라고 생각한데 있다. 시장 경제는 스스로 자생하는 것이 아니라 오히려 방임해 두면 부패될 수 있으며, 부패된 독소로 인해 사회전체에 나쁜 영향을 미치게 된다. 시장경제는 자생식물이 아니고 그 성장과 성숙에는 많은 배려와 손질이 필요한, 즉 묘판을 만들고 거름을 주고 잡초를 뽑아 주어야 하는 재배식물과 유사한 것이다." *Roepke, W, 1944*

여기서 뢰프케가 비유하고 있는 묘판은 바로 경제주체들의 정신을 의미한다. 자유경쟁에는 자유와 자기책임이라는 자율적 태도가 기초로 되지 않으면 안 된다. 이것은 자유경쟁의 인간적, 윤리적 조건이라고 할 수 있다. 또한 뢰프케에 의하면 거름을 주고 잡초를 뽑아주는 역할은 정부가 담당해야 한다는 것이다.

이러한 배경 하에서 오이켄의 시장관은 공정한 시장질서를 유지하기 위해서는 정부의 질서정책, 특히 경쟁정책의 필요성을 강조한다는 것이다.

## 4. 하이에키안 자유주의와 오이케니안 자유주의의 비교 : 공통점과 차이점

하이에키안 자유주의와 오이케니안 자유주의를 요약적으로 살펴보면, 자유주의에 관한 출발점에서 서로 다른 문제의식을 갖고 있음에도 불구하고, 자유주의에 관한 공통된 인식과 견해를 가지고 있음을 알 수 있다. 또한 두 자유주의의 특징 가운데 서로 공통되는 점뿐만 아니라 서로 다른 특징이 있음을 발견하게 되는데 이를 살펴보면 다음과 같다.

### 4.1 공통점

먼저 두 자유주의는 1930년대와 1940년대 중앙집권의 전체주의적 이데올로기의 문제점을 비판하고 이를 해결하는 방법에 있어서 매우 유사한 결론을 내리고 있다는 공통점을 갖고 있다. 두 자유주의는 중앙계획 경제체제(제도)에 대해 비판적이며, 이러한 비판을 뒷받침하기 위해 자유주의와 사회주의를 비교 · 분석하는 시도를 하였으며, 분석 도구로서의 이론적 근거를 질서경제학*Ordnungsoekonomik*에서 찾고 있다는 점이다*Streit, M. E / Wohlgemuth, M, 1999*. 여기서 질서경제학[73]은 신고전

73) 질서경제학의 기초개념은 1995년 독일의 경제학자인 슈트라이트(Streit, M)가 처음으로 정립하였고, 그 후 호프만(Hoppmann, E)에 의해 사용되었다. 국내경제학자로서는 처음 민경국 교수가 질서경제학의 내용을 상세히 소개하여, 질서경제학에 대한 이해를 일반화 시키는데 기여하였다.

학파 경제학의 닫힌 세계관을 버리고 인간의 자발적 상호조정 가능성을 발견한 스코틀랜드의 도덕철학적 법이론, 진화를 강조하고 있는 (신)오스트리아 학파의 시장과정이론, 그리고 독일 프라이부르크학파 *Freiburger Schule*의 질서자유주의 이론을 융합하여 발전시킨 경제학적 패러다임이다(민경국, 1996). 즉, 질서경제학은 열린 세계를 분석의 대상으로 삼고 인간 지식의 한계를 인정하는 데서 출발하여 지식을 최대한 활용하여 보다 합리적이고 창의적인 인간 행위를 가능하게 하는 경제질서에 관한 학문이다(배진영, 2003).

따라서 두 자유주의는 공히 중앙계획형 간섭(개입)정책을 비판하고 그 대안으로 질서정책*Ordnungspolitik*의 필요성과 중요성을 강조하여 최초로 질서경제학의 이론을 정립하고, 이 질서이론에 기초하여 시장경제를 분석하고 있다는 공통점을 가지고 있다.

두 번째, 두 자유주의의 또 다른 공통점은 경제학 방법론에 있어서 가치판단*Werturteil*을 전제로 하는 규범적 성격을 띠고 있다는 것이다. 두 자유주의 모두 막스 베버*Weber, M*의 가치중립성*Werturteils-freiheitspostulat*을 비판하고 있다. 가치판단에 관한 논쟁과 관련하여 오이켄은 "학문의 대상은 현실의 형성*Gestaltung*이 아니라 현상의 인식에 있다"는 막스 베버의 주장을 비판하였다. 오이켄에 의하면 '학자들이 가치판단을 포기하거나, 이들로부터 가치판단을 박탈하는 경우 학자들보다 덜 전문적인 자들이 그 역할을 하게 된다' 고 보고 있다*Boehm, F/Eucken, W/Grossmann-Doerth, H, 1989*.

하이에크 역시 명시적으로 막스 베버의 가치중립성에 관한 명제를 비판하였다. 그가 제시한 '공정한' 행위의 준칙과 그 결과로 형성되는 '자생적 질서*Spontaneous Order*' 는 가치판단을 전제로 한 것이다(안석교, 2003).

세 번째 공통점은 두 자유주의가 똑같이 '개인의 자유보장' 을 최고의 가치로 여기고 있으며, 이는 시장에서의 경쟁을 보장할 경우에만 실현가능하다고 본다는 점이다. 하이에크에 의하면 자유로운 경제행위가 보장되는 경우에만 개별 경제주체들이 발견적 절차를 통해 '자생적인 질서' 를 만들 수 있다고 믿고 있다. 또한 오이켄 역시 나치즘이라고 하는 전체주의적 중앙관리형 경제체제의 문제점을 해결하는 유일한 대안이 인간의 자유를 보장하는 체제가 무엇보다 중요하다는 확신을 가지게 되었고, 자유가 보장되어야만 중앙관리형 경제체제의 대안인 경쟁질서의 형성이 가능하다는 신념을 갖게 되었다 *Eucken, W, 1959*.

### 4.2 차이점

두 자유주의가 이론적 체계 면에서 위와 같은 공통점이 있음에도 불구하고, 하이에키안 자유주의와 오이케니안 자유주의의 차이점을 살펴보면 크게 다음과 같이 6가지 측면에서 비교 · 분석해 볼 수 있다 :

첫 번째 차이점은 오이켄과 하이에크의 경제사상에 기반을 두고 있는 두 자유주의가 이해하는 질서개념*Ordnungsbegriff*에 차이가 있다는 것이다. 이는 오이켄과 하이에크가 똑같이 고전적 질서경제학의 이론적 토대를 만들었음에도 불구하고 이들이 생각하는 질서의 개념에는 상당한 차이를 보이고 있다는 것이다.

오이켄은 '질서' 라는 표현을 경제에서 현실적으로 유효한 형태로 나타나야 하는 소위 규칙카테고리로서 '설정적 질서*Gesetzte Ordnung*' 를 사용하고 있다*Pies, I, 2001*. 오이켄에 있어 질서란 경제활동의 규칙을 위해 필요한 집합적 개념이다. 이해 반해 하이에크에 있어서의 질서는 개별요소들의 구조적 특징들의 관계를 나타내는 소위 결과카테고리로서 '자생적 질서*Spontaneous Order*' 의 의미로 사용되고 있다*Pies, I, 2001*. 즉,

어느 시점에서 시장의 결과로 나타나는 모습, 예를 들면 생산량과 가격의 일정한 구조가 하나의 질서로 이해할 수 있다. 결론적으로 하이에크의 질서개념은 계획되는 질서가 아니며 시장과정의 결과로 나타나는 '자생적 질서' 인데 반해, 오이케니안 자유주의에서 이해하는 질서는 규칙을 만드는 '설정적 질서' 라고 볼 수 있다.

두 번째 차이점은 두 자유주의가 질서이론을 전개하는 과정에서 각각 강조하는 내용의 핵심이 다르다는 것이다. 오이케니안 자유주의 질서이론의 핵심은 권력(힘)의 행사가 어디에 있는가에 있다. 즉, 오이켄이 구별하고 있는 이념형 경제체제모델에서 교환경제와 중앙관리형 경제체제의 근본적인 차이점은 직접적으로 권력이 어디에 있는가이다. 이는 경제적 자유와 관련이 있다. 이러한 면에서 하이에크와 오이켄이 개인의 자유보장을 지향한다는 점에서는 동일한 입장이다. 그러나 오이켄에 의하면 개인의 자유를 위협하는 핵심요소는 다양한 힘의 행사이다. 이때 힘의 행사는 국가권력, 개인과 집단에 의해 이루어지며 이를 제어할 수 있는 규칙*Regel*을 만드는 것이 자유보장의 선결조건으로 제시하였다.

이에 비해 하이에키안 자유주의 질서이론의 핵심은 사회에 분산되어 있는 지식을 어떻게 활용하는가에 있다. 하이에크는 경쟁이 일차적으로 새로운 지식의 발견과 습득에 기여한다고 보았다. 하이에크에 의하면 '탐색과정으로서의 경쟁' 과 자발적 교환시스템으로서의 시장*Catallaxy*[74]이 바로 지식동원을 극대화 시켜주는 기능을 담당한다. 결론적으로 하이에크의 질서이론이 분산된 지식과 정보의 동원, 즉 개별 주

74) 경쟁에 의하여 생성되는 자생적 질서를 명백히 표현하기 위해 하이에크는 시장을 '카탈락시(Catallaxy)' 라는 개념을 사용하였다. Catallaxy는 그리스어의 동사 'Katallattein' 으로 부터 유래하는데, 이는 '교환하다', '바꾸다' 라는 의미뿐만 아니라, '~을 공동체로 들여놓다', '적으로부터 친구로 변하다' 라는 의미를 지닌다.

체의 능력발휘에서 출발한다면, 오이켄의 질서이론은 다양한 힘의 행사에 의해 위협받고 있는 개별 주체의 자유보장이 그 출발점이다(안석교, 2003).

세 번째 차이점은 두 자유주의가 공히 시장에서의 경쟁질서를 매우 중시한다는 공통점을 가지고 있음에도 불구하고, 경쟁에 대한 개념설정과 경쟁질서의 형성에 관해서는 두 자유주의가 서로 다른 입장을 취하고 있다는 점이다. 먼저 하이에크의 경제사상에 기초한 하이에키안 자유주의에서는 경쟁의 개념을 '자유경쟁*Free Competition*'으로 이해하고 있으며, 이러한 자유경쟁은 외부로부터의 간섭이나 강압*Coercion*이 없이 법의 지배*Rule of Law*에 의해서만 유지될 수 있다고 본다. 하이에크는 법의 지배가 확립되면 개인들이 시장에서의 경쟁을 통해 나름대로의 자생적 질서를 형성하며, 이는 진화적 과정을 통해 궁극적으로 자유경쟁이 유지될 수 있다고 보았다.

반면, 오이켄은 하이에크와 같이 경쟁질서를 유지하기 위한 법질서의 중요성을 강조하고는 있으나, 경쟁의 개념에 있어서는 하이에크와 다르게 이해하고 있다. 오이켄은 경쟁의 개념을 자유경쟁이 아닌 '공정경쟁*Fair Competition*'으로 파악한다. 따라서 그에 의하면 자유방임하의 시장경제는 시장의 공정한 경쟁질서를 유지하기 어렵기 때문에, 경쟁질서를 유지하기 위한 정부의 역할을 강조하고 있다.[75)]

오이켄에 의하면 기업이란 기본적으로 가능한 한 경쟁을 제한하려는 성향을 갖고 있어, 국가의 적극적 경쟁질서 창출을 위한 노력이 없

75) 필자가 하이에키안 자유주의의 경쟁개념을 '자유경쟁', 오이케니안 자유주의의 경쟁개념을 '공정경쟁'으로 구별한 이론적 근거는 시장질서에 대한 두 자유주의의 입장 차이에 기초하고 있다. 하이에크에 있어서 시장질서는 자유롭게 형성되는 '자생적 질서'인데 비해, 오이켄에 있어 시장질서는 자유방임이 아닌 '설정되어지는 질서'로 이해하고 있는데, 필자는 이러한 시장질서에 대한 이해의 차이가 바로 경쟁개념을 자유로운 경쟁과 공정한 경쟁으로 분류하는 기준이 된다고 평가하였다.

이는 카르텔이나 여타의 기업결합 등의 경제력 집중을 유발할 수 있다는 것이다*Streit, M. E / Wohlgemuth, M, 2000*. 이에 반해 하이에크는 국가의 능동적 역할에 의한 경쟁질서 창출은 불가능하다고 본다. 이는 경쟁질서를 형성하기 위해 인위적으로 만든 모든 사회질서는 '설계주의적' 접근으로 가능하지 않으며, 이는 자생적인 시장질서에 의해서만 가능하다고 보기 때문이다.[76)]

이상과 같은 경쟁질서에 대한 두 자유주의의 시각의 차이는 독점에 관한 이론에서 보다 명백하게 차이점이 드러나고 있다. 오이켄은 독점을 매우 부정적으로 보아, 이를 해결하기 위한 방법으로 정부의 경쟁질서 창출 역할을 강조한 반면, 하이에크는 독점시장에서도 경쟁의 효율이 존재한다고 보아 독점에 대해서도 긍정적인 입장을 취하고 있다. 하이에크에 의하면 독점기업이라 하더라도 다른 기업의 진입을 염두에 두고 판매가격을 낮은 수준으로 유지한다는 것이다. 즉, 독점기업이라 하더라도 실제에 있어서는 잠재적 경쟁기업으로 경제활동을 하기 때문에 효율적이라는 것이다*Hayek, F.A, 1979*. 독점에 대한 이러한 점이 하이에키안 자유주의가 오이케니안 자유주의와 다른 이유 중의 하나이다.

네 번째 차이점은 국가의 사회정책적 기능에 대한 두 자유주의의 입장이 다르다는 것이다. 먼저 오이케니안 자유주의는 하이에키안 자유주의와는 달리 사회적 문제들에 대해 적극적인 관심을 갖는다. 오이켄의 여러 저서에서 '인본적 자본주의'의 당위성에 관한 문제가 명시적으로 제기되고 있다. 반면 하이에키안 자유주의에 있어 사회적 문제는 별 다른 정책의 대상일 수 없으며, 또한 그것을 제기하는 것 자체가 무의미하다고 본다(안석교, 2003). 하이에크에 의하면 사회적 문제를 해결하기

76) 하이에크는 이를 설계주의적 합리주의(Constructivist Rationalism)라 부르고 신랄하게 비판하였다.

위해 내세우는 '사회적 정의'란 결국 현대사회를 현혹하는 유령*Mirage*에 불과하며, 개인의 자유를 위한 안전장치라는 진정한 법의 개념을 파괴하는 단어의 모독*Abuse of Word*이다. 이러한 관점에서 하이에키안 자유주의에 있어 사회적 정의는 특정한 계층의 이익을 증대하기 위한 그릇된 정책을 옹호하는 명분으로 사용되고 있을 뿐이다*Hayek, F. A, 1973*. 하이에크에 있어서 개인의 자유와 자유로운 시장만이 사회적 정의의 유일한 기준이며, 중요한 것은 그러한 자유를 보장할 수 있는 공정한 행위의 규칙*Rule of Just Conduct*이 갖추어져 있는가 하는 점이다*Hayek, F. A, 1976*.

다섯 번째 차이점은 하이에키안 자유주의와 오이케니안 자유주의가 자유를 최고의 가치로 중시한다는 공통점을 가지고 있으면서도, 자유주의적 사고를 형성, 전개하는 학문적 과정에 있어서 차이가 있다는 것이다. 즉 초창기에 있어 두 자유주의의 학문적 관심의 영역은 서로 다른, 보다 더 정확히 표현하면 정반대의 방향에서 출발하고 있다는 점이다*Pies, I, 2001*.

오이케니안 자유주의의 형성은 먼저 철학이라는 학문적 배경 하에서 출발하여 이를 경제학 영역으로 발전시킨 반면, 하이에키안 자유주의의 출발은 이와는 정반대라고 볼 수 있다. 하이에크의 초기 주요 저서와 논문에서도 잘 나타나 있듯이 하이에크는 자본이론과 경기변동 등의 문제 등 학문적 관심이 경제학에서 출발하였다. 즉 경제에서 경쟁과정과 자생적 질서의 중요성을 연구하면서 필요성에 따라 도덕철학 그리고 법철학이라는 영역으로 그의 학문적 관심을 확대 · 발전시켰다.

이러한 두 자유주의의 학문적 관심의 출발점이 서로 달랐던 배경은 다음에서 그 원인을 찾을 수 있다. 하이에크와 오이켄 모두 궁극적으로는 경제학이라는 학문적 영역에 집중하려는 수렴*Convergence*하는 현상을 보였으나, 연구과정에서 경제 영역에 대한 분석과 평가가 정치적, 법적, 도덕적 영역과 별개로 독립적으로 이루어질 수 없다는 공통된 생각이 있었기 때문이다. 따라서 하이에크의 자유주의적 사고는 경제영역에서 출발하였으나 도덕, 법철학과 연계하여 발전시키게 되었고, 반면 오이켄의 자유주의적 사고는 그의 부친의 영향을 받아 철학적 배경에서 출발하였으나 결국 경제영역으로 확대시키게 되었다*I. Pies, 2001*.

마지막으로 여섯 번째 차이점은 두 자유주의를 출발시킨 시기는 유사하지만, 시대적 배경과 환경은 다르다는 데 있다. 두 자유주의를 탄생시킨 하이에크와 오이켄이 자유주의적 사고를 하게 되는 시기는 대략 1930년대와 1940년대로 유사하다고 볼 수 있으나, 이들이 자유의 중요성을 인식하는 시대적 환경과 배경은 서로 다른데 있었다고 볼 수 있다. 먼저 오이켄은 1930년대와 1940년대 독일의 나치즘 경제시스템을 비판하는데서 자유주의를 출발시킨 반면, 하이에크는 1930년대와 1940년대 영국 런던에 체류(1931~1950년)하면서 흄*Hume, D*, 록크*Locke, J*, 스미스*Smith, A*와 같은 영국의 고전적 자유주의를 부활시켜 이를 재정립하고 확산시키는데 있어서 하이에이칸 자유주의의 기초를 만들었다고 볼 수 있다(안석교, 2003).

두 자유주의가 질서의 중요성을 인식하고 고전적 질서이론을 정립하는데 기여하였음에도 불구하고, 이러한 시대적 환경의 차이로 인하여 두 자유주의가 추구하는 질서정책의 강조점에는 차이가 발생하고 있다*Pies, I, 2001*. 오이케니안 자유주의가 강조하는 질서정책의 우선적 관심은 제2차 세계대전 이후 독일의 경제질서를 새롭게 정립하기 위하여 하나의 급진적인 새로운 질서의 정립을 필요로 하는데 있었다. 반면, 하이에크는 당시 영국에 팽배하고 있었던 유토피아적 사회주의 사상의 위험성으로부터 영국 사회를 보호하는데 절박함을 인식하는 차원에서의 질서정책을 강조하였다고 볼 수 있다. 하이에크는 사회주의적 아이디어가 어떻게 전체주의로 진행되는지를 지적하고, 올바른 사회문제 인식을 위한 철학적 문제와 경제학의 문제[77]에 관심을 가졌다.

이러한 관점에서 볼 때, 하이에크가 노예의 길로 가는 것을 경고하는 차원에서 질서정책을 강조하였다면, 오이켄은 노예의 길에서부터 자유로워지는 제3의 길을 모색하는 차원에서의 질서정책을 중시하였다고 볼 수 있다. 이상의 하이에키안 자유주의와 오이케니안 자유주의의 차이점을 요약하면 다음 〈표 3〉과 같이 정리할 수 있다.

**표 3** 하이에키안 자유주의와 오이케니안 자유주의의 차이점

| | 하이에키안 자유주의 | 오이케니안 자유주의 |
|---|---|---|
| 질서개념 | 자생적 질서(결과 카테고리) | 설정적 질서(규칙 카테고리) |
| 질서이론의 핵심 | 분산된 지식의 활용 | 권력(힘)의 분산(통제)기능 |
| 경쟁 | 자유경쟁 | 공정경쟁 |
| 경쟁질서의 유지 | 자유방임 | 관리, 감독 |
| 독점 | 긍정적 | 부정적 |
| 사회정책 | 부정적 | 긍정적 |
| 학문적 관심의 출발과 발전방향 | 경제학 → 도덕철학, 법철학 | 철학 → 경제학 |
| 시대적 배경 | 영국의 유토피아적 사회주의 사상 비판 | 독일의 나치경제 비판 |

77) Hayek, Individualism and Economic Order(1948) 참조, 특히 이 책의 제7,8,9장에서 하이에크는 사회주의적 계산(Socialist Calculation)에 대한 반박에 지면을 할애하고 있다.

# Part 02

Ordo Liberalism, German Social Market Economy

## 독일 사회적 시장경제의 특징과 문제점

제4장
# 독일 사회적 시장경제의 사적 전개과정

제2차 세계대전이 끝난 후 독일은 정치적, 사회적, 그리고 경제적으로 황폐화된 분단된 국가로 전락하고 말았다. 특히 전쟁을 통한 경제적 피해는 극심하였다. 예를 들면 전쟁을 통한 독일인의 사망자 수는 800만에 달했고 영토는 24%를 잃게 되었다. GNP는 1939년을 기준으로 50%, 공업생산은 67% 감소했으며 총 가옥의 47%가 전파, 또는 손상되어 3가구당 1가구꼴로 거주할 곳이 없는 실정이었다. 뿐만 아니라 공업시설, 교통망, 운송수단 등도 절반가량이 파괴되어 독일경제는 그야말로 최악의 상태에 빠지게 되었다*Fasbender,u.a, K, 1991*. 이는 2차례의 세계대전을 주도한 나치즘의 결과이다.

나치체제하에서 독일경제는 계획경제체제로 운영되었으며 시장 메커니즘은 중앙집권적 계획경제로 대체되었다. 생산수단의 소유는 형식상 사적소유로 되어 있으나, 임금 및 가격의 자유로운 결정은 제한되어 있었다. 특히 독일경제에 큰 부담이 된 것은 극심한 인플레 현상이었다. 나치정권은 군비확장과 전쟁수행을 위해 과도한 화폐발행을 통한 팽창적인 통화정책을 운용한 결과 1938년에 564억 제국마르크

(RM : Reichs Mark)였던 총 통화량이 1945년에는 거의 3,000억 RM으로 증가하였다. 그 결과 독일에서의 RM은 더 이상 화폐로서의 그 기능을 수행할 수 없게 되었으며 그 대신 담배, 버터 등 몇몇 재화가 화폐를 대신하는 '현물경제' 로 돌아가는 현상까지 나타나게 되었다.

이처럼 경제적으로 심각한 상황에서 가장 긴급한 과제는 무엇보다도 경제재건과 화폐개혁 그리고 전시경제를 운용한 나치 경제체제하에서의 왜곡된 경제구조를 청산하는 작업이었다. 여기서 제기되는 문제가 바로 '사회적 시장경제' 의 기본 틀을 형성하는 경제정책, 특히 질서정책의 확립이었다. 패전 후 연합군 점령 하에 독일에서의 자원배분은 나치체제의 유산을 많이 가지고 있다. 아데나워*Adenauer, K* 정부의 총리였던 에르하르트*Ludwig Erhart*는 시장 지향적 질서정책을 확립하기 위해 나치체제의 유산인 정부의 통제 및 규제를 대폭 해체하기 시작하였다. 이를 위해 우선적으로 1948년 6월 20일 화폐 및 가격개혁을 단행하였다. 화폐개혁을 통해 이전까지 통용되던 제국마르크*RM*는 새로운 독일마르크*DM*로 바뀌었으며, 독일 내 모든 국민은 1인당 40마르크씩 현금을 배당받고 두 달 뒤에 다시 20마르크를 추가로 배당받았다*BfW, 1989*. 이전의 RM은 은행구좌에 입금되어 10:1의 비율로 강제 저축되었다. 또한 이전까지의 독일제국의 채무는 완전 백지화되고 민간채무는 10:1의 비율로 평가절하되었다. 화폐개혁은 전시의 배급과 계획경제체제에서 벗어나 시장경제로 전환하기 위한 획기적 조치였으며 이는 새로운 통화를 도입했다는 의미뿐만 아니라 생산과 분배를 시장기능에 맡기는 가격개혁을 의미한다. 이로써 화폐 및 가격개혁은 독일의 사회적 시장경제의 시발점이 되었다고 볼 수 있다*Voy, K, 1991*.

이어 1949년 5월 독일의 헌법에 해당하는 연방의 기본법*Grundgesetz*이 통과됨으로써 사회적 시장경제의 법적 체제가 확립되었다. 법문화된 독일의 사회적 시장경제의 경제적 목표는 가격안정과 완전고용의 유지, 국제 수지균형의 달성 및 안정적인 경제성장이었다.

이러한 독일의 사회적 시장경제의 발전과정을 역사적으로 고찰하기 위해 나치경제의 붕괴 이후 독일에서 사회적 시장경제가 발전하는 역사적 과정을 크게 4단계로 나누어 분석하였다.

## 1. 사회적 시장경제의 사적 전개과정

사회적 시장경제의 중요한 특징 중 하나는 이 경제체제가 변화를 거부하는 엄격한 사회 정책적 도그마*Dogma*가 아니라, 환경의 변화에 높은 적응력과 수정력을 가진 경제체제라는 점이다. 즉 독일의 사회적 시장경제는 경제와 사회에 새로운 문제가 제기될 때마다 항상 검토, 보완되고 개선되어야 하는 경제체제임을 의미한다*Herder-Dorneich, P, 1973*.

따라서 본 절에서는 독일 사회적 시장경제의 사적 전개과정을 이러한 동적인*Dynamic* 개념에서 파악해 보고자 한다.

독일의 경제체제는 1834년의 관세동맹을 기점으로 하여 프러시아 제국주의(1871~1918년), 바이마르 공화국 시대의 혼합경제(1919~1933년) 및 히틀러 하(下)의 나치경제(1934~1945년)의 경험을 거치면서 오늘날의 사회적 시장경제*Soziale Marktwirtschaft*로 발전하였다. 이렇게 형성된 사회적 시장경제를 정확히 단계별로 구분지어 고찰한다는 것이 쉬운 일은 아니나, 다음과 같이 크게 4단계로 나누어 살펴볼 수 있다.[78)]

먼저 2차 세계대전이후 루드비히 에르하르트*Ludwig Erhard*와 뮐러 아르막 *Mueller Armack*에 의해 정리되고 확립된 질서자유주의*Ordoliberalismus*를

78) 독일내 사회적 시장경제에 관한 연구논문들의 대부분이 사회적 시장경제의 발전 단계를 4단계로 나누어 분석하고 있다. 대표적 연구로 Paetzold, J의 Soziale Marktwirtschaft(Berlin, 1994) 연구를 들 수 있다.

사회적 시장경제의 제1단계(1948~1966년)로 보고, 이후 독일 사민당*SPD*의 주도하에 기민당*CDU*과 기사당*CSU*이 참여하여 수립한 대(大)연정에 의해 진행된 질서자유주의 사조가 퇴보하는 사회적 시장경제의 전개과정(1967~1982년)을 제2단계로 보고, 기민당*CDU*과 자민당*FDP*이 연정을 이루면서 질서정책을 회복하고 사회적 시장경제의 새로운 전기를 마련하고 그 이후 통일이 되기 전까지, 소위 독일 사회적 시장경제의 재발견과 활성화가 이루어지는 기간(1982~1990년)을 제3단계로, 그리고 마지막으로 독일 통일 이후의 시기(1990~현재)를 4단계로 나누어 볼 수 있다.

## 2. 제1단계(1948~1966년) : 질서자유주의의 확립단계

대체로 제2차 세계대전 이후부터 에르하르트가 연방 총리에서 퇴임하기까지인 1966년까지는 독일에서 사회적 시장경제의 기본 철학이 되는 질서자유주의*Ordoliberalismus*가 확립되는 기간이라고 볼 수 있다. 사회적 시장경제가 도입되는 직접적인 동기는 전쟁 후 황폐화된 독일의 경제상황에서 찾는 것이 일반적이지만 그러나 사회적 시장경제의 기본적인 출발은 소위 '질서적 자유'라는 윤리에 의해 강하게 뒷받침되었다고 볼 수 있다. 이러한 시각은 사회적 시장경제의 이론과 실제 경제정책에 있어서 에르하르트의 동반자로 '사회적 시장경제'라는 용어를 처음으로 사용한 뮐러 아르막의 논조에서 쉽게 발견할 수 있다.

"우리가 요구하는 것은 새로운 경제 질서이다. 이는 결코 목적론이나 구태의연한 정치사조에서는 나올 수 없고 내면적인 정당성을 보유한 윤리적 사조에 기초할 때만이 가능하다. 따라서 우리는 두 가지 거대한 목적, 즉 자유와 사회적 정의를 추구해야 한다"*Mueller-Armack, A, 1981*.

사회적 시장경제에서 자유와 사회적 정의라는 두 가지 윤리적 목적은 '책임 있는 인간' 이 중심을 이루며 인간의 책임은 오직 자신의 의지대로 행동할 수 있는 선택가능성이 있어야만 가능하다. 여기서 대두되는 중요한 개념이 바로 자유이다. 다만 사회적 시장경제에서의 자유는 더 이상의 아담 스미스적 '방임적 자유' 가 아니라 '질서적 자유' 이며, 이 질서적 자유는 정부에 의해 지속적으로 보장되어야만 한다는 것이다. 즉 질서자유주의는 고전자유주의의 자유방임과 같이 '보이지 않는 손' 의 자동적 조정 기능에 의한 시장경제를 요구하는 것이 아니라, '보이는 손' 으로서 정부에 의해 조직되고, 정부에 의해 보장되며, 정부에 의해 계속 관리되는 경쟁질서*Wettbewerbsordnung*에 의존하는 시장경제를 요구하는 것이다. 결국 질서자유주의의 핵심은 완전경쟁[79)]이 지배하는 시장경제하에서의 개인적 자유주의의 실현이라고 볼 수 있으며 이는 시장에서의 경쟁의 자유를 보장함을 의미한다.

이러한 질서자유주의는 독일에서 제2차 세계대전 후부터 대체로 1966년까지 이론적으로는 아르막에 의해서, 정책적으로는 에르하르트를 중심으로 해서 확립되었다.[80)]

이 시기에 뮐러-아르막은 현실에 적용될 수 있는 사회적 시장경제의 기본개념과 이론을 창안, 정립했고, 에르하르트는 이러한 개념들을 법, 제도화함으로써 경제정책에 적극 반영하였다.

에르하르트는 연방 경제장관으로서 전후 독일경제에서 화폐개혁을 통한 안정된 화폐로의 복귀가 사회적 시장경제의 일차적인 전제조건으

---

79) 사회적 시장경제가 가정하는 완전경쟁은 고전학파가 가정하는 완전경쟁과는 다른 As-if 식 완전경쟁이다. As-if 경쟁은 완전경쟁을 위한 전제조건의 충족이 실제적으로 어려울 때, 경제를 '완전경쟁이 지배하는 것처럼' 경과가 나오도록 정부에 의해 조정되고 관리되는 것을 의미한다. in:L. Milksch, Die Wirtschaftspolitik des Als-ob, Zeitschrift fuer die gesamte Staatswissenschaft, Tuebingen, 1949, pp.310~338.

80) 에르하르트는 독일 최고의 연방경제장관이었으며 뮐러-아르막은 그의 정무비서관으로서 서로 불가분의 관계를 유지하고 있었다.

로 인식하고 화폐개혁을 단행하였다. 나치 체제하에서 독일은 경제 과정에 대한 완전한 국가통제, 정부의 부채와 억압된 인플레이션 등으로 경제의 황폐화 및 가격구조의 왜곡 등을 심화시켰다. 이러한 독일경제의 문제점을 극복하기 위해서는 오직 경제에서의 질서적 자유가 선행되어야 하고 이러한 질서적 자유에서만이 자유가격과 가격비가 존재하고 합리적인 경제행위와 경제정책이 가능하다고 보았다*Schlecht, O, 1990*.

이러한 관점에서 에르하르트는 당시 과도한 통화량이 경제에서 질서자유주의를 확립하는 장애요인으로 파악하고 1948년 화폐개혁을 단행하였다.[81] 그 결과 생산과 분배에서 가격 및 수량통제가 철폐되고 자유로운 시장가격 형성이 이루어지게 되었다.

이어 1949년 독일의 기본법*Grundgesetz*인 헌법에 경제적 기본법 등을 포함함으로써 사회적 시장경제의 초석이 마련되었고 그 위에 질서자유라는 경제 질서를 위한 제반 제도와 법률이 제정되었는데, 그중에서 중요한 내용을 소개하면 다음과 같다*Paetzold, J, 1994*.

–1949년의 단체교섭법*Tarif-Vertragsgesetz*

–1952년의 경영조직법*Betriebsverfassungsgesetz*

–1957년의 연금개혁법*Dynamischer Rentergesetz*

–1957년의 독일연방은행법*BBKG : Gesetz ueber die Deutsche Bundesbank*

–1957년의 반경쟁 제한법*GWB : Gesetz gegen Wettbewerbsbeschraen-kungen* 등이 있다.

사회적 시장경제의 질서자유주의 원칙은 국제적 영역으로도 확대되어 1950년대에 관세인하, 수입량 제한철폐, 자본이동의 자유화 및 통화의 완전태환 등이 실현되었다. 또한 독일의 1958년의 OECD 가입 및 EC회원 가입은 사회적 시장경제의 질서자유주의가 독일 내에서

---

81) 화폐개혁의 주요 내용은 서론 참조.

자리 잡는 중요한 계기가 되었다고 볼 수 있다.

1950년대 말과 1960년대 초에 독일에서 질서자유주의를 근간으로 하는 사회적 시장경제의 기본 틀이 완성되었다.

한편, 또 다른 특징은 독일 내 정당들이 사회적 시장경제의 질서자유주의 확립과 변화에 대해 구체적인 입장 표명과 결정적인 역할을 했다는 점이다. 현재의 독일여당인 기민당*CDU*과 자민당*FDP*은 당시에도 사회적 시장경제의 구상에 대해서 지지하는 입장을 취한데 비해, 사민당*SPD*은 사회적 시장경제의 도입에 대해 부정적인 입장을 보였다. 그러나 1950년대 초 사민당 내에서도 다이스트*Deist*, 오트립*Ortlieb*, 바이서*Weisser*, 쉴러*Schiller* 등이 사회적 시장경제의 도입에 적극적인 지지를 보냄으로써, 1950년대 중반 이후 사회적 시장경제는 초당파적으로 독일에서 뿌리를 내리게 되었다.

## 3. 제2단계(1967~1982년) : 질서정책의 쇠퇴기

사회적 시장경제의 제2단계는 에르하르트가 연방수상에서 물러난 후(1966년), 사민당SPD을 중심으로 기민당*CDU*과 기사당*CSU*의 대연정이 이루어지면서 사회적 시장경제가 새로운 전환기를 맞는 시기라고 볼 수 있다.

1966~1967년의 경기 침체는 독일에서 사회적 시장경제의 새로운 발전 단계를 요구하는 계기가 되었다. 2.1%라는 당시로서는 높은 실업률이 결국 1966년 11월 20일 에르하르트를 연방수상에서 물러나게 하는 계기가 되었다. 이에 따라 제2단계에서는 사회적 시장경제의 개념이 다르게 강조된다. 여기서 새로운 개념이란 경기변동을 반영하는 소위 '경제안정화정책' 의 도입이다. 1967년 6월 8일에 제정된 '경제 성장 및 안정 지원법*StWG : Gesetz zur Foerderung der Stabilitaet und des*

*Wachstums der wirtschaft*' 을 통해 경기부양정책이 추진되게 되었다. 동법 제1조에서 국민경제적 균형의 달성이 동법 제정의 목적이라고 밝히고 정부는 물가수준의 안정, 높은 고용수준, 대외경제의 균형 및 지속적이고 적절한 경제성장을 달성할 의무를 갖는다고 규정하고 있다.

1960년대 들어 최초로 기록한 1966년의 경기침체와 1967년의 0.1%의 마이너스 성장은 질서자유주의를 기본원칙으로 하는 사회적 시장경제에 대한 회의를 불러 일으켰으며, 지속적인 경제성장을 위한 구체적인 경기부양책이 요구되었다.[82] 이 요구는 질서정책의 보완정책으로서의 총량 조정정책*Global-steuerungspolitik*의 필요성을 의미한다. 즉 '경제성장 및 안정지원법' 은 프라이부르크의 명제와 케인즈학파적 대안간의 조합을 현시화한 것이라고 볼 수 있다. 총량조정정책이란 경제의 총량을 효과적으로 조정함으로서 사전에 설정된 목적들을 달성하려는 정부의 거시적인 경제정책을 말한다. 즉 사회적 시장경제의 제2단계는 질서사조의 부분적 퇴조와 경제정책의 제도화가 강조되는 시기였다고 볼 수 있다. 총량조정을 통해 경기를 부양하는 대표적 경제정책의 하나가 바로 케인즈식 수요관리정책이며, 대표적인 케인즈의 수요관리정책이 재정정책이다. 질서정책이 중심이 된 과거에는 독일의 재정은 세입과 세출이 매년 균형을 유지해야 하는 고전적 재정법칙을 예산편성의 기준으로 삼았기 때문에 수축적인 경기 국면에서는 정부수입이 감소하는 반면, 호황국면에서는 정부수입이 증가하여 결과적으로 정부재정의 균형을 유지하기 위해서는 정부지출 역시 민간 부문의 경제활동국면과 평행하게 움직였다.[83] 그러나 1966년의 경기침체의 대책으로 케인즈 이론이 부각되면서 정부재정을 경기에 반순환적으

82) 1964년의 6.6%와 1965년의 5.5%라는 높은 경제성장률을 제외하고는 1960년대 이후 독일의 경제성장은 하락하는 추세였다.

83) 이를 소위 독일에서는 'Parallelpolitik(평행정책)' 이라고 부른다.

로 조정할 필요성을 인식하게 되었다. 그 동안 독일에서 '경제성장 및 안정 지원법' (이후 안정법으로 명기)이 제정되기 전까지 정부가 이러한 경기조정을 위한 반순환적 정책으로 재정정책을 추진한 경우가 없었고 오히려 헌법 제110조에는 매년의 재정균형의 원칙이 성문화되어 있었다.

그러나 '안정법' 의 제정으로 케인즈적 의미에서의 반순환적 재정정책을 위한 수단들이 확보되었다. 대연정의 연방경제장관을 지낸 쉴러 *Schiller, K*는 이러한 새로운 경제정책의 특징을 부각시키기 위해 제1단계의 질서자유주의를 근간으로 하는 사회적 시장경제의 개념을 약화시키고자 사회적 시장경제를 '해명된 시장경제*Aufgeklaerte Marktwirtschaft*' 라는 용어로 표현하였다*Radke, D, 1994*. 그러나 이러한 단어의 창조는 특별한 정치적 성과를 거두지 못함으로써 결국 국민의 관심을 유도하는데 실패했다. 이후 쉴러는 독일의 경제체제를 '총체적으로 관리되는 시장경제*GlobalgesteuerteMarktwirtschaft*' 라고 지칭하였다.

1966년 후반기에 나타난 독일의 경제침체는 안정법의 제정을 통한 케인즈적 수요관리정책으로 성공적으로 극복되어 1968년의 6.5%, 1969년의 9%의 높은 경제성장률을 달성하였다. 이런 괄목할 만한 경제성장은 물가수준을 해치지 않으면서 완전고용이 달성될 수 있었고, 일시적인 재정적자가 신속히 균형을 회복할 수 있었기 때문에 가능하였다.

결과적으로 케인즈식의 총량정책은 성공적인 것으로 평가받게 되었다. 순환적인 경기변동은 재정정책을 통해 극복될 수 있는 것처럼 보였고 사회적 시장경제의 제2단계의 한 기간인 1967~1972년은 바로 이러한 총량조정의 전성기였다. 그러나 이러한 경기상승은 1970년부터 시작된 해외요인에 의한 인플레이션으로 인해 지속적으로 진행되지는 못했다.[84)]

브레튼우즈*Bretton Woods* 체제가 끝나고 변동환율제도로 넘어가던 과도

84) 해외요인에 의한 인플레이션은 그 당시의 고정환율제도하에서는 통제될 수 없었다.

기적 시기인 1972년 후반기에 총량조정의 수단들이 다시 취해졌지만 이때의 경제정책이 해결해야 할 과제는 종전보다 많아졌고 어려워졌다. 해결해야 할 정책목표들이 경기순환의 상황에 따라 선택적이고 순차적으로 발생하지 않았으며 또한 실업과 인플레이션이라는 소위 스태그플레이션*Stagflation* 현상이 나타나기 시작했다. 따라서 비(非)케인즈적인 상황을 자연히 케인즈적인 경제정책, 즉 안정화정책의 수단을 통해 성공적으로 대처해 나갈 수 없게 되었다. 총량조정은 이제 여러 가지 형태의 다양한 경제변수에 직면하게 되었으며 총량조정만으로는 이러한 여러 가지 경제변수를 동시에 해결할 수 없게 되었다*Kremer, J, 1993*.

특히 안정법과 총량조정의 정책도구가 정부개입에 너무 과도한 부담을 지우고 질서정책에서 이탈함으로써 다음과 같은 부작용을 초래하였다*Thieme, H. J, 1991*.

첫째, 케인즈식 거시조정의 가능성에 대한 과신으로 무리한 목표를 설정하여 통화안정과 사회적시장경제의 질서기반이 무너졌다.

둘째, 사회복지의 확장 때문에 경제 질서 우선에서 사회질서 우선으로 중심이 이동하여 부담의 한계를 초래하였다.

셋째, 정부에 대한 과대한 기대로 경제적 필요성과 재정적 적정선간의 조화가 깨어졌다.[85)]

이로 인하여 독일경제는 개인이 져야할 책임까지도 정부의 공동책임으로 전가되고 그에 따라 사회적 시장경제질서의 적응력 및 효율성이 취약해지고 경제 질서의 범위 내에 있어야 할 사회보장제도가 경제적 부담력의 범위를 벗어나 공동사회질서의 붕괴라는 위험까지 경험하게 되었다.

심화되는 경제여건의 악화는 지하경제의 확산을 초래했고 정부에 대한 불신을 불러 일으켰다. 이는 결국 투자를 위축시키는 결과를 초래하였다.

85) 이 문제로 과거뿐만 아니라 현재에도 사회보장제도를 근본적으로 개혁해야 한다는 주장이 나오고 있다.

또한 Bretton Woods 체제의 붕괴와 함께 도입된 변동환율제 및 1973년과 1978년의 석유파동이라는 외부적 충격이 케인즈적 수요정책을 더욱 무력하게 만들었다.

요약하면 1970년대의 케인즈적 총량조정정책은 결과적으로 실패하였는데 이는 주로 다음과 같은 세 가지 이유에 근거를 두고 있다. 첫째, 재정정책을 통한 적극적인 경기조정 정책에서는 이들 정책수단의 적정 범위와 적시성이 매우 중요한데, 초기에는 이를 과소평가했다. 둘째, 경제가 급격히 악화된 데에는 국민경제의 공급측 요인에 더 많은 원인이 있었음에도 불구하고 장기적으로 수요촉진적인 공공지출의 확대정책에만 의존하였다. 셋째, 케인즈적인 경기정책이 '개혁'이라는 사위개념 아래 다른 목표달성에 남용되었다.

1970년대 독일경제의 어려움은 다음 〈표 4〉를 보면 쉽게 알 수 있다.

**표 4** 1970년대 독일의 주요 거시경제지표

| 년도 | 실업률(%) | 실질경제성장률(%) |
|---|---|---|
| 1970 | 0.7 | 4.0 |
| 1971 | 0.8 | 2.1 |
| 1972 | 1.1 | 3.5 |
| 1973 | 1.2 | 4.0 |
| 1974 | 2.5 | 0.3 |
| 1975 | 4.6 | -1.2 |
| 1976 | 4.5 | 6.1 |
| 1977 | 4.3 | 3.0 |
| 1978 | 4.1 | 3.6 |
| 1979 | 3.6 | 3.9 |
| 1980 | 3.6 | 1.6 |
| 1981 | 5.1 | -0.4 |
| 1982 | 7.2 | -1.0 |

자료 : Jahresgutachten 1991 / 1992 des Sachverstaendigenrates, Bonn 1991.

## 4. 제3단계(1982 ~ 1990년) : 질서정책의 부흥기

1970년대 독일경제의 침체는 질서정책을 무시한 케인즈식 총량조정정책의 실패가 그 주된 원인이라고 볼 수 있다. 이에 따라 1980년대 초 독일의 경제 및 정책적 전개는 거의 필연적으로 질서정책의 부흥 *Renaissance der Ordnungs politik*으로 연결되었다. 1982년 10월 기민당*CDU*을 중심으로 자민당*FDP*이 새로운 연정을 구성한 후 질서 정책적 개혁의 필요성을 강조하고, 경제 질서 정책을 추진하였다. 1982년부터 다시 추진된 질서정책에는 다음과 같은 목적들이 포함되어 있다*Schlecht, O, 1990*.

첫째, 경제정책의 신뢰성, 연속성 및 일관성이 재확립되어야 한다.[86]

둘째, 경쟁의 강화, 대내외적 시장의 개방 및 규제를 완화해야 한다.

셋째, 통화가치를 안정적으로 유지해야 한다.

넷째, 정부의 활동은 고유한 업무에 집중하고, 공공부문도 민간부문으로 이양해야 한다.

다섯째, 경제 전체 및 경기 안정적 필요성을 고려하여 과도한 공공재정적자는 감당할 수 있는 수준으로 축소하되 조세부담의 증가를 통해서가 아니라 명목국민총생산보다 낮은 지출증대를 통해서 달성해야 한다.

여섯째, 보조금도 시장적 의사결정이 우선되도록 점진적으로 감축되어야 한다.

일곱째, 성과와 성장에 반하는 조세와 공과금의 부담은 축소되어야 한다.

마지막으로 경제전체적 부담능력과 사회보장제도의 재정적 요구가

86) 이는 왜냐하면 Eucken이 그의 '기본원칙' 에서 말한 대로 경제에서 장기적 계획과 예방 가능한 불확실성을 제거하는 전제조건이기 때문이다.

세입과 세출면에서 균형을 이루도록 해야 한다.

이러한 목표설정은 완전한 것은 아니지만, 이를 통해 1980년대 독일은 성장과 고용창출을 위한 구조조정에 성공하였다고 볼 수 있다. 정부재정의 건실화, 정부비중의 축소, 조세개혁, 보조금 축소의 시작, 규제의 완화, 공기업의 민영화 등이 성공적인 사례들이다.

1970년대에 비해 1980년대의 가장 큰 변화는 앞서 언급한 바와 같이 사회적 시장경제의 정책결정권자들이 가진 질서정책관이다. 정부는 자유로운 경쟁 질서를 보장하고, 시장결과보다는 경쟁촉진적인 시장프로세스가 일어날 수 있도록 질서정책을 추진해야 한다. 이는 정부는 주요 경제 목표를 달성하기 위하여 거시적이든, 미시적이든 직접적으로 시장 프로세스에 간섭하지 않음을 의미한다. 또한 정부는 일관성 있는 시장참여 및 투자를 할 수 있도록 보장해 주어야 한다. 이러한 질서정책관은 구체적으로 1980년대 중반 이후 독일경제에 국내 총생산의 증가, 소폭의 고용증가 등의 결과를 가져다주었다. 물가수준도 약간의 상승추세를 보였으나, 비교적 안정적으로 유지되었다. 그러나 1980년대 독일경제에 있어서 실업문제는 완전히 해결되지 못한 과제로 남아있었다. 독일의 실업률은 1981년 이후 계속 증가추세를 보여 1985년에는 8.9%로 최고의 실업률을 기록하였다*Zinn, K-G, 1992*. 그 결과 독일 경제는 '고용창출'이라는 정책적 문제에 직면하게 되고 이를 위해 소위 '고용창출조치 *Arbeitsbeschaffungsmassnahmen*'를 취하게 되었다.[87] 이러한 고용촉진법을 통하여 기한부 고용계약의 체결을 용이하게 해주었고 한 직장에 소속된 노동자가 다른 직장에서 일할 수 있는 기회를 넓혀 주었으며, 시간제 근무도 적극 활용하였다. 그 결과 노동시장의 신축성과 동태성이 제고되어 추가적인 고용창출을 가능케 하였다*Borrmann, A, 1990*.

87) 고용창출조치로는 직업훈련의 강화, 단축노동, 주당 노동시간의 감축 등을 들 수 있다.

한편 1986년에서 1990년까지의 3단계에 걸친 근로세 및 소득세의 감소는 민간에게 연간 약 500억 마르크의 부담을 덜어주는 결과를 가져왔을 뿐만 아니라 개인의 경제활동 능력을 최대한 발휘할 수 있는 계기가 되었다.

의료보험과 법적 연금보험의 구조적 개혁과 함께 사회보장체계가 장기적으로 재정적 기반 아래 구축되었다. 1970년대의 노동생산성 저하를 가져왔던 사회보장비 지출의 증대는 이러한 개혁을 통해 성공적으로 억제될 수 있었다. 반경쟁제한법*UWG* 개정으로 합병 및 기업행위의 제재수단이 개선되었을 뿐만 아니라, 더 이상 정당하지 못한 예외규정이 에너지, 교통, 은행, 보험부문에서 적용되지 못하게 되었다. 1980년대 질서정책이 가져 온 또 하나의 경제적 성과는 그동안 연방정부가 직·간접으로 소유하던 기업지분을 민영화하였다는 점이다.[88]

질서정책의 강조는 앞서 언급한 바와 같이 공정한 경쟁을 보장하고 이는 기업의 투자를 촉진시켰다. 1985~1990년 동안 연평균 투자율이 9.3%의 증가를 보인 것도 바로 질서정책의 성공적 결과라고 볼 수 있다*Paraskewopoulos, S, 1995*. 요약하면 1980년대의 질서정책의 회복은 모든 부문에서 만족스러운 결과를 가져온 것은 아니지만, 많은 부문에서 괄목할 만한 경제적 성과를 보여주었고, 이는 독일 통일을 앞당기는 전기가 되었다고 볼 수 있다.

88) 민영화 추세는 90년대에 들어서면서 더욱 가속화되어 독일 텔레콤의 민영화를 비롯, 연방 및 지방정부 차원에서의 다양한 민영화가 추진되고 있다.

## 5. 제4단계(1990~) : 구(舊)동독의 사회적 시장경제로의 통합단계

1989년 11월 9일 베를린 장벽이 무너진 후, 1990년 3월 18일 동독에서 최초로 실시된 자유선거에서 PDS(민사당)[89]가 참패하고 동독 CDU(기민당) 중심의 연합세력이 압승함으로써 구동독체제는 사실상 종료되고, 동독 CDU의 데미지에르*Lothar de Maizier*수상 정부가 출범함에 따라 사회적 시장경제질서로의 양독 통일과정이 본격화되게 되었다.

1990년 7월 1일부터 발효된 통화, 경제, 사회통합으로 독일은 1차로 경제통합을 이루게 되었다. 통화통합*Waehrungsunion*의 가장 중요한 내용은 화폐가치의 안정과 동독기업의 경쟁력 제고라는 대전제 하에 서독 마르크*DM*화를 공통통화로 하는 단일 통화지역을 형성하였다는 것이다. 이로써 1990년 7월 1일부터 서독DM을 동독지역에 법정통화로 교환되었다.[90] 기본적으로 동서독마르크의 1:1 교환은 경제적인 고려에서 보다 정치적 고려에 의해 결정되었다. 동독주민들에게 새로운 독일 국민으로서의 일체감을 강화해 주고 통일 후의 생활에 필요한 자금을 공급한다는 등의 측면에서 동독마르크의 실제 가치에 비해 과대평가되어 교환되었다.[91]

경제통합*Wirtschaftsunion*의 주요내용은 서독의 사회적 시장경제질서를 통일 독일의 경제체제로 확정하고, 동독은 이를 실현하기 위한 제반연

---

89) 1989년 12월 구동독을 지배해 왔던 SED(독일 사회주의 통일당)이 PDS로 당명을 개칭했다.

90) 동독주민의 임금, 봉급, 보조금, 연금, 집세, 임대료 및 정기적 지급은 1:1 비율로 교환하고, 동독마르크로 된 채권, 채무의 교환비율은 원칙적으로 2:1로 교환키로 하였다.

91) 이것은 통일 후 열악한 동독제품의 경쟁력을 더욱 악화시키고, 기업의 도산을 가속화시키는 등의 많은 문제를 야기했다. 결국 이것은 경제적 측면을, 특히 시장기구의 기능을 올바로 반영하지 않고 정치적으로 결정된 경제정책은 경제적 부작용만 발생시킬 뿐만 아니라, 그 본래의 정치적 목적마저도 달성하기 어렵다는 사실을 보여주는 좋은 예이다.

건을 조성하도록 한다는 것이다. 즉 동독에 사유재산제, 자유경쟁, 자유로운 시장가격 등의 제도를 도입함으로써 인력, 자본, 재화, 서비스의 완전 자유이동을 보장한다는 것이다. 이로써 분단 이후 40년간 유지되어 오던 동서독간의 소위 내독교역*Innerdeutscher Handel* 체제는 종결되었다.

사회통합*Sozialunion*에서는 양독간의 노동법 관련사항, 각종 사회보장제도의 통합에 관해 규정하고 있다.

1990년 8월 30일 동서독 간에 소위 '통일조약*Einigungsvertrag*'을 제2차로 체결함으로써 1990년 10월 3일 동서독은 완전한 통일을 이루게 되었다.

결국 독일의 통일은 40여 년간 유지해 왔던 동독의 중앙집권적 계획경제체제를 서독의 사회적 시장경제체제로 전환하는 과정이라고 볼 수 있다. 일반적으로 사회주의적 계획경제에서 자본주의 시장경제로 전환하는 데는 크게 3대 과제가 있다. 그것은 경제제도의 창출, 통화의 안정화, 그리고 국민경제의 실질적인 구조조정이다*Siebert, H, 1993*. 그러나 동독은 계획경제에서 시장경제로의 전환과정에서 하나의 특수한 사례라고 볼 수 있다. 왜냐하면 구동독의 경우에는 체제전환의 3대 과제중 제도적인 인프라의 구축과 통화의 안정화라는 두 가지 부문이 이미 완성된 상태이기 때문이다.[92] 따라서 동독의 체제전환에서 해결되지 않은 부분은 세 번째, 즉 경제의 실질적인 구조 조정, 특히 기업의 구조 조정이다.

기업의 구조 조정의 핵심은 동독기업들의 민영화 작업이라고 볼

92) 기본법 제23조에 따른 연방 가입을 통해 구동독은 서독의 제도적 인프라를 그대로 수용했기 때문이며, 통화의 안정도 화폐통합을 통해 확보되었다. 기본법 제23조는 기본법 유효지역에 관한 규정으로서, 기본법이 우선 서독지역에서만 유효하고 타 지역(동독지역)에서는 그 지역의 가입 이후에 발효될 수 있다고 규정하여, 동독지역의 독일연방공화국에의 가입에 의한 통일을 가능케 하고 있다.

수 있다. 왜냐하면 사회적 시장경제의 특징은 자유경쟁의 보장인데, 이는 사적기업이 존재할 때만이 가능하기 때문이다. 동독에서는 1990년 3월 1일자로 '신탁관리청법*Treuhandgesetz*'이 발효되고, 이에 따라 신탁관리청*Treuhandanstalt*이 설립되어 동독 국영 콤비나트의 민영화 작업이 추진되었다. 1993년 4월 현재 신탁관리청은 1만 2,136개의 기업을 완전, 또는 부분적으로 민영화했다. 민영화로 인한 총 매각대금은 420억 마르크에 달했으며, 민영화된 기업으로부터 1,770억 마르크에 이르는 투자유발이 있었다. 향후 몇 년간에 걸쳐서 국영기업의 민영화를 통해 140만 명의 고용 창출효과가 있을 것으로 기대하고 있다.

**표 5** 1993~1995년 독일 경제의 거시경제지표 추이

(전년동기비 증가율, 단위 : %)

| 항 목 | (舊)서독지역 | | | (舊)동독지역 | | | 독일 전체 | | |
|---|---|---|---|---|---|---|---|---|---|
| | 93[1] | 94[2] | 95[3] | 93[1] | 94[2] | 95[3] | 93[1] | 94[3] | 95[3] |
| 실질 GDP 성장률 | △1.7 | 2.0 | 2.5 | 5.8 | 8.5 | 8.5 | △1.1 | 2.5 | 3.0 |
| (민간소비) | 0.2 | 1.0 | 0.5 | 2.7 | 3.0 | 1.5 | 0.5 | 1.0 | 0.5 |
| (공공소비) | △1.2 | 0.0 | 1.0 | △1.2 | 1.5 | 1.5 | △1.2 | 0.5 | 1.0 |
| (투자총액) | △8.3 | 2.5 | 4.5 | 14.1 | 16.5 | 13.0 | △4.5 | 5.5 | 6.5 |
| (수 출) | △3.2 | 7.0 | 7.0 | 5.5 | 15.0 | 18.0 | △6.2 | 6.0 | 8.0 |
| (수 입) | △5.3 | 6.5 | 5.5 | 5.0 | 8.5 | 5.0 | △6.1 | 6.0 | 5.0 |

주 : 1) 실적치, 2) 예상치, 3) 전망치
자료 : 베를린 독일경제연구소(DIW).

독일 경제는 1990년 통일 이후 약 3년 반 동안 동독경제의 사회적 시장경제로의 조정기간을 거쳐 1994년부터는 수출과 건축경기가 호조를 보이기 시작했다. 이에 힘입어 1994년 독일경제는 2.5%의 경제

성장을 달성함으로써 본격적으로 회복국면에 진입한 것으로 보인다 *Ifo-Schnelldienst, 1995*〈표 5 참조〉.

특히 1994년 약 8.5%의 성장을 기록한 것으로 보이는 구(舊)동독지역 경제는 1995년도에도 고성장세를 지속하였다. 이는 1992~1993년의 경기 침체기에도 독일 기업들이 사회적 시장경제의 기본 틀을 유지하면서 광범위한 구조조정 노력을 기울인 결과라고 볼 수 있다. 결론적으로 독일은 1990년 통일 이후 3~4년간 인플레이션, 실업, 경제성장의 둔화라는 값비싼 통독대가를 치렀지만, 동독의 급진적인 서독의 사회적 시장경제로의 전환을 통해,[93] 1994년부터는 독일경제에 시너지효과를 유발하고, 사회적 시장경제의 체제의 우월성을 재확인하는 계기가 되었다고 볼 수 있다.

## 6. 요 약

독일의 사회적 시장경제*Soziale Marktwirtschaft*는 전후 프라이부르크학파에 의해 정립된 '질서자유주의'를 원칙으로 경쟁과 자율을 중심으로 국민의 경제적 기본권이라 할 수 있는 사회보장의 제반 요소를 가미한 독특한 경제체제라고 할 수 있다. 독일 경제는 사회적 시장경제체제를 바탕으로 높은 생산성을 시현함으로써, 세계에서 가장 높은 임금수준을 유지하면서도 경제는 계속 고성장을 기록하는 전형적인 '고생산성, 고임금형' 국가가 되었다. 이는 결국 자율과 경쟁을 보장하되, 근로자의 권익과 사회보장을 정부의 책임으로 받아들여 경제를 운영해

93) 독일 통일이 이루어지고 급진적으로 통독이 사회적 시장경제체제로 전환될 수 있는 계기가 마련되지 않았다면, 여타 동구국가들에서처럼 자본주의 시장경제로의 전환이 지연되고 혼란스러운 과도기의 문제가 더욱 심각하게 되었을 가능성이 크다.

온 사회적 시장경제의 결과라고 할 수 있다.

본 장에서는 40여년에 가까운 독일의 사회적 시장경제의 역사를 크게 4단계로 나누어 간략히 살펴보았다. 이에 따른 분석의 한계와 부분적인 특징만을 성명함으로써, 사회적 시장경제 발전과정의 전체적 흐름을 보다 자세히 파악하는 데는 부족함이 많다고 하겠다. 그럼에도 불구하고 향후 통일 한국이 지향해야 할 경제체제가 무엇인가에 대한 논의 중 자주 거론되는 것이 독일의 사회적 시장경제체제라는 점을 고려해 볼 때, 사회적 시장경제의 전개과정을 비록 부분적으로나마 간략히 고찰해 보는 것은 의미가 있다 하겠다.

제5장

# 독일 사회적 시장경제의 경제질서와 질서정책

WTO의 출범과 한국의 OECD 가입은 한국경제에 새로운 변화를 요구하고 있다. 그동안 한국경제는 시장경제를 기본원칙으로 하였으나, 많은 부문에서 정부의 과도한 규제와 보호 속에서 성장해 왔다고 볼 수 있다. 예를 들면 사회간접자본의 건설, 과학기술의 촉진, 무역촉진, 세제상의 유인, 가격규제, 투자규제 등 광범위하게 정부가 시장에 개입하면서 경제발전을 주도해 왔다. 그러나 1980년대 이후 정부의 지나친 시장개입은 오히려 경제의 효율성을 떨어뜨려 국가의 경쟁력을 약화시키는 결과를 초래한다는 비판의 목소리가 높아지게 되었다. 이에 한국 정부는 1980년대 중반 이후 수입규제의 철폐, 금융규제의 완화, 외환 및 자본시장의 자유화, 공기업의 민영화 등 경제 분야에 대한 규제완화 및 철폐를 추진하기 시작했다. 한편 시장경제의 효율성을 제고하기 위해 독과점규제 및 불공정거래에 대한 규제는 강화하였다. 그러나 1980년대 들어 지속적으로 추진되어 온 정부의 규제완화 정책은 효율성을 증대시키기 보다는 오히려 여러 면에서 문제점을 노정시키고 있다. 대표적인 예를 들면 경제 분야의 규제완화에 있어서 경제적 효율성*Economic Efficiency*이 지배적인 판단기준으로 사용된 나머지 사회적 형평*Social Equity*에 대한 고려가 불충분하였고, 독점으로부터 발생되는 시장기능의 약화를 방지하기 위하여 도입된 각종 법률과 규제는 오히려 소수 이익집단의 특혜를 위해 사용되기도 하였다.

이러한 관점에서 제5장에서는 경제적 효율성과 사회적 형평성을 조화시켜 온 '사회적 시장경제*Soziale Marktwirtschaft*' 라는 독일의 경제체제를 오이켄의 경제사상과 정부의 역할을 중심으로 살펴봄으로써 한국경제에 주는 시사점을 도출하는데 중점을 두었다.

사회적 시장경제란 한마디로 요약하면 사회적으로 운영되는 시장경제를 말한다. 여기서 '사회적' 이란 개념은 경쟁을 최대한 허용하면서 효율성을 추구하는 것 이상의 의미를 갖고 있다. 즉 사회적 시장경제란 민간경제활동의 주체에게 가능한한 최대의 자유경쟁을 보장하지만, 사회적 형평과 시장질서의 확립을 위해 필요한 만큼의 정부의 시장개입을 허용한다는 것이다.

원래 '사회적 시장경제' 라는 용어는 신자유주의자의 한 사람인 알프레드 뮐러-아르막*Alfred Mueller-Armack*에 의해 처음으로 표현되고 정립되었다. 뮐러-아르막에 의하면 사회적 시장경제의 중심사상은 " – 시장경제의 기초 위에서 자유로운 창의성과 바로 시장경제의 성과들을 통해 확보된 사회적 진보를 결합시키는 것"이다*Mueller-Armack, A, 1946*.

이러한 관점에서 '사회적 시장경제' 로 표현되는 독일의 경제체제는 영미식 시장경제체제와는 최소한 다음의 두 가지 면에서 차이가 있다. 첫째, 독일의 경제정책은 과정정책*Ablaufspolitik*[94]을 중요시하는 미국식과는 달리 "시장과 정부간의 공동작용"을 최적화시키는 질서정책*Ordnungspolitik*에 역점을 두고 있다. 이는 모든 경제주체와 시장참여자가

94) 독일에서는 케인즈류의 총수요관리정책 등을 질서정책과 구별하여 과정정책이라 칭한다.

질서의 틀 안에서 상호 협조관계가 작용하도록 정부가 시장에 개입함을 의미한다*Paetzold, J, 1994*. 둘째, 독일 사회적 시장경제의 또 다른 특징은 제반 사회문제를 경제문제에서 분리시키지 않고 경제질서의 한 부분으로 간주하고 있다는 점이다.

제5장에서는 정부의 시장개입 이론적 근거로서 시장실패를 간략히 살펴본 다음, 독일 사회적 시장경제의 기본원칙을 오이켄의 경제사상을 중심으로 분석하였다. 그리고 사회적 시장경제에서 정부의 역할을 경제정책적 측면에서 고찰하였다.

## 1. 독일 사회적 시장경제의 기본원칙

사회적 시장경제는 전후 침체에 빠진 경제를 회복하기 위해 독일에서 선택된 자본주의와 사회주의간의 제3의 경제체제라고 볼 수 있다.[95] 그러나 사회적 시장경제의 이론적, 사상적 기초는 이미 나치가 지배하던 세계대전 중에 소위 신자유주의자[96] 들에 의해서 하나의 이론 및 체제로서 구체화되어 갔다. 신자유주의자들에 의해 제창된 신자유주의사상은 제1, 2차 세계대전 중에 점차 확대되어 가는 정부의 경제간섭에 대해 가해진 비판운동에서 그 연원을 찾을 수 있다.

그러나 실제로 신자유주의 사상이 고조된 것은 1945년 제2차 세계대

95) 독일은 1949년 5월 제정된 연방의 기본법(Grundgesetz)에 사회적 시장경제의 법적, 제도적 규정을 명문화함으로써 오늘의 사회적 시장경제로 발전하는 법적,제도적 장치를 마련하였다.

96) 1930년대의 대불황 속에서 독일을 석권하기 시작한 나치즘에 의한 자유탄압하에서 국외로 추방되었거나 혹은 국내에 머물면서 정부간섭에 대한 비판과 그 대안을 제시했던 강한 자유주의 사상을 견지했던 경제학자 그룹을 말하며, 오이켄(Eucken, W), 뢰프케(Roepke, W), 미제스(Mieses, L.v), 하이에크(Hayek, F.A.v) 등이 대표적 인물이다.

전의 종결로 중앙관리형 나치경제가 붕괴된 이후이다. 신자유주의자들은 1947년 스위스의 몽펠랑에 모여 '몽펠랑협회'를 창설하고, 1948년에는 기관지인 '오르도*ORDO*'를 창간하였다. 신자유주의는 중앙관리적 경제체제를 거부한다는 점에 그 특징이 있다. 단지 나치즘의 강권적인 정부개입뿐만 아니라, 사회주의 경제체제, 더 나아가서는 케인즈류의 재정, 금융정책에 이르기까지 모든 중앙 관리적 경제에 대해서는 엄격하게 이것을 거부한다. 왜냐하면 케인즈류의 경제정책은 근본적으로 인간의 자유와 대립하는 것이며, 정책개입의 결과로서 경제 전반을 중앙당국에 위임하는 '예종의 길'[97]로 이어진다고 보기 때문이다. 이러한 신자유주의는 독일에서 오이켄, 뢰프케, 뵘*Boehm, F* 등을 중심으로 하는 프라이부르크학파에 의해 계승, 발전되었으며, 이는 독일 사회적 시장경제의 이론적 토대가 되었다. 오이켄을 중심으로 한 프라이부르크학파에 의하면 시장경제체제의 기본 이념은 '자유로운 시장*freier Markt*'이 자원배분의 기본기구로서, 정부는 자유로운 시장이 제 기능을 수행할 수 있도록 경쟁질서를 창출하고, 이것을 지속적으로 보장하는 책임을 지는 것이 되어야 한다는 것이다. 이러한 의미에서 독일 사회적 시장경제에서는 '시장의 실패'를 교정하고, 사회적 목표[98] 들을 달성하기 위해 작지만 강한 정부*kleiner, aber starker staat*를 표방하고 있다*Kremer, J, 1994*.

사회적 시장경제의 핵심은 '경쟁질서*Wettbewerbsordnung*'의 유지인데, 이것은 바로 정부의 경제정책에 따라 특정한 구성 원칙이 실현될 때에

97) 하이에크(Hayek, F.A)는 그의 저서 예종에의 길(The Road to Serfdom,1944)에서 자유와 시장을 제약하는 간섭주의, 사회주의는 모두 결국 노예의 길로 가게 하는 이데올로기라고 주장 하였다.

98) 사회적 시장경제에서는 사회적 안정성(Soziale Sicherung), 사회적 공정성(Soziale Gerechtigkeit), 사회적 발전(Soziale Fortschritt)간의 조화로운 균형달성을 사회적 목표로 삼고 있다.

만 장기적으로 제 기능을 발휘할 수 있다고 보는 것이 사회적 시장경제의 특징이다. 오이켄은 경쟁질서를 유지하기 위해서는 다음과 같은 6개의 구성적 원칙*Konstituierende Prinzipien*과 4개의 규제적 원칙*Regulierende Prinzipien*을 제시하고 있다*Eucken, W, 1952*. 먼저 구성적 원칙을 살펴보면 (1) 통화정책 우위의 원칙*Pimat der Waehrungspolitik*, (2) 열린 시장의 원칙*Offene Maerkte*, (3) 사유재산의 원칙*Privateigentum*, (4) 계약자유의 원칙*Vertragsfreiheit*, (5) 책임의 원칙*Haftung*, (6) 경제정책 일관성의 원칙*Konstanz der Wirtschaftspolitik* 이다. 이 밖에 4개의 규제적 원칙으로는 (1) 정부의 독점규제, (2) 소득분배의 개선, (3) 최저임금제에 의한 근로자 보호, (4) 외부효과의 수정 등이다.

오이켄이 제시한 이러한 구성적 원칙과 규제적 원칙들은 경쟁질서를 구성하는 최소한의 내용들로서 사회적 시장경제의 기본원칙으로 간주되고 있는데, 그 내용을 요약하여 살펴보면 다음과 같다.

### 1.1 구성적 원칙

(1) 통화정책 우위의 원칙

오이켄에 의하면, "화폐가치의 안정성이 지켜지지 않는 한, 경쟁질서를 실현한다는 것은 불가능한 일이며, 따라서 통화정책이야 말로 경쟁질서의 형성을 위해서는 가장 우선적인 중요성을 가지는 것"이다. 이는 대내외적으로 화폐가치의 안정을 위한 제도적 장치를 마련함으로써[99] 시장가격의 왜곡을 방지하고, 인플레이션과 디플레이션으로 인한 경제질서의 혼란을 방지하는 것이 다른 경제정책보다 우선되어야 한다는 것을 의미한다.

99) 예를 들면 규칙에 따른 통화량공급, 중앙은행의 독립성 확보 등을 들 수 있다.

### (2) 열린 시장의 원칙

이 원칙은 무엇보다도 경제력 집중을 방지하기 위해서는 국내외 경쟁자에 대한 시장 진입장벽이 존재해서는 안 된다는 것을 의미한다. 경쟁의 동태성을 확보하기 위해서는 국내외적으로 개방된 시장이 필요하다. 시장의 개방성이 확보되어야 한다는 원칙은 시장에서 미래에 발생할 문제 등에 대처할 수 있는 지속적 적응력을 가능케 해 준다는 것을 의미한다. 사회적 시장경제에서 열린 시장의 원칙이 중요한 것은 개방된 시장 하에서만 경쟁질서가 가능하다고 보기 때문이다.

경쟁질서는 경쟁할 수 있는 자유를 그 기본내용으로 한다. 이 자유는 모든 경제주체에게 평등하게 주어져야 한다. 이런 면에서 자유와 평등은 조화될 수 있다. 중요한 것은 법의 공정한 적용인데, 시장경제에서 자유주의 원칙이 도덕적으로 인정받기 위해서는 법 앞에서의 기회균등, 즉 공정한 경쟁이 필수적이다. 그래야만 경쟁에 따른 결과의 불평등에 대해 수긍할 수 있는 것이다. 한편 열린 시장의 원칙에서도 경제의 성과는 중요하게 취급되는데, 경제적 성과는 열린 시장의 원칙을 일관되게 실행에 옮김으로써 경제질서 속에서 경쟁요인들이 강화될 수 있기 때문이다.

### (3) 사유재산의 원칙

오이켄에 의하면 19세기부터 20세기 초까지 경제정책의 근본적 오류 중 하나는 집단적 소유 질서를 통해 경제의 형평성과 효율성을 달성할 수 있다고 보는데 있다. 왜냐하면 집단소유는 생산기구의 주요부문에서 집권층의 지배수단이 되고 있을 뿐만 아니라, 경제순환의 중앙적 통제와 직접적으로 연결되기 때문이다. 오이켄에 있어 사적 소유제도의 확립은 경쟁질서의 실현을 위해서 필수적인 요소이다. 완전경쟁체제하에서 사유재산제도는 국민경제의 이익을 위한 처분권 및 다른 소유권자의 처분권과 자유를 제한할 수 있는 권리의 부재를 동시에 의미한다고 볼 수 있다. 이는 사유재산제도의 성격이 경쟁합치적일 경우에만 성립함을 의미한다. 따라서 수요, 공급에 있어서 독점적 양상이 어떠한 형태로든 존재하는 한, 사유재산제도의 국민경제적 의미는 왜곡될 수 있다. 경쟁질서하에서만 사유재산제도가 소유자에게 뿐만 아니라, 비소유자에게도 유리하다.

생산수단의 사적 소유가 경쟁질서의 전제조건이듯이 경쟁질서 또한 생산수단의 사적 소유로 인해 경제, 사회적 폐해가 발생하지 않도록 하는 전제조건을 형성한다.

(4) 계약자유의 원칙

개별 가계나 기업이 직접 선택할 수 없거나, 계약을 체결할 수 없다면, 경쟁이 형성될 가능성은 희박하다. 따라서 계약의 자유는 경쟁의 발생을 위한 하나의 전제조건이 된다. 중앙집권적 통제경제의 질서형태가 존재하는 한, 일상적인 경제행위의 결과는 '계약'에 의해서라기보다는 중앙기관의 '처분'에 의해 조정된다고 볼 수 있다. 그러나 시장경제적 질서형태가 이루어지면, 계약에 의한 상품 및 서비스의 유통이 가능해진다. 그러나 계약의 자유를 통해 경쟁질서의 형성에 기여할 수 있기 위해서는 다음과 같은 전제조건이 필요하다. 첫째, 계약의 자유라고 할지라도 다른 차원에서의 계약자유를 제한하거나 제거하는 형태의 것으로 변질되어서는 안 된다. 즉 독점기업의 형성을 위해서 또는 독점기업의 지위를 더욱 공고히 하기 위해서 계약자유를 오용해서는 안 된다는 것이다. 그 이유는 독점적 시장지배가 거래상대자의 자유선택을 방해하고 제3자를 자신의 의지에 종속시키는 힘을 가지고 있기 때문이다. 카르텔은 자유와 완전경쟁을 배제하는 시장형태를 창출해 내는 계약의 자유가 이루어지는 대표적인 예이다. 계약의 자유는 완전경쟁의 기능이 제 몫을 발휘하는 곳에서만 허용되어야 한다. 공급 또는 수요 독점 하에서의 계약의 자유는 강요된 계약내용이 체결됨에 따라 의도했던 경제 전체의 조정기능을 다하지 못한다.

(5) 자기책임의 원칙

사회적 시장경제에서 결코 개인 자유의 측면만 강조하지 않는다. 자유의 확보와 동시에 개인행동의 사회적 책임이라는 원칙이 준수되어야 한다. 즉 시장경제에서는 개인에게 쉽고 편리한 측면만 강조되어서는 안 된다는 것이 기본원칙이다. 경제에서 자유의 영역 확대보다 더욱 중요한 것은 책임부과의 엄정성이라 할 수 있다. 사회적 시장경제에서는 책임원칙과 관련하여 개인 및 기업의 사회적 윤리 등이 강조되고 있다. 뮐러-아르막에 의하면 사회적 시장경제의 경제질서는 윤리적 이상에 의해서만 정당성을 얻게 된다. 이 윤리적 이상은 자유와 사회적 정의 두 가지이다*Mueller-Armack, A, 1974*. 이는 자유에 기초한 개별 경제주체들의 경제행위가 사회적 목적과 타인들의 이익을 침해하지 않는 것을 의미한다*Schlecht, O, 1993*. 사회적 시장경제에서의 인간상은 이기심을 가진 인간을 전제로 한다. 문제는 이 개인들의 이기심이 창의적이고 타인의 이익, 즉 사회전체의 이익에도 기여하는 방향으로 경제행위의 틀 내지는 경제질서가 형성되어야 한다는 점이다. 시장질서가 윤리적 정당성을 부여받기 위해서는 개인의 행동이 사회의 이익증진에 기여하도록 하는 것이어야 한다. 즉 개인이익과 사회이익이 일치되도록 하여야 하는 것이다. 사회적 시장경제에서는 이러한 것이 제대로 기능할 수 있도록 하기 위해 다음과 같은 두 가지 관점에서 정부의 역할을 강조한다. 첫째, 정부만이 시장경제질서에 정당성을 부여할 수 있다. 둘째로, 시장과 경쟁에 의해서는 사회적으로 바람직스럽게 해결될 수 없는 사회적 정의의 문제를 정부만이 해결할 수 있기 때문이다.

#### (6) 경제정책 일관성의 원칙

경제정책적 지속성이 결여되면 경쟁질서 또한 제 기능을 발휘하지 못하게 된다. 따라서 오이켄에 의하면 조세제도, 무역계약 또는 통화단위 등을 장기간에 걸쳐 고정적으로 운영하는 것이 매우 중요하며, 이러한 조건이 충족되지 않는다면 경제에서 충분한 정도의 투자의욕이 생겨나지 않는다고 본다.

경제정책의 지속성은 경쟁질서 구축을 위한 경제정책에서 가장 중요한 요소이며, 경제정책은 경제행위를 위한 유용한 경제체제 및 법적 기반을 제공하고, 이 범위 내에서 경제정책은 추진되어야 한다. 오이켄에 의하면 경제정책의 급격한 변화는 경제력집중을 야기할 수 있다. 경제정책의 급격한 변화에 따라 야기되는 불확실성이 증가하면 할수록, 다양한 산업부문을 포괄하거나 동종부문의 여러 부분을 포함하는 재벌기업의 형성에 대한 욕구가 증대된다는 것이다. 따라서 경제정책의 지속성이 크면 클수록, 재벌형성을 위한 경제적 필요성이 줄어들게 되며, 이에 의해 경쟁질서의 구축이 더욱 촉진될 수 있다는 것이다.

### 1.2 규제적 원칙

#### (1) 정부의 독점규제

경쟁은 경쟁제한행위를 유발함으로써 경제력 집중과 시장독점현상을 가져오는 경향이 있는데 정부는 이러한 독점 및 카르텔 발생을 저지하고, 제거될 수 있는 독점은 제거하고, 제거하기가 어려운 독점, 예를 들면 도시가스의 지역적 독점 같은 경우에도 경쟁과 비슷하게 관리

하여 독점을 완화해야 한다.[100)]

(2) 소득분배의 개선

시장경제하에서의 소득분배는 요소시장의 경쟁과정을 통해서 이루어지는데 시장기구에 의한 소득분배는 '사회적 형평성'이라는 사회적 시장경제의 이념에 비추어 볼 때, 사회적으로 바람직한 소득분배를 달성하기가 어렵다. 따라서 정부는 누진세와 같은 재정정책적 수단을 통해서 분배를 개선해야 한다.

(3) 최저임금제에 의한 노동자의 보호

노동시장에서 시장기구가 정상적으로 작동하지 않을 경우에, 예를 들면 노동시장에서 초과공급이 존재해도 가격이 하락하지 않거나, 오히려 상승할 경우에 정부는 가격개입을 통해 경제, 사회적 부작용들을 배제시킬 필요가 있다. 특히 비교적 낮은 임금수준에서 임금이 하락하면 오히려 노동공급을 확대하는 노동시장의 경우, 정부는 최저임금보장을 통해 노동자를 보호해야 할 필요가 있다.

(4) 외부불경제 효과의 제거

사적 경제활동이 외부불경제를 유발하는 경우에는 정부가 개입해서 그러한 활동에 대해 자원이 투입되지 못하도록 규제를 해야 한다. 왜냐하면 외부불경제를 유발하는 경제활동은 사적으로는 바람직하나 사회적으로는 바람직하지 않기 때문이다.

---

100) 독점재화의 가격을 마치 경쟁에서 유도되는 가격으로 조정하는 경쟁을 As-if식 경쟁이라 부른다. 이는 완전경쟁을 위한 전제조건의 충족이 실제적으로 어려울 때, 경제과정을 통해 그 결과가 경쟁이 지배하는 것처럼 나오도록 정부에 의해 관리되는 형태를 말한다(Miksch, L, Die Wirtschaftspolitik des Als-ob, in : Zeitschrift fuer die gesamte Staatswissenschaft, 1949, pp.310-338).

위에서 살펴본 바와 같이 오이켄에 의하면 시장에서 경쟁질서*Wettbewerbsordnung*가 제 기능을 발휘하지 못하거나 바람직하지 못한 결과를 가져올 때는 정부가 적극 개입하는 것을 원칙으로 하고 있다. 그러나 오이켄이 주장하는 정부의 개입은 어디까지나 원활하게 작동되는 경쟁질서를 창출하는 데 있기 때문에 정부의 개입은 친(親)시장적이어야 한다. 정부의 시장개입은 시장을 대체해서는 안 되며 따라서 과정정책적 개입은 원칙적으로 지지하지 않는다.

## 2. 사회적 시장경제하에서 정부의 역할

아담 스미스*Adam Smith*는 경제는 시장기구라는 '보이지 않는 손*Invisible Hand*'에 맡겨 둘 때, 가장 효율적이며 정부의 역할은 경제 주체들이 개인의 이익을 위해서 자유롭게 경제활동을 할 수 있도록 법과 질서를 유지하고 개인의 이익만을 위해서는 수행되기 어려운 공공사업에만 한정되어야 한다고 주장하였다. 따라서 아담 스미스가 구상한 정부는 고전적 의미의 야경국가*night watch state*의 개념이었다. 그러나 20세기에 들어서면서, 특히 1930년대의 세계적 대공황은 케인즈학파*Keynesian school*의 입지를 강화시켜 정부의 적극적인 시장개입을 필요로 하게 되었으며, 정부의 역할은 과거와는 달리 공공 부문뿐만 아니라 비(非)시장적 기구를 통하여 시장의 결함을 보완하는 적극적 '개입정책'으로까지 확대되었다. 그러나 1970년대 들어 심화되기 시작한 스태그플레이션 현상은 정부의 적극적인 개입정책에 대한 효과에 대한 의문을 제기하는 계기가 되었으며, 이는 정부의 인위적인 경기안정적 과정정책은 경제침체를 가속화시킬 수 있으므로 정부의 역할과 기능을 재고해야 한다는 결과를 야기하였다.

독일식 자본주의 모형인 사회적 시장경제는 경제의 효율성을 제고하기 위해 경제주체로서 정부가 해야 할 일과 해서는 안 되는 일들을 이론적, 제도적으로 규정해 놓고 있다는 특징을 가지고 있다. 사회적 시장경제는 시장경제를 적극 지지하지만, 시장에서의 '유효한 경쟁'[101]과 '유효한 가격체계의 형성'이 자동적으로 달성된다고 보지 않는다. 완전한 경쟁시장을 실질적으로 보장하고 있는 경제적, 사회적 나아가서는 자연적인 조건에 대한 강력한 정책이 필요하다고 본다. 사회적 시장경제에서 자유시장경제는 '자생식물*Natur Pflanze*'이 아니라 '재배식물*Kultur Pflanze*'이라는 개념으로 비유한다. 이것은 시장경제라는 식물을 자연 그대로 방임해 두면 스스로 꽃을 피워 열매를 맺지 못하고 부패하며, 부패된 독소가 사회전체를 해치기 때문에 시장경제가 꽃피기 위해서는 책임 있는 손에 의한 배려와 손질이 필요하다는 것이다. 따라서 구자유주의*Paleoliberalismus*의 '값싼 정부'와 '야경국가'와는 달리, 일정한 영역에 있어서 정부의 강력한 정책을 요구한다고 볼 수 있다. 이와 같은 의미에서 정부의 재발견은 단순한 정부기능의 증대를 의미하는 것이 아니라, 유효한 경쟁시장을 만들어내기 위해서 정부가 '해야 할 일'과 '해서는 안 되는 일'들을 구별하고 있음을 의미한다 *Paetzold, J, 1994*.

독일의 사회적 시장경제체제는 정부가 추진하는 경제정책을 크게 질서정책*Ordnungspolitik*과 과정정책*Ablaufspolitik*으로 나누고 정부는 원칙적으로 질서정책에 한해서만 시장에 개입하고, 과정정책에는 시장에 개입해서는 안 된다는 입장을 견지하고 있다. 여기서 질서정책이란 경쟁시장을 형성하기 위한 제반 조건들에 가해지는 정책을 의미하며, 과정

101) 1910년에 클라크(Clark, J.M)는 완전경쟁은 성격상 추상적이고 현실적으로 거의 존재하지 않기 때문에, 오히려 유효경쟁(effective competition)의 개념을 도입하여 많은 시장구조가 유효경쟁적 시장이 되도록 정책을 유도해야 한다고 주장하였다. 따라서 독과점기업을 규제할 필요가 있을 때는 정부가 유효경쟁적 시장구조를 만드는 것이 가장 바람직하다는 것이다.

정책이란 상황에 따라 변하는 경제의 흐름에 가해지는 정책을 의미한다. 즉 정부가 해야 할 일은 경쟁시장의 틀을 보전하거나 그 보완에 국한되어야지, 경제의 일반적 흐름에 대한 간섭은 정부가 해서는 안 된다는 것이다. 왜냐하면 경제과정에 대해 정부가 간섭하는 과정정책은 가격기구의 유효한 기능을 해치고 통제파급의 원칙에 따라 경제가 중앙관리체제로 이어져 효율성을 크게 저하시킨다고 생각하기 때문이다. 경제과정에 대한 정부의 개입은, 그것이 유효하기 위해서는 계속적으로 다른 간섭을 필요로 하게 되며, 마침내는 경제에서의 자유를 억제하는 전면적 관리로 유도된다는 생각이 그 기초에 있었기 때문이다. 따라서 독일 사회적 시장경제에서는 케인즈류의 재정 및 금융정책에 대해서도 부정적이다. 그러나 경기정책*Konjunkturpolitik*과 고용정책*Beschaeftigungspolitik*의 중요성을 결코 무시하고 있는 것은 아니다. 그러한 정책들은 단지 경제의 긴급 상황을 벗어나는 응급책에 그쳐야 할 것이며, 경쟁질서 내지 시장경제질서를 침해해서는 안 된다는 것이다.[102)]

예를 들어 뮐러-아르막 같은 경제학자는 정부의 핵심적 과제로서 (1) 경쟁경제의 창출과 확보, (2) 사회정책관점에서의 소득조정, (3) 중소기업의 견실한 유지를 위한 시장정합적 조치, (4) 인간적이고도 공동결정에 입각한 노사관계의 정립, (5) 시장경제적 경기안정 정책을 통한 경기안정을 제시하기도 하였다*Mueller-Armack, A, 1948*.

다음에서는 독일의 사회적 시장경제에서 정부가 어떠한 역할을 수행하고 있는지를 크게 질서정책과 과정정책으로 나누어 고찰해 보고자 한다.

---

102) 사회적 시장경제에서는 케인즈주의 경제정책의 결함은 현존의 경제 질서구조에는 언급하지 않고서 오로지 양적인 과정정책의 수단에만 의지하는데 문제가 있다고 지적한다.

## 2.1 질서정책*Ordnungspolitik*

독일 사회적 시장경제에서 정부가 수행하는 가장 중요한 정책이 질서정책인데, 질서정책이란 한마디로 요약하면 경쟁시장의 틀을 형성하기 위해 필요한 제반 조건을 마련하는 정책을 의미한다. 여기서 '경쟁시장의 틀의 형성' 이란 오이켄*Eucken, W*에 의하면 완전경쟁이 지속적으로 가능하기 위한 유효한 가격체계의 형성을 의미한다. 이러한 완전경쟁이 가능한 유효한 가격체계의 형성을 위해서는 경쟁질서에 필요한 법적, 제도적 기초를 정비함은 물론, 그 위에 건전한 통화체계와 독점금지를 위한 '반독점 정책' 이 중요하게 된다*Kremer, J,1993*. 특히 질서정책으로서 제일 중요한 것은 경쟁시장에서의 유효한 가격형성을 실현하기 위한 반독점정책이다. 독일 사회적 시장경제는 의식적으로 경쟁질서의 형성을 지향하는 입장에서 독점에 대해서는 엄격한 태도를 취하고 있다. 즉 독점은 그 자체가 악이며 일반적으로 금지되어야 한다는 '일반금지 원칙' 의 입장을 취하고, 불가피한 경우에만 예외적으로 최소한도의 필요악으로서 개별적으로 독점을 허용해야 한다는 입장이다.[103] 따라서 독점의 폐해가 생길 때마다 경우에 따라, 그것을 단속해야만 하는 '남용금지 원칙' 의 입장과는 근본적으로 다르다. 즉 사회적 시장경제에서는 시장에의 참가가 자유롭고 가격지배력이 존재하지 않으며, 유효한 경쟁이 행해지는 틀을 만드는 것을 중시하고 있는 것이다.

뿐만 아니라 사회적 시장경제에서는 경쟁적 시장을 유지하기 위해 부(富)의 형성정책을 중요한 정책으로 간주하고 있다. 특히 소유와 그 분배정책을 중요시하고 있는데, 여기에는 크 다음과 같은 두 가지 이

103) 독일에서는 독점에 대한 성과경쟁의 보호를 위해 다양한 법률을 제정해 놓고 있다. 예를 들면 대표적인 반경쟁제한법(GWB)외에 반불공정거래법(UWG), 할인법, 부가물(덤핑, 경품, 프리미엄 등) 등에 관한 규정 등이 있다.

유가 있다.

첫째, 소유의 분산이 유효한 경쟁시장질서의 형성과 유지에 필요하기 때문이다. 유효한 경쟁시장의 형성에는 자원배분에 있어 의사결정구조의 분산화, 그 기초가 되는 생산수단의 사유제가 불가결한 것이다. 부(富)의 형성을 시장기구를 통한 분배에만 의존할 경우, 소득분배 불평등의 문제가 야기되어 공정한 경쟁에 필요한 '경쟁조건의 평등'이 파괴되는 문제가 발생한다.

둘째, 부(富)의 공평한 분배정책은 사회적, 인간적인 면에서 더욱 중시해야 된다는 것이다. 따라서 부(富)의 분배정책은 집산이 아니라 분산의 방향으로 이루어져야 한다는 것이다.

이러한 이유로 독일에서는 모든 국민에게 부(富)의 소유와 그에 따른 권리를 부여하는 것을 정부의 책임으로 인식하고 다양한 부(富)의 형성정책을 추진하였다. 예를 들면 저소득층의 재산형성과 주택구입을 위하여 정부의 보조금이 지불되었으며, 장기간 인출이 불가능한 재형저축 수단이 동원되었다. 또한 저소득층의 임대주택사업 재원을 정부가 담당하거나 지원하였다. 특히 기업이윤의 일부를 투자임금의 형태로 근로자가 소유하고 기업의 생산자본에 재투자하게 함으로써 근로자에 의한 기업의 공동소유와 이윤 분배에 참여하도록 하였다. 이러한 면에서 독일의 사회적 시장경제는 다른 자본주의 경제와 비교하여 볼 때, 소득분배정책에 있어, 그 수단으로 누진세 체계인 조세정책에 의존하기 보다는, 부(富)의 형성정책에 보다 의존하였다고 볼 수 있다. 이와 같은 사회적 시장경제의 독특한 선택은 경제주체의 동기유발을 극대화하고 소비보다는 저축 및 투자를 유도하는 경제의 장기적 목적과도 부합한 것으로 인식했기 때문이다*Borrmann, A, 1990*.

더 나아가 산업간, 도시간, 지역간 인구배치의 적정화와 사회간접자본의 정비 등에 대한 정부의 적극적인 정책개입을 필요로 하는 것도 독일 사회적 시장경제의 특징 중 하나이다.

### (1) 경쟁정책*Wettbewerbspolitik*

경쟁정책은 독일 사회적 시장경제에서 정부가 수행하는 질서정책의 대표적 정책이다. 경쟁정책은 정부가 경쟁을 보호하기 위해 경제적 흐름에 개입하는 것을 의미한다. 경제가 시장경제에만 의존할 때, 시장의 불완전성 때문에 시장이 스스로 붕괴될 수 있다는 위험성 때문에 정부의 경쟁정책의 필요성이 강조된다. 독일에서는 질서자유주의자들에 의해 효율적인 경쟁정책의 필요성이 제기되었다. 그들은 아담 스미스류의 자유방임정책을 거부하였으며, 강력한 정부로 하여금 경쟁적 질서를 확립하며 유지하도록 하였다. 독일에서는 이러한 경쟁질서의 확립을 제도화하기 위해 1957년에 '경쟁제한방지법*Gesets gegen Wettbewerbsbeschraenkungen : GWB*'이 제정, 발효되었다. '카르텔법*Kartellgesetz*' 이라고도 불리는 이 법은 독일 정부에서 경쟁의 유지와 보장을 위한 정책 수단들을 확보하고 있기 때문에 '경제질서의 기본법'으로 불리기도 한다. 경쟁제한방지법*GWB* 제1조에 따르면 경쟁의 제한을 통해서 생산과 시장관계에 영향을 미치는 기업들간의 어떠한 계약이나 협약도 무효로 한다.[104] 즉 독일 사회적 시장경제에서는 경쟁의 자유와 그에 대한 보장이 경제주체 간에 이루어지는 계약자유의 원칙보다 우위에 있는 것이다.

경쟁을 저해하는 시장지배력은 카르텔형성을 통해서 뿐만 아니라 외적인 기업성장, 즉 기업들의 법적인 결합, 예를 들면 기업합병, 콘체른형성 등을 통해서도 이루어진다. 독일에서는 1973년 카르텔법의 개정을 통해 이러한 경제행위에 대한 금지나 제재조취를 취하였다. 동

104) 이를 카르텔의 일반적 금지라 부른다. 예를 들면 가격카르텔과 수량카르텔이 금지된 카르텔에 속한다.

법 제24조 2,3항에 의하면 시장지배력이 형성되거나 그 지위가 강화되는 기업합병은 이에 참여한 기업들이 자신들의 합병을 통한 시장지배의 단점보다도 경쟁조건을 향상시키는 효과가 더 크다는 것을 증명할 수 없을 경우에는 카르텔청으로부터 금지당하거나 무효화 될 수 있다고 규정하고 있다.

1973년에 개정된 경쟁제한방지법에 따르면 독일에서는 다음과 같은 경우를 시장지배로 규정하고 있다 :

(가) 한 기업이 경쟁자가 없거나 실질적으로 경쟁에 처해 있지 않거나 경쟁장에 대해서 대단히 우월한 지위[105]를 점했을 경우,

(나) 두 개 또는 여러 개의 기업들 사이에 실질적인 경쟁관계가 없고, 그들 전체가 (가)에서 언급한 조건들을 충족시킬 경우,

(다) 한 기업의 시장점유율이 1/3 이상이고 지난 회계연도의 매출액이 최소한 2억 5천만 DM(마르크)일 때,

(라) 세 개 또는 그 이하의 기업들의 시장점유율이 절반을 넘을 경우,

(마) 다섯 개 또는 그 이하의 기업들의 시장점유율이 최소한 2/3 이고 지난 회계년도 각각의 매출액이 최소한 1억 DM(마르크)일 경우 등이다.

### (2) 소득재분배정책으로서 부(富)의 형성정책

독일 사회적 시장경제에서 정부가 간여하는 질서정책에 포함되는 또 하나의 중요한 정책으로 부의 형성과 이에 대한 재분배정책을 들 수 있다*Klein, W, 1994*.

독일에서 부(富)의 형성정책이 소득재분배의 도구로서 점점 그 비중을 증대시켜온 것은 순수임금정책*Barlohnpolitik*이 갖는 분배정책의 효과

105) 우월한 지위의 판단기준으로는 시장점유율, 재정능력, 원료구매와 제품판매시장에의 진입여부, 타기업의 시장진입에 대한 법적, 사실적 장애여부 등을 들 수 있다.

가 별로 없다는데 기인한다. 즉 과거에 비해 상대적으로 높은 임금인상을 요구하여 노동분배율을 상승시켜 이를 통한 소득 재분배를 근로자의 입장에서 달성하려는 노동조합의 전략은 별 성과가 없었다는 것이다.

소득 및 부의 분배를 시장기구를 통한 분배에만 의존할 경우, 소득분배 불평등의 문제가 야기된다. 사회적 시장경제에서는 소득분배 불평등의 문제가 공정한 경쟁에 필요한 '경쟁조건의 평등'을 파괴시켜 시장기구의 유효한 기능인 효율적인 자원배분의 기능을 왜곡시킨다는 것이다. 따라서 사회적 시장경제에서는 가능한 한 모든 구성원에게 부(富)의 소유와 그에 따른 권리를 부여하는 것을 정부의 책임으로 인식하고 다양한 자산형성정책을 도입하였다.

독일에서 부(富)의 형성을 장려하는 대표적 방식은 다음과 같은 세 가지로 분류할 수 있다. 첫째, 일반적 저축 장려, 둘째, 근로자의 자산형성 장려, 그리고 마지막으로 자산과 같은 효력이 있는 노동자의 이윤참여 등을 들 수 있다.

일반적 저축장려는 1948년에 이미 생명보험료와 주택적금에 대한 세금공제의 형태로 도입되었으며, 근로자의 재산형성 장려는 고용주들이 그들 근로자들의 자산형성에 도움이 되는 조치를 취할 경우, 그에 대해서 세금공제를 해주는 유인동기를 부여하여 근로자의 재산형성을 유도하였다. 구체적으로 예를 들면 저소득층의 재산형성과 주택구입을 위하여 정부의 보조금이 지불되었으며, 장기간 인출이 불가능한 재형저축 수단이 동원되었다. 또한 저소득층의 임대주택사업 재원을 정부가 담당하거나 지원하였다. 특히 기업이윤의 일부를 투자임금의 형태로 근로자가 소유하고 기업의 생산자본에 재투자하게 함으로써 근로자에 의한 기업의 공동소유와 이윤 분배에 참여하도록 하였다.

이러한 면에서 독일의 사회적 시장경제는 다른 자본주의 경제와 비교하여 볼 때, 소득분배정책에 있어, 그 수단으로 누진세 체계인 조세정책에 의존하지 않고 재산형성정책에 보다 의존하였다. 이와 같은 사회적 시장경제의 독특한 선택은 경제주체의 동기유발을 극대화하고 소비보다는 저축 및 투자를 유도하는 경제의 장기적 목적과도 부합한 것으로 인식했기 때문이다.

더 나아가 산업간, 도시간, 지역간 인구배치의 적정화와 사회간접자본의 정비 등에 대한 정부의 적극적인 정책개입을 필요로 하는 것도 독일 사회적 시장경제의 특징 중 하나이다.

### 2.2 과정정책*Ablaufspolitik*

독일 사회적 시장경제에서는 정부가 시장에 간여하는 정책을 앞서 언급한 바와 같이 원칙적으로 질서정책에만 국한하고, 과정정책을 통해 시장에 간여하는 것은 일반적으로 배제하거나 소극적인 입장을 취하였다. 거기에는 대체로 다음과 같은 세 가지의 이유가 있다.

첫째, 경제과정을 이끌고 가야 하는 것은 시장이지, 정부가 아니라는 기본입장 때문이다.

둘째, 경제과정에 정부가 개입하면 그것이 유효하기 위해서는 또 다른 정부간섭을 야기하여 마침내는 시장에서의 자유를 억압하는 통제경제로 되고 만다는 소위 '통제파급의 원칙'[106]의 입장이다.

셋째, 경제상황의 변화에 따라 대응책으로 추진되는 과정정책은 대부분 이익집단에 의해 좌우되어 그들의 이익을 대변해 줄 가능성이 많

106) 미제스(Mieses, L.v)는 시장메커니즘에 대한 정부의 간섭은 경제전반에 연쇄적 파급효과를 가져와 이것은 결국 경제를 중앙집권적 명령경제로 만든다고 했다. 이러한 그의 논리를 소위 '통제파급의 원칙'이라 하며 후에 경쟁 혹은 시장사회주의 이론정립에 크게 기여하였다(Mieses,L.v, Preitaxen 6Bd. in: Handwoerterbuch der Staatswissenschaft, Jena 1923, pp.105~106).

다는 사회적 시장경제의 경험적 인식에 근거하고 있기 때문이다.

이러한 과정정책을 특별히 오이켄은 중도의 경제정책*Wirtschaft-spolitik der Mittelwege*이라 부르고 이러한 정책을 통해 정부가 시장에 개입하는 것을 비판하였다*Eucken, W, 1959*. 오이켄은 중도의 경제정책을 케인즈의 완전고용정책, 경제과정[107]에 대한 부분적 중앙관리정책 및 직능단체의 질서정책[108]으로 분류하고, 이러한 정책은 바람직한 시장경제를 위해서는 올바른 정책이 아니라고 비판하였다. 따라서 독일에서는 대표적 과정정책에 해당되는 케인지안의 재정 또는 금융정책이 거의 없다는 것이 특징이다.[109] 이는 금융, 재정적 수단이나 정부투자에 의한 완전고용정책이 경제에 더 큰 위험을 초래할 수도 있다는 생각에서이다. 오이켄은 완전고용은 그 자체만으로는 결코 정책의 목표가 될 수 없다고 본다*Eucken, W, 1959*. 효율적인 고용은 노동시장에서 자원의 희소성을 반영하는 가격기구에 의해 이루어져야 하는데, 오이켄에 의하면 케인지안의 완전고용정책은 두 가지 경로로 가격기구를 왜곡시킨다는 것이다. 첫째는 직접적인 가격규제정책이고, 둘째는 완전고용정책은 인플레를 유발함으로써 가격기구를 왜곡시킨다는 것이다.[110]

---

107) 오이켄에 의하면 경제과정(Wirtschaftsprozess)이란 노동, 토지, 원재료와 같은 생산요소들을 각 생산물의 생산에 배분하는 것, 소득분배, 저축과 투자의 결정, 생산기술의 선택, 생산지역의 선택의 통합된 과정으로 이해한다.

108) 직능단체적 질서란 기업간의 동업조합이나 노동자들간의 직능조합과 같은 산업별이나 직업별로 조직된 민간단체들에게 경제계획의 수립과 시행에 있어 정부가 일정한 역할을 부여하는 경제질서를 말한다.

109) 예외적으로 1960년대 중반 독일경제가 침체에 빠져 있을 때, 1967년 '경제안정과 경제성장 촉진법 (Gesetz zur Foerderung der Stabilitaet und des Wachstums der Wirtschaft)' 을 발효하여 재정정책을 통한 수요관리의 케인즈식 철학이 독일 사민당 정부의 강력한 경제정책으로 추진되었으나, 1970년대 후반 심화되기 시작한 스태그플레이션 현상으로 총수요관리를 통한 과정정책은 효과가 없는 것으로 재인식되기 시작했다.

110) 이러한 점에서 프라이부르크학파의 고용이론은 통화주의학파나 새고전학파(합리적 기대가설)의 이론과 유사하다고 볼 수 있다.

즉, 케인지안의 경제안정화정책은 구조적인 거시경제의 불균형을 시정하는 것이 아니라, 오히려 불균형을 증대시킬 수도 있다는 것이다. 따라서 케인지안의 과정정책은 한편에서는 경기부양을 통해 완전고용을 달성하려 하지만, 다른 한편에서는 과정정책에 의해 점점 경제의 불균형이 심화되어 가는 딜레마에 빠지게 됨으로써, 이를 해결하기 위해서는 경제체제를 중앙관리체제로 운영할 수밖에 없다는 것이 사회적 시장경제에서 과정정책을 통한 정부의 시장개입을 반대하는 이유이다. 이와 같은 케인즈주의에 대한 비판은 특히 독일에 있어서 임기응변적인 공황대책으로부터 나치체제로 이행하게 되었던 과거의 역사적 경험과 결부되는 것이라고 볼 수 있다*Radke, D, 1994*.

예외적으로 1960년대 중반 독일경제가 침체에 빠져 있을 때, 1967년 '경제안정과 경제성장 촉진법*Gesetz zur Foerderung der Stabilitaet und des Wachstums der Wirtschaft*'을 발효하여 재정정책을 통한 수요관리의 케인즈식 철학이 독일 정부의 경제정책 개념으로 받아들여졌으나[111], 1970년대 초 나타나기 시작한 스태그플레이션 현상으로 총수요관리를 통한 과정정책은 효과가 없는 것으로 재인식되기 시작했다.

111) 당시 케인즈식 처방은 성공적인 것으로 평가되었다.

# 제6장
# 독일 사회적 시장경제의 문제점과 개혁정책

제2차 세계대전 후 독일은 하이퍼 인플레이션*Hyper Inflation*과 침체된 경제를 극복하고자, 화폐개혁 등의 경제개혁을 추진하고 독일 특유의 '사회적 시장경제*Soziale Marktwirtschaft*' 라는 자본주의경제체제를 운영하여 '라인강의 기적' 으로 불리울 만큼 놀라운 경제발전을 이룩하였다.

이러한 이유로 그 동안 독일의 사회적 시장경제는 효율성과 형평성을 잘 조화시킨 경제체제로서, 경제에서 성장과 안정이라는 두 마리의 토끼를 다 잡을 수 있는 성공적인 모델로 평가받아 왔다.

그러나 1990년 이후부터 독일 경제는 대외적으로는 '세계화' 라는 세계경제의 환경변화에 능동적으로 대처하지 못하고, 대내적으로는 막대한 통일비용, 낮은 경제성장률과 높은 실업률 등의 장기적인 경기침체를 경험하게 되었다.

2003년 독일은 1% 미만의 낮은 경제성장률과 9.7%라는 높은 실업률을 기록함으로써 1997년 이후 최악의 경제적 성과를 기록하였다. 특히 약 430만 명에 달하는 실업자 수는 독일경제 회복의 아킬레스건으로 작용하고 있다.

이러한 독일경제의 장기적 침체는 그동안 형평성을 목표로 추진된 사회보장정책과 막대한 통일비용에 따라 심화된 정부의 재정적자 등으로 정부가 경제안정화 정책을 추진하는데 한계가 노정된 것이 한 원인이기도 한다. 2002년 말 독일정부의 부채는 국내총생산의 60.8%에 달하였다.

다른 한편, 1990년대 이후 독일경제가 장기적 침체에 빠진 보다 근본적인 원인은 그 동안 사회적 시장경제의 틀 안에서 운영되던 노동시장정책, 사회보장제도, 교육제도 등 시스템에 기인하는 구조적 문제에 있다고 볼 수 있다. 이러한 독일경제의 구조적 문제를 해결하고 높은 경제성장을 달성하기 위해서는 독일경제의 개혁이 불가피함이 현 사민당(SPD) 정부에 의해 지속적으로 제기되어 왔다.

1998년 9월 출범한 사민당 정부는 '신중도*Neue Mitte*' 라는 새로운 가치를 내걸고 개혁을 추진하기 시작하였다. 그럼에도 불구하고 '제 3의 길*Dritte Wege*' 을 표방한 '신중도' 의 개혁정책은 독일경제의 침체를 극복하는데 있어 가시적 성과를 거두지 못했다. 이러한 이유로 인해 2003년 3월 14일 독일의회*Bundestag*에서 슈뢰더*Schröder, G* 독일 수상은 소위 '아젠다 2010*Agenda 2010*' 이라는 중장기적 개혁프로그램을 발표하고 보다 적극적인 개혁정책을 추진하게 되었다.[112] 슈뢰더 정부 개혁정책의 특징은 그 동안 사민당이 전통적으로 추진해 왔던 경제 · 사회정책과는 달리 노동시장, 사회보장제도, 경제 및 재정, 교육 및 기업혁신 등 경제전반에 걸쳐 시장에서의 경쟁력을 제고하는 방향으로의 급진적이고 광범위한 개혁을 추진하는 것을 목표로 하고 있다는 것이다.

112) 사민당내에서 '아젠다 2010' 과 관련되어 6월 1일 긴급 당 총회가 소집되어. 이에 대한 의견조정과 협의를 거쳤다. 긴급 당총회와 관련되어 Mitteilung für die Presse의 "Rede des stellvertretenden SPD-Parteivorsitztenden", "Empfehlung der Antragskommission"와 "Anträge zum außerordentlichen Parteitag der SPD"를 참조할 것.

2003년 12월 19일 독일 의회는 현 사민당 정부의 개혁프로그램인 '아젠다 2010' 에 기초하여 2004년부터 발효될 경제개혁안을 절대 다수의 지지로 통과시켰다. 이러한 경제개혁프로그램의 의회 통과는 독일 내에서도 제2차대전 후 실시한 사회적 시장경제라는 체제개혁에 버금가는 급진적 경제개혁' 이라는 평가를 받고 있다.

제6장에서는 그 동안 성공적인 모델로 평가받았던 독일 '사회적 시장경제' 의 문제점은 무엇인지를 살펴보고, 현재 진행 중인 경제개혁 정책을 '아젠다 2010' 을 중심으로 고찰함으로써 '아젠다 2010' 이 한국에서 진행되고 있는 개혁정책에 어떠한 시사점을 줄 수 있는지를 살펴보았다.

## 1. 독일 사회적 시장경제의 문제점

과거 독일경제는 1970년대 초반까지 완전고용, 높은 경제성장, 도이치 마르크*DM*의 안정적인 화폐가치 그리고 노사관계의 안정화와 더불어 안정적인 사회보장제도로 다른 타 국가들의 성공적 모델이 되어 왔다 *Berthold, N / Fehn, R, 2003* .

그러나 현재 독일의 경제는 높은 실업률, 낮은 경제성장, 사회보장의 비대화 등 미국을 포함한 여타 선진 유럽 국가들에 비해 훨씬 심각한 문제를 안고 있다. 실업률 면에서 살펴보면 독일의 실업률은 약 10% 정도로 미국의 두 배 이상이고, 또한 유럽 내에서도 영국, 스위스, 네덜란드, 덴마크와 비교해도 더 높다. 또한 경제성장 면에서도 1970년대 초까지 지속적으로 높은 경제성장률을 기록했던 독일은 1980년대에 들어서 경제성장이 둔화되기 시작하여 1990년에서 1992년까지 통일의 특수효과와 관계된 일시적 호황국면을 제외하고는 1990년대 중반부터 2003년 말까지 장기 침체기가 지속되고 있다. 현재 독일경제가 직면하고 있는 주요 문제점으로 낮은 경제성장률, 높은 실업률, 제조업 중심의 경직된 산업구조, 통일비용 및 사회보장정책에 기인하는 정부재정의 악화 및 동서독 간 경제력 격차의 심화 등을 들 수 있다.

### 1.1 낮은 경제성장률

1990년대 중반 이후 현재까지 독일의 경제성장률은 유럽의 연평균 경제성장률인 2%에도 훨씬 못 미치는 저조한 경제성장을 기록하고 있다. 〈그림 3〉을 살펴보면 1990년부터 2000년까지 독일은 연평균 1.8%의 낮은 경제성장률을 기록하고 있음을 알 수 있다.

이는 다른 EU회원국들에 비해 약 1% 포인트, 그리고 미국보다는 2.3% 포인트 낮은 수준이다. 이러한 장기적 경제침체의 주요 요인 중 하나로 통일 후유증을 들 수 있다. EU집행위원회는 독일경제 침체의 2/3 가량이 통일 후유증에서 비롯되었다고 분석하고 있다*European Commission 2004*. 통일 이후 노동시장 참여율과 자연실업률[113]의 정체로 독일의 잠재성장률은 2.4%에서 1.7%로 하락하였다(김득갑, 2004).

113) 자연실업률이란 현재 진행되는 인플레이션을 가속시키지도 않고 감속시키지도 않게 해 주는 실업률 수준을 의미한다. 독일의 자연실업률이 정체된 이유는 전국적인 임금협상으로 생산성보다 높게 임금인상률이 책정되고, 과도한 실업수당 혜택과 노동시장의 유연성이 부족한데 기인한다.

〈그림 3〉 독일과 유럽연합(EU)의 실질 GDP 성장률 비교

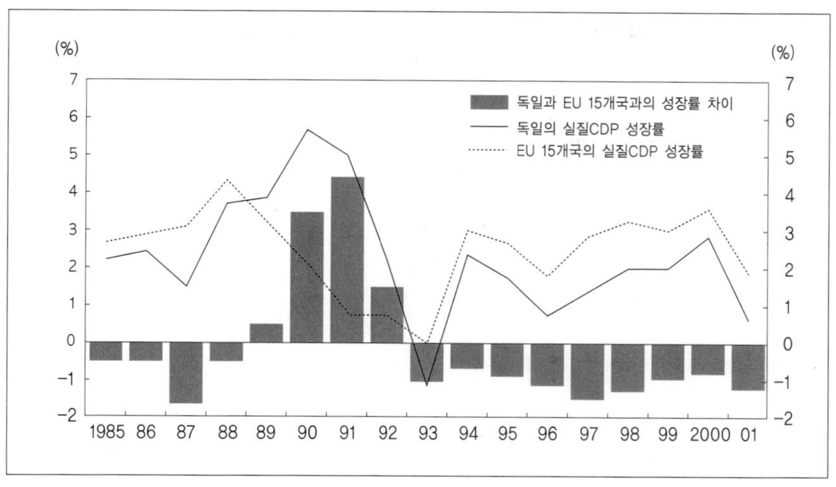


자료: OECD Economic Surveys (2003a), 25쪽

한편, 독일경제의 장기적 저성장의 또 다른 원인은 내수 부진에 있다. 독일 경제구조의 특징 중 하나는 수출에 지나치게 의존하는 경제구조를 가지고 있다는 점이다. 2002년 독일의 GDP(국내총생산)대비 수출의존도는 37%를 기록하고 있다*European Commission 2004*. 내수가 뒷받침되지 않은 상태에서 수출에만 의존하는 독일경제는 장기적 관점에서 지속적인 성장이 불가능하다. 특히 내수부문과 관련하여 1996~2000년 동안 민간소비의 경제성장 기여도가 0.9%에 불과하여 EU 평균인 1.7%보다 훨씬 못 미치는 결과를 가져왔다*European Commission, 2003*.

이렇게 내수가 부진한 이유는 높은 조세부담으로 인해 국민들의 실질 가처분소득의 증가율이 매우 낮기 때문이다. 1996~2000년 동안 독일의 실질 가처분소득 증가율은 1.3%로서 프랑스의 2.1%, 영국의 2.8%, 그리고 미국의 3.4%에 비해 낮은 수준이다*European Commission 2003*. 이러한 내수부진은 기업들의 설비투자 부진으로 이어져 경제의

악순환이 지속되고 있다.

다른 한편 독일경제의 저성장 원인은 거시경제적 충격에 기인하는 측면도 있다. 즉 1990년대 독일이 통일 과정에서 구(舊)동독지역의 재정지원과 경제회복을 위해 막대한 통일비용으로 인한 정부재정의 악화와 더불어 독일 연방은행의 화폐가치 안정을 목표로 추진된 Disinflation정책은 결국 1990년대 초 고이자율정책으로 귀결됨으로써 그로 인하여 투자와 고용부분에 악영향을 미쳤기 때문이다.

### 1.2 높은 실업률

경제개혁 프로그램인 '아젠다 2010'이 수립된 주요 배경에는 독일이 당면한 가장 해결하기 힘든 과제인 고(高)실업이라는 문제가 있다.

앞서 설명한 바와 같이 독일의 고용상태는 1970년대 초까지 완전고용상태를 유지하였으나 1970년대 중반 이후 실업률이 증가하기 시작하면서 2003년 말 약 10%에 달하는 실업률을 기록하고 있다.[114] 이러한 추세는 1970년대 말부터 꾸준히 감소하고 있는 미국의 실업률과는 커다란 대조를 보이고 있다.

한편, 〈그림 4〉에서 예외적으로 1990년대 독일의 저 성장률에 비해 실업률이 급격히 증가하지 않고 오히려 약간 낮아지는 추세를 보이고 있는 것은 일반적으로 고용이 증가한 것이 아니라, 파트타임 중심의 비정규직 노동자의 증가와 더불어 일자리 나누기에 근거한 것이다.

114) 2004년 8월 현재 독일의 실업률은 10.6%를 기록하여 1989년 이래 2배 가까이 상승하였다.

〈그림 4 〉 1990년대 독일에서 고용상태의 변화

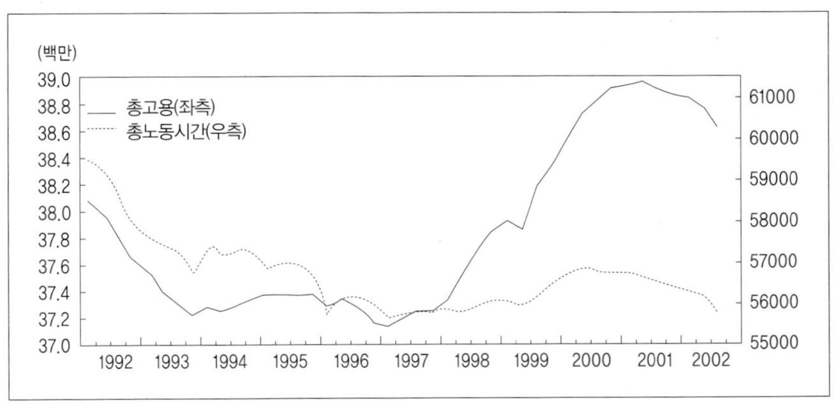


자료 : 전게서, 28쪽

독일의 실업률이 낮아지지 않고 있는 것은 위에서 설명한 바와 같이 노동시장의 구조적 문제에 기인하고 있다. 〈표 6〉을 살펴보면, 구조적 부분에 기인하는 실업률은 1980년에 3.3%에서 꾸준히 증가하여 1999년에는 6.9%를 차지하고 있다. 이는 평균 독일 실업률 9.5%의 대부분이 노동시장의 경직화라는 구조적인 면에 근거한다고 볼 수 있으며, 이는 다른 선진국들에 비해서도 두드러진 현상이다. 즉 독일의 고(高)실업은 전통 케인지안적 시각인 유효수요의 부족으로 인해 발생한 실업이라기보다는 노동시장의 경직성과 관련된 제도적인 면에 기인한다고 볼 수 있다.[115]

115) 이러한 주장을 하는 대표적 독일의 경제학자를 들면 Siebert(2003), Sinn(2003), Tietmeyer(2003)등이다.

**표 6** 유럽 주요국과 미국 · 일본의 구조적 실업 변화 추이

(단위 : %)

| | 1980 | 1985 | 1990 | 1995 | 1999 |
|---|---|---|---|---|---|
| 프랑스 | 5.8 | 6.5 | 9.3 | 10.3 | 9.5 |
| 핀란드 | 4.3 | 3.9 | 5.6 | 10.6 | 9.0 |
| 독일 | 3.3 | 4.4 | 5.3 | 6.7 | 6.9 |
| 네덜란드 | 4.7 | 7.5 | 7.5 | 6.1 | 4.7 |
| 영국 | 4.4 | 8.1 | 8.6 | 6.9 | 7.0 |
| 미국 | 6.1 | 5.6 | 5.4 | 5.3 | 5.2 |
| 일본 | 1.9 | 2.7 | 2.2 | 2.9 | 4.0 |

주 : 자연실업률(NAIRU)개념에 근거하여 추정한 구조적 실업임

자료 : Berthold, N. / Fehn, R. (2003), 전게서, 7쪽

이는 빈 일자리의 유휴노동력(공석율)과 실업률의 상관관계를 나타내는 베버리지*Beveridge*곡선을 살펴보면 쉽게 알 수 있다. 〈그림 5〉의 베버리지 곡선을 살펴보면 독일의 경우, 실업률은 우측으로 이동하면서 약간씩 증가하는 추세를 보이면서 동시에 공석율도 증가하는 추세를 보여주고 있다. 이 가운데 특히 1990년대 중반 이후 우측으로의 이동을 나타내는 실업률의 증가와 더불어 수직으로 나타나는 빈 일자리 수의 증가도 동시에 나타나고 있다.[116] 이는 독일의 높은 실업률이 노동시장의 경직성과 관련된 구조적인 측면에 있다는 것을 의미한다.

116) 최근(그래프의 마지막 부분)의 베버리지 곡선이 좌상향으로 이동하여 공석율의 증가와 실업률의 감소를 보이고는 있으나, 이는 일시적 현상이며, 장기적으로는 실업이 계속 증가하는 추세를 보이고 있다.

〈그림 5〉 독일의 Beveridge 곡선(1956년-2001년)

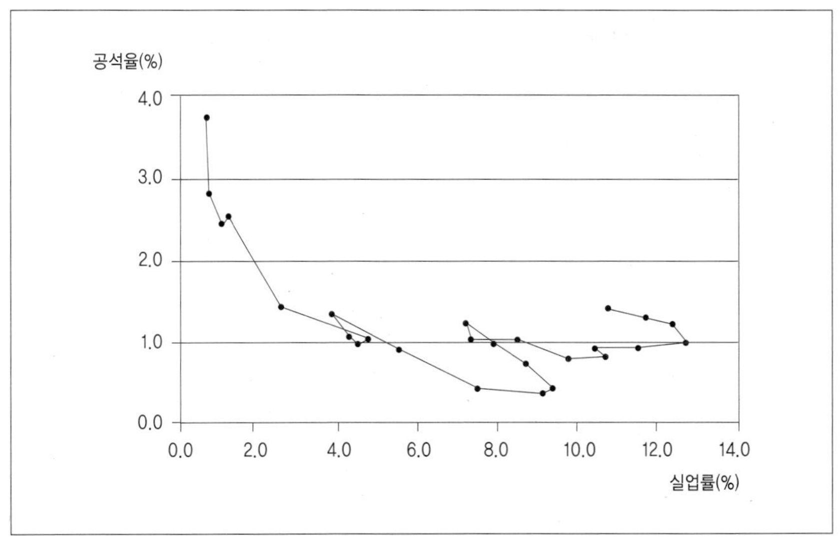


## 1.3 제조업 중심의 산업구조

다른 한편, 독일경제의 장기적 저(低)성장은 제조업중심의 경제구조에 기인하는 측면이 있다.

독일이 1970년대 초까지 소위 '라인강의 기적' 을 가능하게 했던 경제구조 배경에는 당시 제조업 중심의 산업구조가 고용창출 면에서 가장 적합하였기 때문이다. 이러한 제조업 중심의 산업구조는 1980년대 자본자유화와 해외직접투자가 본격화 되면서 성장과 고용창출에 한계를 노정시키는 산업으로 변화되었다. 특히 1990년대 정보통신산업(ICT)이 새로운 성장의 원동력이 되는 신(新)산업으로 대두되면서 기존 제조업 중심의 산업구조가 독일경제의 장기적 성장과 고용창출에 걸림돌이 되고 있다.[117] 즉, 독일의 제조업 중심의 산업구조는 다른 서구, 특히 미국의 산업구조와 비교해 볼 때 경쟁력이 약화될 수밖에 없는 경제구조를 가지고 있다. 따라서 1970년대까지 세계시장에서 경쟁력을 가지고 독일경제의 중추적 역할을 해 왔던 자동차, 기계, 화학, 조선 등의 제조업 분야가 최근 ICT 산업 등의 차세대의 선도적 산업구조로 변화하는데 능동적으로 대처하지 못한 것이 독일의 저조한 경제성장과 높은 실업을 야기하는 원인이 되고 있다*OECD, 2003b*.

한편, 제조업 중심의 산업구조의 경직성은 노동시장의 경직성과 직접 관련되어 있다고 볼 수 있다. 즉, 독일의 노동시장이 새로운 산업에 맞는 유연한 노동시장으로 쉽게 변화되지 못하기 때문에 높은 실업이 야기되고 있다. 이는 독일의 전통적인 산별수준의 강성노조의 역할과 임금협약의 독립성에서 비롯되었다고 볼 수 있다. 이 밖에도 약 10%에 달하는 높은 실업률은 독일의 경직된 노동시장 구조로 인하여 고용된 노동시장의 내부자와 실업자인 노동시장의 외부자 간에 있어서 차별적인 진입장벽이 존재하고 있기 때문이기도 하다.

### 1.4 정부재정의 악화

'아젠다 2010' 이 수립된 또 다른 이유는 독일 사회보장체계와 관련된 정부의 과도한 재정부담에 있다. 현재 독일경제에서 정부의 재정부담을 가중시키는 요인들로는 크게 고실업으로 인한 실업수당, 막대한 통일비용 그리고 사회보장을 위한 재정지출을 들 수 있다. 통일비용과

---

117) 경제구조 문제와 관련하여 이러한 분석은 경제성장을 결정하는 국민소득이란 변수를 경제의 투입 내지 생산요소 측면과 연계시켜서 파악할 수 있다. 이 경우 구조적인 문제가 발생한다고 하는 것은 생산요소를 비용의 측면으로만 파악하여 효율성의 관점에서 분석하는 것이다. 이러한 관점에서 독일경제의 저성장 요인을 분석하면 공급측면에서 생산요소의 고비용으로 인한 효율성 저하에 기인하고 있다고 평가할 수 있다. 이는 수요측면을 강조했던 후기 케인즈학파(Post-Keynesian School)의 퇴조와 함께 반면에 80년대 영국의 대처리즘(Thatcherism)을 시작으로 해서 미국의 레이거노믹스(Reagonomics)에서 발전된 소위 '공급중시 경제학(Supply-Side Economics)' 철학에 기반을 두고 있다.

관련해서는 1991년부터 2003년까지 구(舊)동독지역으로의 총 이전지출이 1조 2천500억 유로*Euro*라는 막대한 비용이 들었으며, 또한 매년 교육비 예산의 2배가 되는 900억 유로가 소위 소비적 형태인 사회보장지원비로 지출되고 있다는 점이다*Der Spiegel, 15/2004*. 이러한 막대한 통일비용과 사회보장 지출은 독일 정부재정에 큰 부담으로 작용하고 있으며 또한 구(舊)동독지역이 경제적으로 자생할 수 없는 한, 통일비용은 계속 증가할 수밖에 없을 것이다.

또한 정부재정의 악화를 초래하는 또 다른 원인은 독일의 인구구성 변화와 관련하여 독일에서 지속적으로 노령화 추세가 가속화되고 있다는 점이다. 이러한 노령화 추세는 독일 연금보험체계상 고용의 초기인 젊은 층이 부담해야 할 재정부담이 계속적으로 가중된다는 것을 의미하고, 또한 이러한 계층이 실제로 수혜가 되는 시기에 지급되는 순(純)수혜액은 감소할 수 있다는 것을 포함한다.

독일 연방재정지출 중에 사회보장비가 차지하는 비율이 1998년에는 18.9%이었고 이로 인한 재정적자는 2001년 이후 현재까지 연속적으로 국내총생산의 3% 이상을 초과하고 있으며, 2004년에서 2007년까지 정부채무는 추가적으로 500억 유로 증가될 것으로 예상된다*OECD, 2003a*. 따라서 같은 기간 정부 총채무가 국내총생산에 차지하는 비율도 60%를 넘어서 65%선에 달할 것이며, 순이자 부담도 3.2%를 초과할 것으로 전망되고 있다(〈그림 6〉 참조).

그 결과 2004년 독일의 재정적자는 GDP대비 4.0%에 이를 것으로 예상되어 EU로부터 경제 제재를 받을 위기에 처해있다고 볼 수 있다.[118)]

118) EU의 안정 및 성장협약(Stability and Growth Pact)은 EMU(유럽통화동맹) 회원국의 재정적자 규모를 최대 GDP의 3%로 제한하도록 규정하고 이를 위반할 경우, 제재를 가하도록 규정하고 있다.

〈그림 6〉 독일정부의 재정현황 (국내총생산에 대한 비율)

A. 순대출 및 기초수지

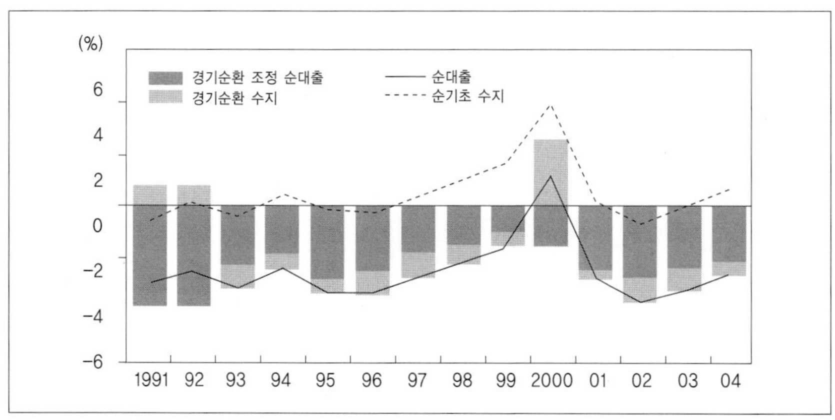


자료 : 독일 GDP에 대한 비율임

자료 : 전게서, 63쪽

B. 총부채 및 순이자지불액

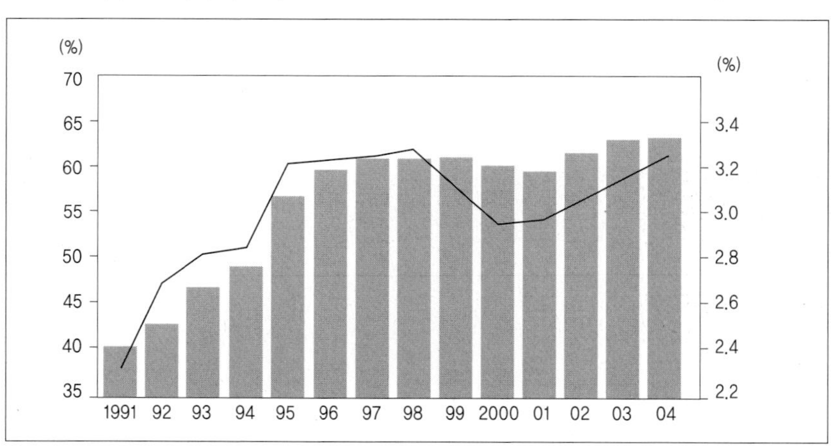


자료 : 독일연방통계청, 독일 일간지 '빌트'
김득갑(2004), p.6 재구성

### 1.5 동서독 경제력 격차의 심화

통일 이후 동서독 간 경제격차는 줄어들기 보다는 오히려 확대되는 추세를 보이고 있다. 이러한 동서독 간 경제격차의 심화는 독일경제 발전의 큰 문제점으로 나타나고 있다.

1991~1996년 동안 동독은 서독보다 높은 경제성장을 달성하였지만, 이후 서독경제는 연평균 1.3% 성장한 반면, 동독경제는 1.0% 성장에 그치고 있다(삼성경제연구소). 그 결과 1990년대 후반 이후 동서독의 경제력 격차는 더 확대되어 동독경제가 서독경제를 따라잡기 위해서는 최소한 2배의 성장률이 필요하다는 연구 결과가 나오기도 한다(Halle 경제연구소).

이러한 동서독 간 경제력 격차는 동서독 간의 지역갈등의 심화와 정부의 개혁정책에 대해 불만이 증대되는 결과를 초래하고 있다.[119]

다음의 〈표 7〉은 동서독 간 경제력을 비교한 것이다.

표 7 동서독 경제력 비교

(단위: 백만명, %)

| 항목 | 연도 | 서독지역 | 동독지역 |
|---|---|---|---|
| 인구 | 1991년 | 61.9 | 18.1 |
| | 2003년 | 65.6 | 17.0 |
| 실질 GDP 성장률 | 1992 ~ 95년 | 0.5 | 7.9 |
| | 1996 ~ 03년 | 1.3 | 1.0 |

119) 한 통계조사에 의하면 서독주민의 24%는 통일 이전 상태로 되돌아가기를 희망하는 것으로 나타났다. 뿐만 아니라 동독지역에서도 지방선거(2004년 9월 19일)에서 집권당인 사민당이 참패하고 구공산당과 극우당이 승리함으로써 사민당 정부의 개혁정책에 불만을 표출하고 있음을 알 수 있다.

| 항목 | 연도 | 서독지역 | 동독지역 |
|---|---|---|---|
| GDP 성장률 (건설업 제외) | 1992 ~ 95년 | 0.6 | 3.4 |
| | 1996 ~ 03년 | 1.6 | 3.9 |
| 실업률 | 1991년 12월 | 5.8 | 16.5 |
| | 2004년 8월 | 8.4 | 18.3 |
| 노동자비율 (주당40시간 이상) | 2004년 11월 | 2.7 | 43.7 |
| 노령연금 평균지급액 | 2004년 11월 | 713유로/월 | 811유로/월 |
| 재정지원반대여론 (서독, 동독에 대한) | 2004년 11월 | 41 | 13 |

결국 독일경제의 장기적인 저(低)성장, 고(高)실업 문제, 사회보장비의 과도한 재정지출부담 등이 2003년 12월 독일 상 · 하 의회에서 모두 통과된 장기적 경제 · 사회 개혁 프로그램인 '아젠다 2010' 을 수립하게 된 배경이라고 볼 수 있다.

## 2. 독일의 경제개혁정책 : '아젠다 2010' 을 중심으로

'아젠다 2010' 의 핵심적인 주요내용을 살펴보면 크게 (1) 일자리 창출과 노동시장의 유연성, (2) 세제개혁과 조세감면, (3) 사회복지제도의 개혁, (4) 교육 · 훈련 · 기술 혁신 등의 4가지로 요약할 수 있다.[120)]

120) '아젠다 2010' 에 대해서는 독일 정부 측 인터넷 사이트인 http://www.bundesregierung.de/Themen- AZ/9757/Agenda 2010.htm를 참조.

## 2.1 노동시장의 유연성 제고

개인 창업을 촉진하기 위하여 기존의 장인제도의무*Meisterzwang*의 수공업 법을 소유주 위주의 법령으로 개정, 2003년 4월 1일부터 파트타임과 소위 '저소득 일자리*Mini-Job*'[121]의 경우, 일괄 징여율을 25%로 하되, 그 중 12%는 연금보험납부금으로, 11%는 건강보험금, 그리고 나머지 2%는 일괄조세로 간편화시키기로 하였다.

특히, 가계고용인에게는 각종 사회보험부담금 납부의무를 축소하여 12%로 감소시키고 그 중 고용자 측에게 10% 내지 최대 510유로까지 조세환불혜택을 주도록 함으로써 고용증가를 꾀하고자 하였다.

또한 중소기업과 관련, 중소기업의 취업 인센티브 도입을 목적으로 소위 '중소기업조항*small business act*'을 신설하여 재정적 상황의 개선과 함께 연간 350만 유로 미만의 매출을 할 경우, 또는 연간 순이익이 3만 유로 미만 시에는 기장(記帳)의무를 면제하여 주기로 하였다.

창업을 위한 각종 서비스나 보조시설을 강화하고, 창업 중소기업의 각종 재정적 지원을 신설된 중소기업은행*Mittelstandsbank*이 담당하게 하여 재정적 혜택을 줌으로써 중소기업의 취업 인센티브를 강화하였다.

노동시장의 유연화와 관련하여서는 기존의 해고보호법*Kündigungsschutzrecht*의 해고제한 규정의 적용 범위를 지금까지의 5인 이상의 고용기업에서 10인 이상기업으로 상향조정함으로써 소기업 내지 소규모 영세 기업의 해고제한을 완화하였다.

독일 노동시장 유연화의 장애요인인 관료주의를 약화시키기 위해 연방노동청을 개편하고 지역자치구에 대한 사회간접자본의 투자를 증

---

121) 'Mini-Job'은 '1개월 이하의 고용'이라는 한국식 의미의 일용직을 의미하는 것이 아니라, 월 400유로 이하의 임금을 받는 일종의 '저소득 일자리'를 의미하며, 독일에서 주당 18시간 미만으로 일하는 파트타임(Teilzeitbeschaeftigung)과도 구별된다.

가시킴으로써 실업을 줄이고자 하였다.

특히, 경제낙후지역인 구동독지역의 장기 실업자에 대한 특별 프로그램을 마련하여 2003년 9월 1일부터 2005년 8월 31일 까지 25세 이상의 10만 명중 6만 명의 장기실업자와 실업부조 수혜자 그리고 4만 명의 6개월 이상의 사회부조 수혜자를 포함한 장기실업자 구제정책을 추진하고 재원은 이전의 지방자치부담에서 연방이 재정을 부담하는 것으로 담당기관을 이전하였다.

또한 2003년 5월 28일부터 시행하고 있는 15세에서 25세까지의 10만 명의 청소년을 위한 취직적응 교육프로그램인 'Jump Plus' 도 지속시키기로 하였다.

### 2. 2 세제개혁과 조세감면

세제개혁의 제3단계를 2005년에서 2004년으로 앞당겨 시행하도록 하고 특히, 유아가 있는 가족과 중소기업에는 조세감면의 혜택이 유리하도록 조정하였다. 그 내용을 살펴보면 첫째, 소득세 면세점 *Grundfreibetrag*을 기존의 7,235유로*EURO*에서 7,664 유로로 상향 조정하는 동시에 최저세율을 19.9%에서 15%로 하향조정하는 것과 둘째, 최고 소득세율을 기존의 48.5%에서 42%로 하향 조정하는 것이다.

그 결과 첫째, 1998년 대비 2004년에는 1인당 유아보유의 근로자 1인당 연간 총소득이 2만 유로일 경우 1998년에 804유로를 근로소득세와 통일부담비용으로 지불했는데 2004년에는 182유로로 감소되었으며 '순수형' 유아보유 근로자에게 추가로 연간 1,300유로의 조세감면 혜택을 받을 것으로 예측된다. 둘째, 유아 미(未)보유의 1인 근로자의 경우에도 연간 총소득이 2만5천 유로일 경우 1998년 7,729유로의 근로소득세와 통일부담비용이 2004년 3,568유로로 감소되며, 셋째,

1인 유아보유의 결혼가족에서의 1인 근로자당 연간 총소득이 3만5천 유로일 경우, 1998년의 3,429유로의 납부액에서 2004년 1,074유로로 감소되며, 넷째, 2인 유아 보유의 결혼가족에서의 1인 근로자당 연간 총소득이 4만 유로일 경우, 1998년의 3,733유로의 납부액에서 2004년 636유로로 대폭 감소시키는 것이다.

2003년 10월 17일 독일 연방의회에서 통과되어 새롭게 도입된 '지방자치세*Gemeindewirtschftsteuer*'를 통해 2004년에는 지방자치주로의 추가 재정 지원액이 약 45억 유로, 2005년부터는 연간 50억 유로가 될 것으로 추산된다. 특히 2004년의 경우, 추가로 확보된 45억 유로의 사용 용도를 보면, 약 25억 유로는 법인세 개혁(세율 인하)을 통해 줄어주는 지방자치단체의 조세수입을 보전하고, 15억 유로는 유아보육시설 확충비로 사용하고, 나머지 5억 유로는 실업부조금과 사회부조금의 통합으로 인해 야기되는 재정부족을 충당하는 것으로 되어 있다.

새로 도입된 지방자치세로 인하여 해당 시와 지방자치지역에서 해당 지역의 투자를 할 재정적 능력이 향상될 것이며 연방정부의 지방자치지역에 대한 투자와 관련하여서도 '국가재건 신용청*Kreditanstalt für Wiederaufbau : KfW*'에서 재정적 지원을 보조함으로써 사회간접자본의 확충을 위한 투자확대를 촉진할 수 있을 것으로 기대된다.

### 2.3 사회복지제도의 개혁

1957년 연금보험체계가 도입된 이후에 2001년에 이미 연금보험제도의 정책상 개혁이 있었다. 그 핵심은 기존 부과방식의 연금체계에 국가가 개인이 추가로 연금을 자산시장에 적립할 경우, 조세감면의 혜택을 주는 이른바 '리스터 연금*Riester-Rente*'이라는 제도이다. 즉 '리스터 연금' 개혁 이후 향후 독일정부가 직접 관여하는 기본적인 부과방식의 연금보험체계*Pay-As-You-Go-System: PAYG-System*와 개인의 노후대책을 위한 자발적 연금제도가 추가로 국가에 의해 적극 추진되고 있는 점이다. 그 이유는 2003년 10월 19일 추가로 독일 연방정부가 연금보험 납부액의 안정화를 목적으로 장 · 단기적 대책 안(案)을 결정하였는데 2001년의 '리스터 연금' 개혁으로는 연금보험체계가 장기적 안정화를 가져다줄 수 없었기 때문이다.

개혁의 주요내용으로는 연금인상률을 보험납부자의 가처분소득 증가율에 맞추고 기존의 연금수혜연령을 65세에서 67세로 상향조정 함으로써 연금조정요소*Nachhaltigkeitsfaktor*를 연동시켜 납부자의 부담비율을 2030년까지 22% 이하에서 고정시키도록 한 것이다. 이는 긍정적 고용효과를 기대하고 개혁을 통한 세대 간과 경제적 이해 그룹 간의 재정적 충돌을 완화시키려는 목표를 달성하고자 하는 것이다.

한편 건강보험개혁과 관련하여 건강보험조합들의 법적 인수 내지 통합과 보험혜택 목록의 표준화, 혜택목록 예외조항의 축소를 통하여 공급측면의 개혁을 도모하는 것이다. 아울러 수요적 측면에서 볼 때 환자들의 병원체류 시 1인당 부담액을 하루 9유로에서 11유로로 상향조정하고 분기당 개인병원의 자기 부담금을 10유로로 인상시켰다. 자신을 위하여 스스로 건강관리를 잘하는 보험가입자에 대한 경제적 우대조치와 역으로 건강관리에 등한시한 보험가입자에 대한 경제적 차별성을 강화시키는 것이다. 이러한 개정조치로 인하여 2004년부터 건강보험부담률이 13.6%에서 2005년에는 13%로 감소할 것으로 전망되어진다.

### 2.4 교육 · 훈련 · 기술혁신

2003년에 교육비와 연구비의 목적으로 91억 유로를 연방정부의 재정에서 부담했는데 그 중 학생 재정보조 신용*Bafög-Darlehen*과 '풀타임학교' 프로그램의 비용이 포함되어 있다.

실업자의 개인 창업을 돕기 위해 소위 '1인 창업회사*Ich-AGs*'[122] 프로그램을 2003년 1월 1일부터 시행하고 있는데 '아젠다 2010'을 통해 3년간 사회부담금과 재정적 보조의 혜택을 최대 2만 5천 유로까지 받을 수 있게 하였다. 그 결과 2003년 말 현재 61,000여명의 실업자가 추가적으로 고용의 기회를 갖게 되었다고 독일정부는 발표하고 있다. 또한 이미 2002년 11월 1일 시행되고 있는 이른바 하르츠-위원회*Hartz-Kommission* 개혁 안의 일환으로 '노동을 위한 자본' 프로그램을 통해 장기실업자를 채용하는 기업에게 1인당 최대 10만 유로의 재정지원적 성격의 신용대출을 하고 청소년의 일자리창출 교육의 일환으로 동일한 액수의 재정 지원적 성격의 신용혜택이 가능하도록 하는 것이다.

'제4차 하르츠 법*Hartz IV*'이 적용되어 연금보험비와 노동부대비용의 부담을 줄이고 조기연금혜택의 추세를 막기 위해 기존 32개월의 실업수당*Arbeitslosengeld* 혜택을 원칙적으로 12개월로 축소시키도록 하며 해당 연방노동중개소*Bundesagentur für Arbeit*가 관할해서 해당 실업자가 저임금으로 고용될 수 있도록 하는 것이다.[123] [124]

이러한 개혁프로그램은 기존의 무한정 시행기간으로 혜택 받을 수 있었던 실업부조금*Arbeitslosenhilfe*을 '실업수당 Ⅱ*Das neue Arbeitslosengeld II*'란 신규 법령을 통해서 사회부조금*Sozialhilfe*과 통합시키고 부조금을 생계비 위주의 보조로 전환시키는 것이다. 더불어 연방노동중개소라는 이

---

122) 일종의 자영업을 의미한다.

123) '제4차 하르츠 법(Hartz IV)'은 하르츠 위원회(Hartz Kommission)의 노동시장개혁안(Hartz Konzept)과 '아젠다 2010'에 의거하여 네 번째 하르츠 법(Gesetz fuer Moderne Dienstleistungen am Arbeitsmarkt)이 제정되었다.

124) 55세 이상의 고령실업자에게는 최대 18개월로 우대 조치하되 2006년에 시행하도록 과도기간의 유예조치를 하도록 했다.

름 하에 기존의 노동청을 구조적으로 개혁하여 노동청의 업무부담을 이전에 있었던 실업자의 재정적 지원의 업무에서 노동청 본연의 취지인 직업소개소*Job Center*의 업무담당의 변경으로 그 업무 효율을 증진 개선시키고자 하는 것이다. 또한 각 지역의 노동중개소*Agentur für Arbeit*는 실업자를 고용하여 사용업체에 파견하는 '인력파견회사*Personal-Service-Agentur: PSA*'를 신설한다. '인력파견회사'를 통해 고용될 경우, 이전의 실업자는 법적 사회보험의 혜택을 받을 수 있지만 동시에 기존 근로자의 해직 시에 지체 없이 '인력파견회사'에 신고하도록 의무화하여 실업자를 파트타임제나 저임금 노동력으로 활용함으로써 신속하게 노동시장으로 환원을 꾀하는 동시에 재교육을 병행하도록 하는 것이다.

이상의 '아젠다 2010'의 주요내용을 요약·정리해 보면 다음 〈표 8〉과 같다.

**표 8** '아젠다 2010'의 주요내용

| 주요내용 | 세부 특징 |
| --- | --- |
| 노동시장 유연성 재고 | • 해고제한법(해고금지규정)의 개정<br>- 고용규모가 10인 이하의 기업은 해고제한법의 적용대상에서 제외<br>• 실업수당 지급기간 단축<br>- 실업수당 지급기간을 최장 32개월 →12개월로 단축<br>- 55세 이상의 노동자는 18개월로 단축<br>• 실업부조와 사회부조의 통합<br>• 고객/경쟁 지향적 마인드로 무장한 연방노동청 운영<br>• 동독지역의 청소년 고용 촉진 |
| 노동청 개혁 | • 고용센터(Job Center)운영<br>• 노동청(Arbeitsamt)이 연방노동중개소(BundesagenturfürArbeit)로 바뀜.<br>• 개인직업알선소(Personal Service Agentgur:PSA)가 신설됨 |

| 주요내용 | 세부 특징 |
|---|---|
| 사회복지제도 개혁 | • 퇴직연금보험<br>– 2011년부터 연금수령 연령을 점진적으로 상향 조정(65세→67세)<br>• 의료서비스 개혁<br>– 투명성과 효율성 재고 |
| 경제활성화 | • 수공업 촉진법(Craft Trades law) 발효<br>– 자격요건 등 규제 완활 창업을 촉진<br>• 중소기업의 창업 지원 |
| 재정 | • 재건축은행(KfW)을 통해 동독지역의 주택현대화 및 인프라투자에 재정 지원<br>• 지방재정개혁 |
| 교육, 훈련, 혁신 | • 민간기업의 직업훈련 촉진을 위한 법제도 개정<br>• 전일제학교(all-day school) 교육 강화<br>– 2003~2007년 동안 40억 유로 지원<br>• 취학전 아동교육 강화 |

자료 : 김득갑, '슈뢰더의 경제개혁(아젠다 2010)', World Report, 제87호, 삼성경제연구소, 2003. 6 재구성

## 3. '아젠다 2010'의 평가

이상의 '아젠다 2010'과 관련된 일련의 조치들을 그 주제별로 평가해보면 크게 다음과 같이 정리할 수 있다. 첫째, 노동시장의 유연성 제고, 둘째, 사회보장제도의 개혁, 셋째, 조세개혁과 재정조달, 그리고 노사관계의 개선이다. 이에 대한 구체적 사유들과 현(現)시점에서 그에 따른 잠정적 평가를 내리면 다음과 같다.[125]

125) 독일에서 조차 '아젠다 2010'과 관련되어 학문적으로 연구된 부분은 극히 드물다. 따라서 현(現)시점에서의 평가는 잠정적일 수밖에 없고 또한 설명과정을 위해 전개된 방법론과 시각에 따라 달라질 수밖에 없다고 본다. 따라서 평가가 어느 정도 자의적인 면이 있을 수 있음을 밝혀 두고자 한다. 본 연구에서는 독일의 개혁정책을 기능주의적이고 형태론적 접근방법(typology approach)에 기초하여 평가하고자 하였다.

### 3.1 노동시장의 유연성 제고

위에서 살펴 본 바와 같이 '아젠다 2010' 은 독일의 높은 실업률의 주된 원인을 구조적 문제로 파악하고 특히 노동부대비용이 높은데 원인이 있다고 파악하고 있다. 즉 노동시장의 개혁과 그에 따른 노동법 개정의 필요성이 실업의 구조적 문제에 대한 논리적 귀결로써 이해될 수 있다.

구조적 문제에 시각을 맞추어 보면 독일의 노동비용과 더불어 노동부대비용이 다른 선진 경쟁국들에 비해 높은 원인이 여러 가지 있겠지만 슈나이더*Schneider, H, 2003*는 강한 노조의 임금 교섭력과 노동비용에 사회복지비용을 부담시키는 것이 그 원인이라고 보았다. 예컨대 1970년의 근로소득자의 사회보장부담금이 총임금의 26.5%였는데 2003년 현재 '아젠다 2010' 이 있기 전인 2001년 개정된 리스터*Riester*의 개선안을 포함한다 하더라도 40%를 초과하고 있었던 것이다.[126] 이렇게 증가하는 노동비용의 부담은 총(摠)임금에서 조세와 사회보장부담비용을 제외한 순 임금과의 격차를 크게 하는 결과를 초래했다. 이는 결국 사용자로 하여금 새로운 고용을 기피하게 만들고 동시에 근로소득자로 하여금 일할 인센티브를 적게 했다고 볼 수 있다.

이러한 총임금과 순임금과의 괴리현상은 실제 사회보장비용을 내지 않아도 되는 독일식 과소고용의 저소득 일자리*Mini Job*가 증가함으로 인해 전통적 풀타임 정규직의 직장이 점차적으로 와해되어 소득세와 사회보장수입원이 감소되었을 뿐만 아니라 소득세 납부의 의무에도

---

126) 2001년 개정된 리스터(Riester) 연금개혁은 국가가 관리하는 공적인 적립방식의 연금체계는 유지하되 장기적 관점에서 연금체제를 유지하기 위해 납입부담율의 상한선을 긋고 동시에 사적 개인연금을 보충적 연금체계로 하도록 국가가 적극 장려하는 연금개혁제도이다.

파악되지 않는 불법노동의 추세가 증가하게 되었다고 평가되어진다 *Schneider, H, 2003*.

독일 헌법 제9조에서 보호받고 있는 임금협상에서 노조의 권한을 노사 간의 실질임금을 보호하기 위한 '임금협상의 카르텔*Tarifkartell*'로 파악하고 정부의 간섭이 배제된 단체협상 전반의 노사간의 자율성 *Tarifautonomie*[127]이 시장이 변하는 새로운 산업구조에서 고용창출에 걸림돌이 된다고 보는 시각도 이러한 '아젠다 2010'과 전혀 무관하지 않다.

한편 Schneider를 비롯한 '아젠다 2010'을 긍정적으로 평가하는 그룹은 특히 구동독지역에 현저하게 나타나고 있는 고실업 현상은 생산성향상에 비해 높은 임금인상에 있다고 보고 그로 인해 구동독지역의 실업률이 높아진다고 평가했다. 이러한 시각은 기업에게 부과되는 과도한 임금비용의 부담은 고용에 악영향을 끼친다는 공급적 시각으로 볼 수 있는데 결국 노동부대비용을 줄여야 된다는 결론을 내릴 수 있다. 현(現)임금체계에서 '사회적 기본생활 보장권*Soziale Mindestsicherung*'을 노동시장에서 노동부대비용으로의 전가시키는 것이 노동을 하려고 하는 인센티브를 적게하는 원인으로 파악한 것도 마찬가지이다. 예를 들어 2인의 자녀가 있는 4인 가족의 경우, 사회부조금이 약 1,500 유로인데 실제로 이 가족에서 1인만이 노동을 할 경우 받는 최저임금이 1,500유로와 별 차이가 나지 않음으로 인해 일할 필요성이 그만큼 감소되어 도덕적 해이 문제를 야기할 수 있다. 그 결과 불법노동을 부채질하는 결과를 초래하여 형평성에 위배됨으로 수정돼야 한다는 것도 같은 맥락으로 볼 수 있다.

근로자들의 '도덕적 해이'의 문제를 다른 선진 유럽국들과 비교한

127) 이때 자율성이라 함은 정부 간섭으로부터의 배제를 뜻한다.

다면 연금수혜전의 장년 내지 노년층, 즉 55세에서 64세의 노동인력에서 미국과 노르웨이의 경우, 고용이 독일의 2배 정도로 70%를 육박하는 이유를 조기퇴직을 종용하는 기존의 노동시장 체계에 큰 원인이 있다고 본다*Schneider, H, 2003*. 따라서 하르츠-위원회의 개선안 중 52세 이상의 근로자가 채용될 경우, 일정 정도의 재정적 지원을 국가가 해줌으로써 고용주와 근로자 모두에게 노동에 대한 비용을 감소시킬 수 있다는 것이다.

한편 독일과 미국의 총 노동시간을 단순히 비교해 보면 독일이 미국에 비해 크게 떨어진다. 독일의 경우 총 노동시간은 연평균 1,500시간인 반면, 미국의 경우 2,000시간으로 나타난다*Schneider, H, 2003*. 미국과 독일의 경우, 모두 개인의 가사노동시간을 총 노동시간의 범주에 포함시키지 않지만 미국의 경우 요식업의 발달과 장시간의 근무로 인해 가정 밖에서 보내는 시간이 많은 반면, 독일은 근무시간이 적음으로 인해 가사에 종사하는 시간이 많다고 본다. 따라서 독일 근로자 개개인이 공식적인 근무시간 이외의 추가적인 가사종사 시간을 산정할 경우, 미국의 총 노동시간에 육박한다고 보았다*Schneider, H, 2003*. 그렇기 때문에 가사종사뿐만 아니라 각종 요식업관련 서비스업에 대한 기존의 여러 관료적인 장벽을 없애고 적극적으로 노동시장의 확대범위를 활용하는 동시에 해당 업종의 현존 노동부대비용을 없애는 방향으로 나아가는 것이 고용을 확장시키는데 필요한 정책이라고 평가할 수 있다.

뿐만 아니라 '아젠다 2010'이 수립되기 전까지 기존의 노동청*Bundesanstalt für Arbeit* 업무가 실업을 방지하기 위한 예비적 대책업무, 실업자에게 직업을 알선해주고 재정적 보조를 관할하는 업무 등을 모두 총괄함으로 인해 결국 '불가능한 사명*Mission Impossible*'이라는 말이 붙을 정도로 노동청의 임무를 제대로 수행할 수 없었다. 따라서 '아젠다 2010'은 노동청 업무의 복잡성과 비효율성을 개선하기 위해서 예비적

대책업무와 직업을 알선하기 위한 각종 서비스에 중점을 두었을 뿐만 아니라 실업자를 고용하여 사업체에 파견하는 '인력파견회사' *PSA*를 둔 배경이라고 볼 수 있다.

'인력파견회사' 의 고용으로 인해서 생긴 재정지원 시에 일어나는 부작용을 막기 위해 실업자 자신에게 일정 정도 부담함으로 도덕적 해이의 문제를 개선시킨다는 취지이다. 즉 기존의 무노동-복지수혜의 원칙에서 사회부조금 수혜자도 일정 정도의 노동의무를 지는 강제성 성격의 'Workfare' 의 개념으로 이동시킨다는 의미이다. 따라서 사회부조금수혜를 받으려고 인센티브를 적게 하는 동시에 불법노동을 하는 경향을 차단함으로 사회부조금이 꼭 필요한 그룹만이 수혜할 수 있도록 하는 긍정적 효과를 유발시킨다는 발상에서 '아젠다 2010' 을 평가할 수 있다*Schneider, H, 2003*.

그러나 위의 주장도 논리적 문제점을 노정시키고 있다. '아젠다 2010' 은 노동시장을 유연화시켜서 실업을 감소시키는 것을 주목적으로 하는 정책으로 이해할 수 있다. 노동시장의 유연화란 '생산과정에 대한 노동력의 유연한 투입' 으로 파악될 수 있는데 문제는 그로 인해 실업이 감소된다는 보장이 없다는데 있다. 앞에서 고용문제와 관련된 일련의 문제점들을 언급한 바와 같이 고용의 문제를 노동시장의 유연화를 통해서 실업이 감소된다는 단순논리로 설명하기에는 복잡한 성격을 가지고 있기 때문이다. 왜냐하면 최근 독일의 높은 실업 문제는 구조적 요인 이외에도 이미 1980년대부터 노정되기 시작하여 1990년대 더욱 심화되었는데 그 이유는 세계경제에서 차지하는 독일의 산업구조의 역할이 변화되었고, 통일이라는 특수한 경제 · 사회적인 쇼크로 인해 발생하는 등 복합적인 요인이 있기 때문이다.

따라서 '아젠다 2010' 을 통해서는 노동시장의 구조적 문제점과 관련된 도덕적 해이문제를 통해 다소 고용효과를 기대해 볼 수는 있으나 보다 근본적으로 독일경제가 고성장을 이루어 낼 수 없다면 고용문제가 조만간 풀리지는 않을 것으로 평가된다.[128)]

## 3.2 사회보장제도의 개혁

독일의 사회보장제도 체계는 실업보험, 연금보험제도, 건강보험제도 그리고 장기요양보험제도로 나누어 볼 수 있다.[129)] 먼저 연금보험제도와 관련하여 살펴보면 소위 '뤼릅위원회'를 통해 연금보험개혁안을 준비했던 책임자인 뤼릅*Rürup 2003*은 노후대책체계의 가장 큰 문제점은 인구 통계학상의 구성변화로 보았다. 특히 부과방식*PAYG*의 개인 국민연금체계는 1960년대 이후 현재까지 계속되고 있는 출산율 저하에 기인하는 납부 인구 감소로 납부부담액을 상승시키는 결과를 초래하고 있다고 평가했다.

또한 독일의 평균 수명 연장은 연금 수혜기간을 증가시켜 연금의 비용지출을 추가적으로 상승시키고 있는데, 만약 개인연금 개혁이 없었다면 1980년대 총소득에서 19%를 차지하였던 보험요율이 2030년에는 40%를 초과할 것으로 예상되었다. 이에 따라 '아젠다 2010'에 포함된 연금개혁의 방안은 2001년부터 이미 발효되고 있었던 리스터-연금개혁인 '3축 체계*Drei-Säulen-System*'를 유지하는 것으로 평가할 수 있다.[130)] 다시 말해 현재의 부과방식인 공적 개인연금은 유지하되 기존

---

128) 독일을 비롯하여 서부유럽이 고성장을 이룰 수 없다는 것이 일반적인 의견이다. 그 이유는 국민소득이 높은 나라일 수록 성장율이 둔화되는 '수확체감의 법칙'에 적용을 받기 때문이다.

129) 장기요양보험제도는 90년대 중반에 도입된 제도로 지금까지 근본적으로 수정을 가할 필요가 없다고 여겨지고 있는 보험제도이고 실업보험문제는 전(前)절에서 설명이 되어졌기 때문에 본 전개 내용에서는 연금보험제도와 건강보험제도에 국한해서 설명하였다.

에 존재했던 직장에서의 기업연금에 추가로 자본시장을 통한 사(私)적 적립방식형 개인연금을 통하여 그간 세대간의 갈등을 야기시키는 젊은층의 과도한 부담률을 개선하고 동시에 기존의 국민연금체계를 보존하는 방향으로 전환하는 것이다.

특히 사회보장비와 노동비용과의 관계에서 노동부대비용의 과도한 부담은 국제경쟁력과 고용에 악영향을 끼치므로 연금 납부율을 안정적으로 유지시켜야 된다는 취지가 깔려 있다.[131)]

2001년의 리스터-연금개선안(案)을 포함하여 부과방식 개인 공적 연금체계의 안정화를 위한 노력이 성공하기 위해서는 가능한 많은 소득계층을 연금체계의 납입부담자로 귀속시키는 것이 중요한 전제 조건이다. 이를 위해 이미 리스터-연금개선안(案)에서는 자영업을 포함한 자발적인 적립방식에 국가가 일정 액수의 조세환불의 혜택과 재정적 보조를 혼용하는 방법을 취했다.

그러나 2002년 말 경기침체로 인한 노동시장의 악화로 다시 보험요율이 총소득의 19.1%에서 19.9%로 증가되어 단기적 우선조치로 납부의무조항에서 제외되었던 기존의 고(高)소득층의 납부의무해제를 해당되는 소득분기 기준점으로 연장하였다.

2030년까지 장기적 보험요율을 총소득의 22% 선으로 안정시키기 위해서는 건강보험체계의 개선안과 함께 추가적인 조처가 필요하다고

---

130) 2001년의 '리스터(Riester)' 연금 개혁의 두드러진 특징은 향후 25년간 납부율을 안정시키기 위하여 기존의 전적으로 유지되었던 부과방식에서 이른바 '노후자산법(Altersvermögensgesetz)'을 신설해서 자본시장에서의 사(私)적인 적립방식을 함께 혼용하고 연금산정에서 인구통계학적 구성 요소를 함께 고려하는 새로운 체계로의 변경이란 점이다.

131) 노동부대비용과 관련된 연금보험개선안을 살펴보면 보험요율이 1997년에 그 후로 2년인 1999년에 23% 그리고 2030년까지 24%에서 유지시키는 목적으로 첫 번째 연금보험개선안이 있었다가 2001년에 더 낮추는 방안으로 2020년에 20% 이하에서 2030년에 22% 이하에서 안정화시키는 이른바 '리스터(Riester)' 연금 개혁이 있었다.

인식되어 독일정부로부터 '뤼릅위원회' 가 위임되었던 것이다. 결국 2003년 6월 뤼릅위원회의 최종 연구보고서 내용의 골자는 인구의 구성비율을 국민연금산정체계에 항시적 요소로 매번 그 변동 분을 연동시켜 산정하고 연금에서도 여유분의 자금을 배치하는 기금*Fund*체계를 도입하기로 하였다. 뤼릅보고서에서는 또한 국민연금의 부과방식 적용 해당자의 범위를 넓히는 방법을 강구해야 한다고 주장했는데 가령 공무원을 납입계층에 포함시키는 것도 한 방법으로 제시하였다.[132]

또한 연금수령 연령을 45년간의 납부기간을 기준으로 산정해서 기존 정년퇴직 65세에서 67세로 상향 조정함으로 인구의 노령화에 대한 연금체제의 역방향적 수정을 제안했었다.[133] 반대로 65세 이전의 조기퇴직의 경우, 정년퇴직의 수령액에서 그 기간에 따라 역산해서 누진율을 적용해 감액시키는 것을 제안했던 것이다. 이에 독일 정부는 '아젠다 2010' 에서 뤼릅위원회의 개혁안을 대부분 수용하고 있다.

상기의 부과방식 개인연금, 적립형 개인연금, 기업연금의 '3축 체계' 라 일컫는 포괄적인 연금체계는 다음과 같은 장점을 갖고 있다. 부과방식의 개인연금은 법적 강제성이 있는 반면 노후에 안정적인 소득을 보장해 주도록 국가가 관리함으로써 가령 연금관리기업이 도산해서 생기는 리스크를 최소화하는 장점이 있다. 적립형 개인연금은 계약의 자유가 있어 퇴출 입장에서 기업연금이나 부과방식 개인연금보다는 자유롭다. 기업연금은 자금면에서 볼 때 비용이 일정부분 사용자의

132) 뤼릅보고서는 저소득층 공무원인 경우, 실질소득의 감소가 우려되어 결국 3백 6십만 명의 자영인 그룹, 그 중에서도 2백8십만 명의 자유계약층인 프리랜서그룹으로 확대 적용시킬 것을 제안했었다.

133) 2004년 현재 법적인 연금수령 시작 연령은 65세이지만 실제 '유효 연금수령 시작 연령(Effektive Renteneintrittsalter)' 은 62세이고 '아젠다 2010' 으로 법적인 연금수령 시작 연령은 67세 될 경우, '유효 연금수령시작 연령' 은 64세로 확정될 것으로 전망된다.

부담을 전제하기 때문에 훨씬 저렴하고 효율적이다. 또한 적립형 개인연금은 기업연금에 가입자가 자동적으로 가입할 수 있는 자동성*Automatismus*이 존재한다.

반면, 각각의 연금체계는 또한 단점도 갖고 있는데 법적 부과방식의 개인연금은 경제성장의 상황과 인구 구성이 변화할 때는 세대 간의 갈등문제를 첨예화하고 납입부담율과 수혜액이 수시로 변함으로 인해 안정적이지 못하다. 반면 기업연금과 적립형 개인연금은 연금운영 담당기업의 수익성에 영향을 받는다. 만약 연금운영 담당기업이 부실화되거나 도산을 하게 되면 자신이 납입한 연금적립금이 손실될 수 있는 위험이 존재한다는 것이다. 따라서 독일의 경우 사회보장 개혁은 어떠한 연금체계가 더 적합한가를 배워가는 과정으로 이해할 수 있고 '3축체계' 가 어떻게 변화할지는 좀 더 연구되어야 할 것으로 평가된다.

건강보험체계의 개혁과 관련해서 살펴보면, 원칙적으로 건강보험체계에서 가장 문제가 되는 것은 '상응원칙*Äquivalenzprinzip*' 과 '연대원칙*Solidaritätsprinzip*' 간의 적절한 조화이다. 상응원칙은 120여 년 전 비스마르크 시대 이래로 국가가 일정 그룹의 계층을 보호하기 위해 근로소득자에게 납부의무를 법적으로 강제화시키고 그 대신 병가시(時)에 병가금을 보조해 줌으로써 소득이 없음으로 인해 발생하는 생계문제를 해결해 주는 것이다.

반면, 연대원칙이란 개인의 건강상 문제가 발생할 때 개인 내지 한 그룹만이 그 재정적 책임을 지는 것이 아니라 국가구성원 전체가 서로 책임을 나누어지는 연대성을 의미한다. 그러나 '상응원칙' 과 '연대원칙' 의 조화를 위해서는 가능한 한 '무임승차*Free Rider*' 를 배제시키고 되도록 많은 사회 구성원에게 납부의무를 지우는 것이 이 체계의 안정성을 유지하기 위한 전제조건이다.

독일의 건강보험구조는 높은 부담금을 비롯하여 발달된 의료시설과 연구비용에도 불구하고 다른 타 국가들과 비교평가 했을 때 중간수준에 위치한다.[134] '아젠다 2010'이 수립되기 이전까지 독일의 건강보험체계는 보험조합의 만성적 재정적자와 함께 납부 부담률이 계속 상승한 반면, 고소득층과 자영업자를 비롯하여 건강보험 납부의무에서 제외가 되는 층이 꾸준히 증가하고 있었다.[135] 이러한 건강보험지출이 증가하는 결정요인을 공급 측면에서 볼 때, 의학 분야의 기술발달로 진단 및 치료비용이 증가한 것이 주요 요인이고 수요 측면에서는 인구의 구성변화와 환자들의 도덕적 해이로 요약될 수 있다. 즉 공급 면에서 볼 때 과거 불치병의 치료를 가능케 하기 위해 의료시설비용이 꾸준히 증가하고 동시에 수명연장은 만성질환자의 비율이 높아져 의료보험 납입부담을 상승시키는 점이다. 수요 면에서 볼 때도 인구 통계학상의 구성변화로 인한 인구감소와 인구노령화의 수반으로 납입자의 부담률이 상승되며 환자 스스로는 질병 예방에 힘쓰기보다는 발달된 의료서비스에 지나치게 의존하는 도덕적 해이가 존재할 수 있다.[136]

이러한 이유로 인해 '인두 프리미엄*Kopfprämie*'의 형식이든 '국민보험*Bürgerversicherung*' 형식이든 '상응원칙'과 '연대원칙' 들을 조화시키되 안정적인 납부율을 유지시키기 위해서 건강보험 부문을 개혁시킬 필요가 있었던 것이다.[137] 의료보험부문의 개혁은 결국 지출구조를 개혁시

134) WHO가 2000년에 발표한 랭킹에서 독일은 의료서비스 분야에선 14위, 효율성 분야에선 25위를 차지하는 정도로 그쳤다 (World Health Organization, 2000, 152쪽 이하).

135) 공적 의료보험지출은 1970년 이래로 꾸준히 증가하고 이는 GDP와 비교했을 때 90년대를 지나면서 7%에 육박하게 되었다(Sauer, 2004, 3쪽 이하 참조).

136) 의료분야협력을 위한 전문위원회 (Sachverständigenrat für die Konzentrierte Aktion im Gesundheitswesen, 2003) 84쪽 참조.

137) '인두 프리미엄(Kopfprämie)' 이란 공적의료보험가입자가 가입자의 소득으로부터 자유로워 일괄된 납입율을 적용하는 것이고 '국민보험(Bürgerversicherung)' 이란 납입자를 근로자는 물론 공무원, 자영자, 고소득자 등 모든 국민계층을 총망라하는 보험체계이다.

키고 자기부담금을 높이는 관리보험 체제로 전환하여야 한다. 이를 위해 현재의 의무적 부과방식에서 자발적인 개인의 적립방식을 보완하는 것이 앞으로 노동부대비용의 부담을 줄이고 위의 '무임승차' 현상을 줄이는 적합한 방법이라는 것이 일반적 의견이다.

그러므로 '아젠다 2010'에서 건강보험개혁안에서 개인부담비용을 상승시킨 것은 건강보험 납부부담율의 단기적 안정화 조치로 볼 수 있으며 앞으로의 예견되어 지는 보충적 체계로써 자발적 적립방식에 대한 하나의 준비적인 조치로 평가할 수 있다.

### 3.3 세제개혁과 재정조달

근로자의 가처분소득과 총소득과의 관계에서 한계세율이 높아지는 현상을 수정함으로 근로자의 노동인센티브를 높이는 동시에 고소득층의 조세기피현상을 막기 위한 조치도 '아젠다 2010'의 목표 중의 하나이다.[138]

독일의 법인세율을 살펴보면 1990년 대 중반에 이미 45/30%(유보소득/배당소득)의 이중적인 구조에서 25%로 감소되었다. 그러나 중소기업의 대표적 기업 형태인 개인회사에서는 이러한 법인세 감소의 혜택을 전혀 받지 못하였기 때문에 투자가 저조하고 창업활동이 부진하였다고 볼 수 있다*Peterson, H. G, 2003*. 따라서 '아젠다 2010'에서는 중소기업의 조세감면 혜택을 첨가시키고 동시에 기존 법인세 감면혜택을 유지시키는 내용을 포함하고 있다.

독일 조세제도의 또 다른 문제점으로는 이른바 '조세 정글*Steuer*

---

138) 가령 최고한계세율을 적용받는 경우, 100유로의 추가적 임금 인상이 있을 경우, 사용자 측은 총 154유로 50센트의 노동비용이 드는 반면, 근로자의 소득증가는 노동부대비용을 차감한 순수액이 49유로 밖에 되지 않는다(Petersen, H. G, 2003, 93쪽 참조).

*Jungle*' 을 들 수 있다. 이는 조세감면, 보조금, 조세환불제도를 통한 절세의 혜택이 존재하는 근로소득세와 자산세 등 각 종 간접세와 직접세 등이 동시에 적용되는 조세체계 자체가 매우 복잡하다는 것을 의미한다. '하이델베르크 조세그룹*Heidelberger Steuerkreis*' 에 의해 주도된 독일 조세제도의 단순화 방안은 납세자들이 각종 예외 조항을 통해 절세하려는 추세에서 벗어나기 위한 적절한 조치라고 볼 수 있고 또한 형평성의 원칙에 좀 더 부합된다는 의견이 있다. 따라서 '아젠다 2010' 은 이러한 향후의 조세개혁에 대한 부분적 개혁조치로 볼 수 있는 것이다.

### 3.4 노사관계의 개혁

독일의 노사관계는 조합주의*Corporatism* 에 기초하여 직장 내에서는 노사가 직장평의회*Betriebsrat* 와 이사회 등에서 근로자와 사용자와 서로 대등한 위치로 경영상의 업무를 서로 의논하는 형태를 갖고 있다는 특징이 있다.

사용자와 노동자의 협약과 관련하여 기업별 위주의 노조가 아니라 산업별 노조가 임금협상과 단체협약 그리고 노동쟁의 등의 노동 3권에서 직접 사용자단체와의 협상을 하는 형태이다. 독일 헌법 9조에도 명시되어 있듯이 노사관계의 자율성이 보장되어 임금협상뿐만 아니라 단체협상 전반에 걸쳐 노사간의 자율성이 보장되어 정부간섭이 배제되어 있는 것이다. 아울러 노조와 사용자 간의 임금협약은 같은 산업 내에 노동조합가입 기업이 그 외의  타 기업에도 모두 적용되는 이른바 '산업범주적 임금협약*Flächentarifvertrag*' 이 적용되었다.

그러나 전통적인 제조업 중심의 산업구조에서 이러한 원칙들이 다소 완화되는 추세를 보이게 되었는데 개별적으로 임금협약을 하는 기업들이 꾸준히 증가하고 있는 것이다. 노동근로자를 기준으로 하면 2002년 현재 구(舊)서독지역의 63%, 구(舊)동독 지역은 43%가 단체임금협약에 귀속되어 있고, 생산을 기준으로 하면 각각 44%와 20% 정도만이 단체임금협약을 통하여 임금을 결정하고 있다.

문제는 이러한 단체협약에서 개별협약으로 이행하는 형태가 고용문제에 긍정적으로 작용할 것인가 하는 것인데, 이에 대해 웨켈*Oechel*은 임금결정의 전개과정과 임금의 신축성이 고용에 긍정적으로 작용한다고 평가하고 있다. 그러나 고용문제는 협약조건이 단체협약에서 개별협약으로 전환함으로써 해결하기 보다는 투자와 생산의 확장을 통해 해결하는 것이 오히려 적절하다고 본다.

## 4. 소결 및 정책적 시사점

현재 독일경제가 안고 있는 문제점들을 고려해 볼 때, 독일의 경제개혁정책은 불가피한 현실이다. 이러한 관점에서 '아젠다 2010' 은 사민당 슈뢰더 정부가 추진한 중장기 개혁프로그램이라고 볼 수 있다. 독일에서 '아젠다 2010' 에 포함되어 있는 개혁내용과 관련하여 개혁의 기본 방향에 대해서는 대체로 찬성하는 분위기이나 동 개혁안을 반대하거나 또는 개혁 정도가 미흡하다는 의견도 개진되었다.

야당인 기민당*CDU*, 경영자단체, 경제연구소 등은 '아젠다 2010' 은 개혁정도가 미흡하다고 비판하면서 더욱 강력한 개혁조치를 요구하고 있다. 반면에 독일 노조연맹은 '아젠다 2010' 은 친기업적*Pro-Business* 개혁안으로 1980년대 영국의 대처총리의 개혁 내용과 유사하다는 비판을 하고 있다. 이에 따라 노조연맹은 동 개혁안이 노동자를 비롯한 사회적 약자의 희생만을 강요하고 있어 받아들일 수 없다는 반대를 표명하고 있어 '아젠다 2010' 에 대해 상반된 평가가 내려지고 있다.

이러한 배경 하에 '아젠다 2010' 프로그램을 독일의 '사회적 시장경제' 모델의 한계와 실패에 대한 불가피한 대안이며, 이는 독일의 사회적 시장경제가 영미형 자본주의체제로 전환하려는 개혁정책으로 평가하는 데는 무리가 있다고 본다. 왜냐하면 1990년대 이후 독일경제의 침체는 독일 통일 이후의 통일비용 지출에 따른 경제부담과 통일 후유증에 기인하는 바가 크고[139], 1990년 중반 이후에 나타난 고실업 문제도 구동독지역에 나타난 고실업문제를 능동적으로 해결책을 제시하지 못한 경제정책의 실패가 있었기 때문이다.

독일은 여전히 해외부문에서 비록 그 증가율이 감소하기는 하지만 꾸준히 경상수지 흑자를 기록하고 있으며, 특히 상품의 고부가가치 창출 면에서는 세계 최고의 수준을 유지하고 있다. 따라서 '아젠다 2010' 은 기존의 '과도한' 사회보장비 지출과 통일비용에 따른 정부 재정지출의 한계와 이에 따른 경제성장의 둔화를 극복하고자 마련된 독일 '사회적 시장경제' 틀 내에서의 개혁으로 평가하는 것이 옳다고 본다.

다른 한편, 독일의 중장기 경제개혁 프로그램인 '아젠다 2010' 은 경기침체를 극복하고 지속적인 경제성장을 위해 경제개혁을 추진하고 있는 한국경제에도 일련의 시사점을 주고 있다.

첫째, 독일에서 '아젠다 2010' 을 통한 개혁정책을 추진한 이유 중 하나는 약 10%에 달하는 높은 실업률을 해결하는데 있다. 이러한 고실업은 1990년대 이후 지속되고 있는 저성장이 원인이기도 하지만, 한편으로는 매우 경직화되어 있는 독일 노동시장이 주요한 원인이다. 따라서 '아젠다 2010' 에서는 노동시장의 유연성을 제고하기 위한 개

139) EU 집행위원회는 독일경제 부진의 70%가 통일 후유증에서 비롯되었다고 진단하고 있다.

혁을 가장 중요한 목표로 설정하고 있다. 이와 관련 한국경제에서도 증가하는 실업이 경기침체에 기인하기도 하지만, 경직된 노동시장으로 인해 발생하는 측면도 있다. 따라서 한국경제에서 기업의 투자를 증가시키는 것이 무엇보다 중요하지만 노동시장의 유연성을 제고하는 것도 실업을 줄이는 방법이 될 것이다.

둘째, 건전한 정부재정을 유지하도록 노력해야 할 것이다. 독일은 장기적 경기침체를 극복하기 위한 확대재정정책을 통해 과도한 정부부채와 재정적자를 초래하고 있다. 2002년 말 독일 정부의 부채는 국내총생산*GDP*의 60.8%에 달하고 있다. 한국경제도 2002년 말 정부부채가 133조원으로서 GDP 대비 22.4%를 기록하고 있으며, 이는 1997년 말 60조원(GDP 대비 13.3%)에서 2배 이상 증가한 수치이다.

과거 정부의 경기부양을 위한 확대재정정책은 정부의 재정 부담을 가중시키고 있다. 이러한 정부채무 급증에 따른 재정악화는 한국경제에서 경기침체에 대응할 수 있는 재정의 경기조절 기능을 매우 제약하게 될 것이다. 따라서 향후 한국경제의 회복을 위해서는 건전한 재정을 유지하기 위한 정부의 노력이 필요하다.

셋째, 사회적 안전망을 강화하여 나가되, 사회보장정책을 추진하는데 있어 정부가 모든 복지비용을 부담하는 형태의 전통적 사회민주주의*Social Democracy* 모델의 사회보장정책은 지양할 필요가 있다. 독일 사회적 시장경제의 사회보장정책의 특징은 원칙적으로 '보충의 원칙*Subsidiaritaetsprinzip*'에 의해 추진한다는 데 있다. 여기서 '보충의 원칙'이란 시장에서 경쟁원리로 해결할 수 없거나 또는 만족스럽게 해결할 수 없을 경우, 시장의 기능을 보충하는 의미에서 정부가 개입하는 것을 말한다. 그러나 독일의 사회보장정책은 이러한 원칙에도 불구하고, 실제로 추진하는 과정에서 '연대원칙*Solidaritaetsprinzip*'을 우선시함으로써 재정적자의 심화를 초래하였다. 따라서 한국에서의 사회보장정책은 원칙적으로 '보충의 원칙'에 의해 추진하는 것이 바람직하다고 본다. 즉, 복지개념에 대한 새로운 패러다임이 필요한데, 복지를 'Welfare' 개념에서 'Workfare' 개념으로 이해하는 복지개념에 대한 인식 전환이 필요하다.

넷째, 향후 한국이 통일될 경우, 이에 따른 통일비용의 합리적 계산과 통일비용 절감을 위한 전략을 수립할 필요성이 있다. 독일은 동·서독 통일 후 천문학적인 통일비용을 지불하고 있다. 독일 통일비용은 1991년부터 2000년까지 10년 동안 2조 6,000억 마르크(약 2,000조 원)로 추산되고 있다. 이러한 막대한 통일비용 지출로 독일경제의 어려움이 더욱 가중되고 있다. 따라서 한국경제는 향후 통일에 대비한 '통일비용 최소화'를 위한 전략과 정책을 수립해야 할 것이다.

# Part 03

Ordo Liberalism, German Social Market Economy

## 독일 공기업의 민영화

## 제 7 장
# 독일의 기업지배구조

독일의 기업지배구조는 기본적으로 이해관계자*Stakeholder* 모형으로서 자본시장과 주주자본주의*Shareholder Capitalism*로 요약되는 영미식 주주 모형과는 상당한 차이를 보인다.

영미식 주주 모형은 기업의 최종적 위험을 부담하는 주주들의 이익을 극대화하는 시스템인데 비해, 독일을 비롯한 유럽대륙식 이해관계자 모형은 시장의 규율보다는 주주, 근로자, 고객, 금융기관, 정부 등의 다양한 이해관계자들의 관계를 중시하는 지배구조라는 특징이 있다.

종업원의 공동의사결정권*Mitbestimmungsrecht*을 제도화하여 감독이사회를 운영하고, 은행을 중심으로 금융자본의 영향력이 매우 큰 독일의 기업지배구조는 제2차 세계대전 후 독일기업들의 국제경쟁력을 제고하고, 독일의 경제발전에 큰 기여를 한 것으로 평가된다.

1960년대 이후 미국과 영국이 만성적인 저성장을 기록하는데 비해, 독일은 경제적 번영을 거듭하게 되는데, 그 원인 중의 하나로 독일 특유의 이해관계자 중심의 기업지배구조를 들고 있다.

그러나 1990년대 세계경제의 불황과 더불어 독일경제의 성장둔화가 나타나면서 독일의 기업지배구조에 변화가 나타나기 시작했다. 특히 1990년 중반 미국의 '신경제*New Economy*'의 성공에 영향을 받아 영미식의 주주중심가치에 대한 인식변화가 나타나기 시작했다. 특히 기업지배구조 논의에서는 그 동안의 관계금융이 초래하는 은행-기업 간 담합*Collusion*과 이로 인한 모럴 해저드, 그리고 벤처캐피탈의 미발달이 문제점으로 지적되었다. 동시에 독일 특유의 소유집중과 피라미드형 기업집단(콘체른), 종업원의 경영참여가 가능한 공동의사결정제도 등도 영미표준인 소유분산과 독립기업, 소수주주권 보호와 적대적 M&A 활성화와 상당한 차이를 보이고 있다는 비판이 제기되었다. 또한 1990년대 중반 이후 지속되고 있는 저성장과 고실업은 독일 내부에서도 독일 기업지배구조를 가능케 한 라인형 자본주의*Rhine Capitalism*에 대한 자기비판이 고조되었다.

제7장에서는 독일기업지배구조의 전통적인 특징을 살펴보고, 이어서 1990년대 이후 독일의 기업지배구조가 어떻게 변화되고 있는지를 살펴보고자 한다.

## 1. 독일의 기업지배구조

독일 기업의 소유구조의 특징은 은행, 투자신탁 등의 기관투자가의 소유지분이 비교적 높다는 것이다. 이러한 소유구조 하에서 독일의 기업지배구조는 경영이사회와 감독이사회로 이원화된 이사회 구조를 가지고 감독이사회의 경영감시활동과 은행의 적극적인 경영참여를 특징으로 한다. 대부분의 기업들은 비상장법인으로서 상장기업들이 경험하는 주주와 경영자간의 책임경영문제가 발생하지 않는 것도 또 하나의 특징이다. 뿐만 아니라 종업원의 경영참여를 제도적으로 보장하고 있는 공동의사결정제도도 영미형에서는 볼 수 없는 독일 특유의 제도라 할 수 있다.

### 1.1 이원화된 이사회

독일은 법으로 주주총회, 감독이사회, 경영이사회의 3개가 회사의 공식기관으로 정해져 있지만, 이중에서 감독기관인 감독이사회와 업무집행기관인 경영이사회가 지배구조를 구성하는 이원화된 이사회제도를 채택하고 있다.

독일의 이사회는 주주총회에서 선임된 구성원과 종업원대표로 구성되는 감독이사회*Aufsichtsrat, supervisory board*와, 감독이사회가 구성을 임명하는 경영이사회*Vorstand, management board*로 이원화*two-tier board*되어 있다는 특징이 있다.

독일의 이원적 이사회 운영은 모든 주식회사*AG*와 종업원 500인 이상의 유한회사*GmbH*에 의무적인 사항으로서 회사의 설립기준이 국가의 특허주의에서 준칙주의로 전환된 1870년부터 시작되었다.

경영이사회[140]는 일상적인 업무와 법률적인 문제에서 회사를 대표하며 사내이사 만으로 구성된다. 독일 주식회사법*AktG* 제76조에 의하면, 경영이사회는 "자신의 책임 하에 기업을 경영한다"라고 명시하고 있다. 이는 다음과 같은 2가지의 의미를 갖는데 첫째, 회사의 일상적 업무는 경영이사회가 전적으로 수행한다는 뜻이다. 둘째, 경영이사회는 주주뿐만 아니라 종업원, 채권자, 일반 국민 등 기업의 '이해당사

140) 경영이사회 구성원의 최대 임기는 5년이며, 임명, 해임, 그리고 보수결정 등은 감독이사회에서 행한다. 경영이사회 의장은 감독이사회의 의장이 될 수 없고, 경영이사회의 다수 의견에 반대할 수도 없다는 점에서 미국식 CEO나 프랑스식 PDG의 지위를 가질 수 없다.

자' 의 이익을 고려할 수 있고 또한 고려해야 한다는 것을 의미한다. 즉, 경영진은 주주의 이익을 반드시 극대화할 의무는 없다는 것을 뜻한다.

감독이사회는 회사의 장기적 전략이나 기업의 인수 및 합병, 처분 등 중요한 의사결정에 대한 사전승인 또는 사후보고를 받으며, 경영이사의 임명, 해임을 하는 등 경영진을 감독, 견제하는 역할을 한다. 감독이사회의 구성원은 종업원 대표를 제외하고는 주주총회에서 선임되는데, 이들은 동일기업의 경영이사를 겸직할 수 없다는 점에서 사외이사와 동일한 역할을 한다고 볼 수 있다. 선임된 감독이사의 임기는 4~5년이며 1인이 최대 10개까지 겸직이 가능하다. 감독이사회는 회사 자본금의 규모에 따라 최소 3명에서 최대 21명으로 구성되는데 평균 13명 정도이다.

감독이사회 구성의 특징은 대기업의 경우, 종업원 대표가 주주와 동등한 비율로 참여하도록 제도화되었다는 점과 양적인 면과 질적인 면에서 은행의 역할이 두드러진다는 점이다. 감독이사회의 의장은 표결 결과가 가부동수일 경우, 캐스팅보트를 행사할 수 있다는 점에서 기업 지배구조 측면에서 매우 중요한 역할을 수행한다.

### 1.2 공동의사결정제도*Mitbestimmungssystem*

공동의사결정제도*Mitbestimmungssystem, Codetermination System*는 이원적 이사회 제도에 근로자의 경영참여를 접목시킨 것이다. 근로자는 주주와 함께 기업경영과 관련한 주요정보에 접근할 수 있고, 경영진의 활동을 감시할 수 있으며, 이를 토대로 기업의 의사결정에 근로자의 이해가 반영되도록 하고 있다. 즉, 기업에서 노동과 자본의 협력적 관계를 가능하게 한다. 이러한 독일의 공동의사결정제도는 독일 자본주의와 독일 기업의 역사적인 변천과 함께 변화되어 왔으며 다음과 같은 4가지의 다른 형태를 갖고 있다(이덕호, 2006).

(1) 몬탄공동의사결정법*Montan-Mitbestimmungsgesetz* : 1951년에 제정된 법규로 광업 및 철강업에 종사하는 기업이 1,000명 이상의 근로자를 고용할 경우 적용되며, 감독이사회는 11명의 감사로 구성된다. 감사 중 5명은 근로자대표(4명은 현직 근로자), 5명의 주주대표와 다른 감사의 추천을 통해 선출위원회에서 중립적인 인사 1명으로 구성된다.

(2) 경영조직법*Betriebsverfassungsgesetz* : 1952년에 제정되었다. 적용대상 기업은 500명 이상 2,000명 이하의 종업원을 고용하는 기업이며, 감독이사회의 구성은 주주대표 3분의 2이며, 근로자 대표 3분의 1로 이루어진다. 500명 이하의 기업은 회사의 정관 등에서 자율적으로 감독이사회를 구성하여 운영할 수 있다.

(3) 몬탄공동의사결정보완법*Montan-Mitbestummungsergaenzungsgesetz* : 1956년에 제정되었으며, 몬탄공동의사결정법의 적용을 받는 광업 및 철강회사를 지배하고 있는 기업에 적용되었다. 이러한 지배회사도 기본적으로 몬탄공동의사결정법을 준수하여야 하며, 동법은 이법을 보완하고 있다. 몬탄공동의사결정보완법에 따르면 기업의 감독이사회는 15명의 감사로 구성되며, 감사 중 7명은 근로자 대표, 7명은 주주 대표이며, 1명은 중립적 인사로 구성된다. 감사의 선임과 관련해서는 몬탄공동의사결정법에 따른다.

(4) 공동의사결정법*Mitbestimmungsgesetz* : 1976년에 제정된 법률로서 주식회사, 유한회사, 주식합자회사 등 자본회사로 근로자가 2,000명 이상인 경우 감독이사회의 구성과 감사의 선임에 관한 사항을 규정하고 있다. 몬탄공동의사결정법과 몬탄공동결정보완법이 공동의사결정법에 우선하여 적용된다. 근로자 1만 명 이하인 경우 감독이사회는 근로자 대표 6명 (4명은 현직 근로자, 2명은 노조대표), 주주 대표 6명으로

구성된다.

근로자가 1만 명 이상 2만 명 미만인 경우 근로자 대표 8명(6명은 현직 근로자, 2명은 노조대표), 주주대표 8명이며, 근로자가 2만 명 이상인 경우 근로자 대표 10명(7명은 현직 근로자, 3명은 노조대표), 주주대표 10명으로 구성된다. 근로자 대표와 주주대표로 구성된 감독이사회는 감사 전원의 3분의 2 이상의 찬성을 통해 감독이사회 의장과 부의장을 선출한다. 이러한 방식으로 선출되지 못하면 주주대표 감사들이 의장을 선출하고 근로자대표 감사들이 부의장을 선출한다. 감독이사회의 의결은 회의에 참석한 감사의 과반수로 한다. 가부동수인 경우에는 의장이 캐스팅 보트를 가진다. 따라서 최종결정권은 주주에 있다.

다음의 〈표 9〉는 종업원 수에 따른 공동의사결정제도와 관련된 법의 적용관계를 나타낸 것이다.

**표 9** 종업원 수에 따른 적용공동결정법

| 항 목 | 500명 미만 | 500명 ~ 1,000명 미만 | 1,000명 ~ 2,000명 미만 | 2,000명 이상 |
|---|---|---|---|---|
| 주식회사 | – | – | 경영조직법 | 공동결정법 |
| 유한회사 | – | 경영조직법 | 경영조직법 | 공동결정법 |
| 주식회사 | 경영조직법 | 경영조직법 | 경영조직법 | 공동결정법 |
| 광산업모회사 | – | – | 광산업 공동결정법 | 광산업(몬탄) 공동결정법 |
| 광산업자회사 | – | – | 광산업 공동결정법 | 광산업(몬탄) 공동결정법 |

독일에서 공동의사결정제도는 주로 사회적 지배차원에서 인식되었으며 제정과 개정이 쉽지 않고, 법제화는 국가수준의 공동결정에 의해 이루어졌다. 따라서 공동결정제도의 도입과 유지 및 발전, 그리고 노

동자들의 위상도 사회적인 합의에 기초한 강력한 독일법에 의해 뒷받침되고 있다(이덕호, 2006).

### 1.3 은행의 역할

독일의 은행제도는 겸업은행제도*Universal Banking System*라는 특성을 가지고 있다. 이는 은행이 여수신 업무와 같은 통상의 은행업무 뿐만 아니라 증권업무도 아울러 수행하고 있음을 의미한다. 우리나라를 비롯한 미국, 영국, 일본 등 주요 국가들은 기본적으로 전업은행제도*Special Banking System*를 택하고 있다. 따라서 독일의 겸업은행제도는 독일 사회적 시장경제를 다른 선진 자본주의 국가의 경제와 구분하는 중요한 특징이 되기도 한다. 독일이 이처럼 겸업은행제도를 채택하게 된 배경은 기본적으로 독일의 뒤늦은 산업화에 있다. 후발 산업화 국가로서 독일에서는 자본시장이 발달되지 않았고, 국내 저축도 저조할 수밖에 없었다. 이러한 상황에서 1850년대를 전후로 설립된 독일의 은행들은 기업의 설립단계에서 대출 및 출자를 통해 기업에 자금을 제공하는 역할을 하였다. 따라서 독일의 기업들은 자금조달 측면에서 은행 중심의 자금조달시스템을 통해 은행에 대한 의존도가 상대적으로 높을 수밖에 없었다. 은행 중심의 자금조달시스템은 독일을 비롯하여 상대적으로 산업화가 늦은 이태리, 프랑스, 일본 등을 중심으로 형성, 발전하였다. 이들 국가들은 산업화를 급속히 추진하는 과정에서 주요 기간산업의 대규모 투자자금을 공급하는 역할을 국가 주도하에 은행들이 수행하였기 때문에 기업들이 자금을 자본시장을 통해 조달하지 않고 은행을 통해 조달하는 시스템이 자연스럽게 형성되어 왔다(정남기, 2004).

다음의 〈표 10〉은 독일의 겸업은행들의 유래와 법의 형태를 나타내고 있다(이덕호, 2006).

**표 10** 독일의 겸업은행*Universalbanken*의 분류

| 조직 | 유래 | 법의 형태 |
|---|---|---|
| 신탁은행들 (Kreditbanken) | 18, 19세기의 개인은행등과 19세기에 자본의 필요를 절실하게 느꼈던 주식은행들 | 개별회사들과 개인회사들-이 둘을 개인은행가로 이해되며 -그리고 자본회사들 (특히 주식회사)로서 |
| 저축은행들 (Sparkassen) | 가난한 백성들에게 안전하고, 그들의 저축예금이 이자를 받을 수 있는 기금으로 가능하기 위하여, 지방에서 또는 부분적으로 18세기 말경 개인적으로 설립됨 (복지를 행하는 단체). | 상당히 공법적인 조직 : 개인의 법형식속에 소위 작은 자유로운 저축은행들 (재단/단체/주식회사) |
| 협동조합들 (Kredit-genossenschaften) | 18세기 말에 수공업자, 영세수공업자와 농부들의 신용조달을 좋게 하기 위하여 그들에 의해서 설립됨 (자구를 위한 원칙) | 협동조합들 |

자료 : 이덕호, 2006

이러한 은행 중심의 금융시스템이 정착되어 온 독일에서의 기업지배구조에서는 은행이 주요한 역할을 담당한다. 독일에서 기업대출의 주된 채권자인 은행은 대출과 같은 여신제공뿐만 아니라 출자, 채권인수 등의 투자은행 기능도 갖춘 겸업은행의 형태를 유지하고 있다. 겸업은행의 형태이지만 독일의 주요 시중은행들은 일반적으로 투자은행의 역할에 더 치중하고 있다. 따라서 독일에서는 은행이 기업의 주주 또는 채권자로서 의결권을 행사하는 등 기업에 영향력을 발휘하며 감시 및 통제역할을 수행한다. 특히, 독일기업들의 지배구조를 보면 금

융자본이 산업자본을 지배하고 있다고 할 정도로 은행출자가 보편화되어 있다. 기업에 대한 출자비중이 높기 때문에 은행들은 독일 주요 기업의 주주대표와 노조대표로 구성되는 감사회에 주주대표 자격으로 참여하고 있으며 기업경영에 적지 않은 통제권을 행사하고 있다(이덕호, 2006).

독일은행의 기업지배력의 원천은 크게 다음의 네 가지로 구분해 볼 수 있다.

첫째, 독일은행은 기업에 대한 대출로 채권자의 위치에 있다. 둘째, 겸업은행으로서 독일은행은 기업의 주식 등 출자지분을 직 · 간접으로 보유하고 있다. 셋째, 은행은 증권업무를 수행하고 있어 고객으로부터 예탁 받은 주식을 기초로 고객을 대신해 의결권을 대리 행사할 수 있다. 넷째,  독일은행은 또한 기업에 대한 출자자로서 기업의 감독이사회에 이사를 파견할 수 있다. 독일은행들의 투자주식 보유는 은행의 자산 구성에서 작은 부분을 차지하고 있다. 특히, 은행의 기업에 대한 여신과 기업에 대한 출자를 비교해 보면 출자의 비중이 매우 작다는 것을 알 수 있다. 그러나 은행자산에서 투자주식의 비율이 낮은 것을 기준으로 독일 기업지배에서 은행의 역할을 평가하는 것은 큰 오류를 범하게 된다. 실제적으로 개별 은행의 기업지배권 형성여부를 살펴보아야 한다. 독일 은행들은 개별적 차원에서 기업들에 대해 집중적으로 상당한 지분규모를 확보하고 있는 경우가 많다. 특히, 대규모 은행들의 경우 여러 기업에 대한 지분을 집중적으로 보유하고 있다. 그러나 이러한 직접적 주식보유 이외에 간접적인 주식보유도 기업에 대한 은행의 지배권 형성에 결정적 역할을 하고 있다.

은행 중심의 독일금융제도는 기업지배구조에 큰 영향을 미치는데 은행은 기업의 주식소유자이면서 채권자로서 기업경영의 감시 및 통제 역할을 할 수 있다. 따라서 독일기업에서 독일은행이 차지하는 비중을 살펴보면, 〈표 11〉에서 알 수 있듯이 독일의 경우, 기업의 외부자금 조달 중 은행차입이 차지하는 비중이 1997년 84.4%를 차지하고 있으며, 채권과 CP 등의 형태를 통한 자금 조달 비중은 7%에 불과하다.

**표 11** 주요국의 기업차입 자금조달 원천별 구성비(1997년)

| 구성항목 | 독일 | 미국 | 일본 | 영국 |
|---|---|---|---|---|
| 금융기관 차입<br>(은행대출) | 93.0%<br>84.4% | (87.0)<br>(69.9) | 47.3%<br>66.8% | (28.5)<br>(27.3) |
| 채관과 CP등 | 7.0% | 52.7% | 15.6% | 33.2% |

자료 : 한국은행(1999)

그리고 독일 주식회사에서 주식의 의결권은 대리인을 통해 행사할 수 있다.

이 대리의결권은 경영진에게는 부여되지 않고, 일정한 금융기관에 대해서만 부여된다. 따라서 독일 주식회사의 주주총회에서 의결권은 주주가 직접 행사하거나 금융기관이 대리의결권을 행사한다.

## 2. 독일기업의 소유구조와 상호 주식 보유

독일기업의 특징은 소유면에서 보면, 첫째로 개인주주의 비율이 낮고, 대주주의 비중이 커 소유구조의 집중도가 높다. 2000년 기준으로 비금융부문이 전체 주식의 62.58%를 보유, 그 중에서 가계가 17.06%, 비금융기업이 30.86%, 정부가 0.67%이다. 특히 75% 이상의 지분을 소유한 대주주가 있는 기업이 38.1%나 된다.

이러한 사실은 다음의 〈표 12〉에서 알 수 있는데, 이 표는 주요국의 기업주식보유 현황을 비교하였다. 독일의 은행은 미국 0.2%와 영국의 1.0%에 비하여 기업주식의 13.03%를 보유하고 있다.

비금융회사간 또는 은행과 비금융회사간의 주식상호 보유의 중요성은 기업들 간의 장기적인 관계를 확고히 하려는 독일기업지배구조의 주요한 특징이다. 이러한 현상은 특히 독일에서 나타나며, 독일은 특히 주식의 소유집중이 매우 높은 것으로 나타나고 있다.

표 12 소유자 및 기업주식 보유현황 (단위 : %)

| 항목 | 독일 | 미국 | 일본 | 영국 |
|---|---|---|---|---|
| 금융부문 | 37.42 | 49.7 | 44.0 | 62.0 |
| 은행 | 13.03 | 0.2 | 22.0 | 1.0 |
| 보험회사 | 9.38 | 5.7 | 17.0 | 7.0 |
| 예금기금 | - | 24.0 | 1.0 | 34.0 |
| 투자회사 | 15.01 | 19.8 | 4.0 | 10.0 |
| 비금융부문 | 62.58 | 50.3 | 56.0 | 38.0 |
| 기업 | 30.86 | - | 24.0 | 2.0 |
| 가계 | 17.06 | 42.9 | 24.0 | 20.0 |
| 정부 | 0.67 | - | 1.0 | 1.0 |
| 외국인 | 13.99 | 7.4 | 7.0 | 16.0 |

* 독일은 2000년, 미국은 97년, 영국과 일본은 93년 자료임.

자료 : 한국은행 1999

다음의 〈표 13〉에서는 독일을 비롯한 주요국들의 소유집중 분포를 나타내고 있다. 독일은 가장 큰 기업 650개 중 단지 9.5%의 기업들만이 이들 기업의 주식을 5% 미만 보유하고 있는 반면에 미국은 가장 큰 기업 250개 중 95%의 회사들이 그들 기업의 주식을 5% 미만으로 보유하고 있다. 이 표에서 알 수 있듯이 독일을 포함한 유럽 제국들은 미국과 영국에 비하여 주식을 5% 미만 보유하고 있어 주식에 대한 비율이 상대적으로 적다. 즉, 유럽에서는 주식소유의 분산이 저조한 실정이다.

**표 13** 소유집중 분포

| 자기주식 비율(%) | 분포(%) | | | | | |
|---|---|---|---|---|---|---|
| | 독일 | 프랑스 | 미국 | 영국 | 스위스 | 네덜란드 |
| 0~4.9 | 9.5 | 37.3 | 95.0 | 48.6 | 17.8 | 23.7 |
| 5~9.9 | 7.8 | 14.3 | 3.5 | 31.0 | 17.6 | 30.0 |
| 10~24.9 | 17.8 | 15.1 | 1.4 | 10.5 | 17.9 | 9.6 |
| 25~49.9 | 13.9 | 9.4 | 0.1 | 2.6 | 15.6 | 10.1 |
| 50~74.9 | 12.9 | 8.1 | – | 2.4 | 8.0 | 6.8 |
| 75+ | 38.1 | 15.8 | – | 4.9 | 23.1 | 19.7 |
| N=100 | 821.0 | 1224.0 | 5925.0 | 1859.0 | 614.0 | 603.0 |

자료 : 이덕호, 2006
N (분석의 단위) : 주식의 비율
독일 : 가장 큰 기업 650개(1993), N = 821 주식비율
프랑스 : 가장 큰 기업 500개(1997), N = 1224 주식비율
미국 : 가장 큰 기업 250개(1997), N = 5925 주식비율
영국 : 가장 큰 기업 520개(1993), N = 1859 주식비율
스위스 : 가장 큰 기업 300개(1995), N = 157 주식비율
네덜란드 : 가장 큰 기업 300개(1995), N = 244주식비율

독일에서의 이러한 높은 수준의 소유집중은 회사의 형태를 고려한다면 더욱 분명하게 나타나는데, 다음의 〈표 14〉는 이를 나타내고 있다. 합자회사 중 67% 이상의 회사가 한 명의 소유자를 갖는다. 또한 주식회사의 경우에도 거의 72%의 주식회사가 한 명의 소유자가 50% 이상의 주식을 소유하고 있다.

표 14 회사 형태에 따른 소유집중도(1999년 12월)

| 형태 | 기업 | 소유관계에 관한 정보를 얻은 기업 | 소유자가 있는 회사의 주식소유비율 | |
|---|---|---|---|---|
| | | | 〉50% | 〉100% |
| AG(주식회사) | 5.611 | 3.611 | 71.67 | 35.42 |
| GmbH(유한회사) | 534.528 | 528.882 | 69.54 | 43.18 |
| KG(합자회사) | 20.847 | 20.483 | 78.63 | 67.06 |
| KmbH&CoKG | 74.299 | 73.339 | 69.15 | 45.55 |
| OHG(합명회사) | 17.030 | 7 | 71.43 | 42.86 |

자료 : Deutsche Aktieninstitute e.V.(ed) 2001, DAI-Fachbook, Frankfurt a. M. 2001, 01-2.

또한, 독일의 DAX에 등록한 30대 대기업들을 보면, 대주주의 영향력을 쉽게 짐작할 수 있다. 다음의 〈표 15〉는 이러한 상황을 나타내는데, 그 중 단지 3개의 기업만이 2002년 말 대주주를 가지지 않았는데, 그들은 Adidas-Salomon Deutsche Bank와 Siemens 등임을 알 수 있다. 또한 은행이 대주주인 경우는 한 회사이며, 보험회사가 대주주인 경우는 8개 회사가 있으며, 설립자와 가족이 대주주인 경우는 4개의 회사가 해당되며, 다른 회사가 대주주로 있는 경우는 3개의 회사가 있다.

**표 15** DAX에 등록된 30대 대기업의 대주주(2002.12)

| 회사 | 대주주 | | |
|---|---|---|---|
| | 주식의 % | 주주 | 형태 |
| Adidas-Salomon AG | 〉5 | | 보험회사 |
| Allianz AG | 23 | Muench. Rueckversicherung | |
| Altana AG | 50.1 | Quandt 가족 | 설립자, 가족 |
| BASF AG | 9.2 | Allianz AG | 보험회사 |
| Bayer AG | 5 | Allianz AG | 보험회사 |
| Bayer.Hypo-and Vereinbank | 26.3 | Muench. Rueckversicherung | 보험회사 |
| Bayerische Motoren Werke AG | 48 | Quandt 가족 | 설립자, 가족 |
| Commerzbank AG | 10 | CoBra 투자합자회사 | 재정서비스 |
| DaimerChrysler AG | 12.5 | Deutsche Bank | 은행 |
| Deutsche Bank AG | 〉5 | | |
| Deutche Lufthansa AG | 10.1 | 독일 | 국가 |
| Deusche Post AG | 71.3 | 독일 | 국가 |
| Deutsch Telekom AG | 43.1 | 독일 | 국가 |
| E.ON AG | 7.6 | Allianz AG | 보험회사 |
| Epcos AG | 12.5 | Siemens AG | 회사 |
| Fresenius Medical Care AG | 50.3 | Fresenius | 회사 |
| Henkel KGaA | 58.2 | Henkel 가족 | 설립자, 가족 |
| Infineon Technologies AG | 71.9 | Siemens AG | 회사 |
| Linde AG | 13.1 | Allianz AG | 보험회사 |
| MAN AG | 36.1 | Regina-Verwaltungsgesellschaft GmbH | 설립자, 가족 |
| Metro AG | 56.5 | Beshaim/Haniel 가족 | 설립자, 가족 |
| MLP AG | 27.3 | Manfred Lautenschlaeger | 설립자, 가족 |
| Muench.-Rueckversicherung AG | 24.8 | Allianz AG | 보험회사 |
| RWE AG | 13.3 | Allianz AG | 보험회사 |

| SAP AG | 62.5 | Klaus Tschira Stiftung GmbH | 설립자, 가족 |
|---|---|---|---|
| Schering AG | 10.6 | Allianz AG | 보험회사 |
| Siemens AG | 6.9 | Siemens 가족 | 설립자, 가족 |
| ThyssenKrupp AG | 16.9 | Alfred von Bohlen/Halbach Krupp Stiftung | 설립자, 가족 |
| TUI AG (Preussag AG) | 29.1 | Westdeutsche Landesbank | 설립자, 가족 |
| Volkswagen AG | 20 | 니더작센 주정부 | 국가 |
| 평균값 | 21.5 | | |

자료 : 이덕호, 2006.

이러한 소유구조 하에서는 기업의 투자가 대주주의 영향권을 벗어날 수가 없다. 또한 장기적 투자에서 은행들은 채권자로서의 입장을 강화시키기 위하여 위험이 높은 사업이나 자산가치 성장을 회피했고, 기업의 유지를 위해 경쟁력 확보에 관심을 집중시켰다. 이러한 사실은 대주주가 없는 대기업들에서조차 독일은행들은 직접적 의결권과 대리 의결권의 행사를 통해 감독이사회 및 주주총회에서 막강한 권력을 과시한다는 것이다. 즉 은행의 영향력 하에 수익성 증대전략 보다는 안정적 성장전략을 선호하는 것이다. 독일에서 상장사 주식을 집중적으로 보유하는 대주주 및 대주주 블록은 누구일까? 독일에서는 가족소유 및 정부소유가 발달한 프랑스, 이탈리아 등에 비교하여 은행 및 기업에 의한 타기업 지분소유가 두드러지게 나타난다. 다음의 〈표 16〉은 미국과 영국에 비교할 때 독일에서는 은행과 (비금융)기업의 타 기업 지분소유 역할이 매우 크다는 것을 보여준다. 이는 은행과 (비금융)기업이 타회사 주식을 전혀 혹은 거의 보유하지 않는 미국과 영국과는 매우 다른 특징이다. 또한 독일기업들의 대주주 블록을 형성하는 최대의 지분소유자는 은행보다는 오히려 타 회사들인 것으로 나타났다.

**표 16** 독일과 영국, 미국 상장회사의 주주 구성

(단위: %)

| 항목 | 독일 | | 영국 | | 미국 | |
|---|---|---|---|---|---|---|
| | 1991 | 1999 | 1991 | 1997 | 1991 | 1998 |
| 은행 | 12.7 | 13.5 | 0.2 | 0.1 | 0.0 | 0.0 |
| 비금융기업 | 39.4 | 29.3 | 3.3 | 1.2 | 0.0 | 0.0 |
| 정부 | 2.6 | 1.0 | 1.3 | 0.1 | 0.0 | 0.0 |
| 보험사 | 5.5 | 9.0 | 20.8 | 23.5 | 1.9 | 3.5 |
| 연금펀드 | 0.0 | 0.0 | 31.3 | 22.1 | 24.4 | 25.9 |
| 투자회사 등 | 4.8 | 13.6 | 10.4 | 12.5 | 15.8 | 22.3 |
| 개인 | 22.4 | 17.5 | 19.9 | 16.5 | 51.0 | 41.1 |
| 외국인 | 12.7 | 16.0 | 12.8 | 24.0 | 6.9 | 7.2 |
| 합계 | 100.0 | 100.0 | 100.0 | 100.0 | 100.0 | 100.0 |

자료 : 이덕호, 2006.

반면에 미국에서는 은행에 의한 비금융 회사 주식 장기보유를 금지한 1934년의 글래스-스티걸 법의 영향이 결정적이었는데, 하지만 독일에서는 그런 법률이 아예 한 번도 제정되지 않았으며, 그 결과 은행들의 비금융회사 주식의 장기보유가 두드러지게 나타난다. 그리고 독일에서는 기업에 의한 타 기업 지분소유가 콘체른(기업집단)의 형태로 널리 나타난다. 독일에서 경영권보호를 위해 가장 많이 사용되는 방식으로 주식의 상호보유*cross-share-holding*가 일반적이다. 다음 〈표 17〉은 독일의 주요 상장기업들의 상호주식보유 현황을 나타낸다. 도표에 의하면 도이체방크와 알리안즈는 상호지분소유*Cross Shareholdings* 혹은 교차소유를 형성하고 있었고, 다임러의 경우 납품관계에 있는 Bosch와 상호교차소유를 통해 제휴를 맺고 있었다. 이렇듯 장기적 거래계약관계에

있는 경우 혹은 여타 이유로 전략적 제휴관계에 있는 기업들은 서로 교차소유를 통해 결속되어 있는 경우가 많았다.

**표 17** 독일 주요 상장기업들의 상호주식보유 현황(2000년 말)

| 지분소유기업 | 대상기업 | 소유지분율(%) | 시가총액 (백만유로) |
|---|---|---|---|
| Allianz | Munich Re | 24.9 | 19,813.0 |
| | Dresdner Bank | 21.2 | 13,019.6 |
| | E.ON | 10.6 | 5,260.6 |
| | BHV | 13.6 | 4,361.6 |
| | BASF | 11.9 | 3,509.9 |
| | Siemens | 3.6 | 2,984.0 |
| | RWE | 11.7 | 2,919.6 |
| | Deutsche Bank | 4.6 | 2,516.3 |
| | Bayer | 5.7 | 2,335.5 |
| | AMB | 4.6 | 1,599.0 |
| | Beiersdorf | 38.7 | 1,429.0 |
| | Schering | 11.2 | 1,342.7 |
| | Linde | 12.4 | 766.2 |
| | DaimlerChrysler | 1.6 | 713.6 |
| | Deutsche Telekom | 0.6 | 561.8 |
| | Mannesmann | 1.4 | 559.5 |
| | MAN | 12.9 | 537.0 |
| BHV | Munich Re | 13.3 | 6.8 |
| | Allianz | 8,956.0 | 6,628.0 |
| Commerzbank | Linde | 10.0 | 616.6 |
| Deusche Bank | Munich Re | 9.7 | 6,521.0 |
| | DaimlerChrysler | 12.1 | 5,312.0 |
| | Allianz | 4.2 | 3,987.0 |
| | Linde | 10.1 | 613.0 |

| Dresdner Bank | Allianz | 10.0 | 9,795.6 |
|---|---|---|---|
| | Munich Re | 7.4 | 5,073.5 |
| | BMW | 5.0 | 1,167.7 |
| Munich Re | Allianz | 24.9 | 21,440.0 |
| RWE | Hochtief | 62.0 | 917.1 |
| Siemens | Epcos | 12.5 | - |
| | Infineon | 51.0 | - |

자료 : Deutsche Bank Research, 2001

## 4. 최근 독일 기업지배권의 변화 [141]

### 4.1 기업지배구조 변화 추세

독일에서는 1997년에 신시장이 등장했다. 신 시장은 기업 공개 및 벤처자본의 지원을 목적으로 하며, 한국의 코스닥을 연상하면 된다. 첫해 공개된 기업이 13개였으나 2000년 봄경 약 300개로 급증할 정도로 신시장은 확대일로에 있었다. 그러나 그해 말 유동성 위기와 부패 스캔들에 휘말리면서 많은 기업의 상장이 폐지되었다. 이 때문에 신 시장은 상당 부분 위축되기는 했으나, 앞으로 성장 가능성은 높은 것으로 보인다. 특히 신시장이 주목받는 것은 그 동안 자본시장의 발달이 미약했던 독일에서 새로운 자본시장의 형성 가능성이라는 점에서이다. 기업 통제를 위한 시장 즉 기업 지배권 시장 형성과 관련하여 최근 인수합병이 증가하고 있다. 특히 2000년 상반기 동안 독일인이 외국기업을 매수한 건은 231개나 된다. 이들은 대개 우호적인 형태의

141) 이덕호(1996)의 "독일 기업지배구조 특성과 유럽의 기업지배구조"에서 발췌, 요약하였음.

인수합병이었다. 하지만 전후 이래로 적대적 인수합병의 경우는 매우 드물었다. 그런데 1999년 영국기업이 독일기업을 적대적 인수합병한 것을 계기로 독일 내에서도 부채 증가를 통한 내부 장벽의 확대와 기업가치 개선과 같은 대응방안들이 나타나기 시작했다. 이렇듯 독일경제가 내·외부적 압력에 직면하자 주요 기업들은 보다 유연한 생산시스템으로의 전환을 시도했다. 자본은 제조업을 중심으로 한 해외 이전과 자본 집중화 등을 통해 재편하는 한편 '생산입지 논쟁'을 통해 임금 축소, 감세, 연금 등 사회보장 축소, 환경규제 완화 등을 통한 비용절감 등을 시도하고자 했다. 이러한 요구를 반영한 것이 자본이득세 감면과 법인세 경감 등의 조세개혁이었다. 이처럼 1990년대에 시작된 세계화의 물결과 금융, 법제도상의 변화는 주요 기업으로 하여금 시장가치 지향적인 새로운 경영전략을 요구하는 것이었으며, 이는 그동안 독일 기업을 떠받쳐온 '사회적 규율'의 부식과정으로 해석할 수 있다. 반면에 이러한 변화 양상은 강력한 조직력을 자랑하는 독일 노동계급의 지속적인 저항을 동반한 것이었다. 새로운 요구를 하고 있는 자본시장의 발전, 제조부문의 해외이전과 서비스경제로의 변화가 기업 내 노조권력을 약화시키는 것, 유럽기업헌장과 '최상의 기업지배구조'에 대한 OECD, IMF 및 세계은행에서의 논의가 공동결정제도에 대해 문제를 제기하는 것 등이 기업지배구조의 한 축을 이루는 공동결정제도의 완화를 요구하였다. 이에 따라 공동결정제도는 소규모기업에서 많이 침식되었고 감독이사회 특히 노동측 감독이사들에게 생산의 빠른 변동에 대한 상세한 정보의 부족문제가 발생하고 사업장평의회도 생산의 변화에 빠르게 반응하고 있지 못하면서 '과부하된 의제들'에 둘러싸여 있는 실정이다. 그러나 1990년대 중반 이후부터 독일 노조는 그 동안의 수세적 입장에서 벗어나 '노동을 위한 연대'와 유럽적 교섭정책의 추진 등 보다 적극적인 입장을 제기하면서 약간의 성과를 거두고 있다. 감독이사회의 기능 강화 등을 목적으로 한 '통제와 투명에 대한 법' *KonTraG*의 제정을 시도했고 2001년 노동시장과 기업조직의 변화를 반영하면서 사업장평의회를 강화시키고 공동결정의 범위를 확대하기 위해 사업장체제법을 개정하였다. 이렇듯 지난 수년간의 변화에도 불구하고 현재 독일의 기업지배구조의 변화 가능성을 예단하기는 어렵다. 역설적으로 이것은 공동결정제도의 약화 또한 만만하지 않다는 점을 보여주고 있다. 나아가 노동의 쇠퇴와 그에 따라 계급적 지형이 취약한 영 · 미와 일본의 기업지배구조와 달리 독일의 기업지배구조는 계급적 지형과 긴밀하게 연계되어 있다는 것을 보여주고 있다. 독일 기업은 소유구조, 공동결정제도, 기업금융 그리고 이를 둘러싼 노동-자본 관계 측면에서 볼 때 크게 '사회적 규율' 하에 작동된다는 점이 특징이다. 최근 세계화에 따른 독일 기업의 변화 요구가 커지고 있지만 독일의 기업지배구조가 여전히 견고하게 보이는 것도 이러한 요인들 때문이다. 이처럼 독일의 기업지배구조와 이를 둘러싼 주식시장, 기업지배권시장 및 노동시장 등이 지닌 환경을 고려해 볼 때 당장 주주가치를 중심으로 한 '시장 규율' 로의 전환이란 쉽지 않을 것으로 예상된다. 이는 세계적인 자본시장을 갖고 있었음에도 실패한 영국기업의 예에서도 알 수 있듯이, 크고 세련된 자본시장이 곧 효율적인 기업경영으로 이어지는 것은 아니라는 점이다. 독일 기업지배구조가 지닌 또 하나의 특징인 공동결정제도는 우리에게 기업에 대한 몇 가지 새로운 시각을 제공해 준다. 먼저 기업을 사회적 조직으로 보는 관점이다. 물론 이것이 가능했던 요인이 강력한 독일 노동계급의 존재에 있다. 독일의 기업지배구조가 우리에게 시사하는 바는 사회적 세력으로서 노동계급의 존재와 그 역할에 있다. 독일의 기업지배구조의 근저에는 장기적인 노동-자본관계에 놓여 있으며, 기업지배구조 또한 거시적 계급지형을 토대로 형성된 것이다. 특히 공동결정제도의 경우 법

제도, 노조 그리고 정치조직을 확보한 독일 노동계급의 발언권이 기업 수준에서 어떻게 작동되는지를 잘 보여주고 있다 하겠다. 19세기 말 이래 현재의 모습을 취하게 된 독일의 상법*HG: Handelsgesetz*은 독일의 역사적 발전경로와 특수한 제도적 지형을 반영하여 주거래은행과 경영진 등 내부자의 이익을 우선시하고 있다. 이 법은 주식투자자와 같은 외부자에 대한 정보제공의 권리를 제공함에 있어 취약하기 때문에 투명성이 결여되어 있다는 평가를 받아왔다. 이러한 입장에서 독일은 2000년 세제개혁을 단행하였다.

### 4.2 최근 독일은행의 변화와 인수 및 합병(M&A)

독일의 기존의 제도적 환경에서 적대적 M&A는 거의 불가능했다. 겸업은행으로서의 독일은행들은 자신들이 행사하는 강력한 기업지배 권한을 이용하여 적대적 인수 위협에 대한 방어자 역할을 수행했고, 또한 콘체른 등 기업집단으로 결속한 계열사들의 존재 역시 마찬가지 역할을 하였다. 또한 종업원들의 이사회 참여 역시 적대적인 인수 위협에 대한 유용한 방어 장치였다. 하지만 독일의 기업지배 체제는 1990년대 후반 들어 크게 변화하였으며, 그 결과 적대적 인수 위협을 좌절시켜온 제도적 환경이 부분적으로 와해되었다. 1990년대 후반에는 실제로 적대적 인수에 성공한 사례가 나타났으며 마침내 2000년 초에는 영국의 보다폰*Vodafone*이 독일의 만네스만*Mannesmann*에 대한 적대적 공개인수에 성공하는 사태까지 발생하였다. 다음과 같은 여러 가지 사회경제적, 정치적, 제도적 변화들이 만네스만의 사례에서 나타나는 적대적 M&A를 둘러싼 환경의 변화에 영향을 미쳤다고 할 수 있다. 먼저 1990년대 후반에 발생한 일부 대기업들에서의 기업지배 실패가 독일의 기업지배체제개선을 향한 여론과 정치권의 동력을 만들어냈다. 특히 Metallgesellschaft와 Holzmann사의 파산과정에서 드러난 은행-기업간 담합은 독일에서 주거래은행*Hausbank* 제도의 취약점에 대한 문제제기와 함께 투명성 문제의 획기적인 개선에 대한 논의를 촉발시켰다. Holzmann 사건에서 드러난 불투명한 은행-기업간의 관계는 주거래은행*Hausbank* 관계가 효율적 기업지배의 메커니즘이기보다는 은행-기업간 담합과 이에 바탕을 둔 모럴해저드의 온상일 수 있다는 주인-대리인 이론*principal-agent-theory*의 주장을 증명하는 실례로서 제시되었고, 그리하여 독일에서도 은행보다는 자본시장에 의한 감시, 즉 영-미형 기업지배구조 개혁이 필요하다는 주장의 중요한 논거가 되었다. 이와 같은 기업 스캔들과 더불어 독일에서는 1990년대 후반 들어 주식가격이 폭등하면서 주식투자 인구가 폭증하였다. 특히 공기업이던 Deutsche Telecom의 국민주 방식의 민영화는 수백만 명의 독일인들을 주식투자자로 만들었는데, 정보통신분야 중심의 신경제 거품과 결합된 1997~2000년 사이의 주가폭등으로 그 전까지 수백만 명에 불과하던 독일의 주식투자 인구는 2001년 12월 말 1천3백만 명으로 증가하였다. 이중 570만 명은 직접 보유, 720만 명은 간접보유자였다. 이와 함께 은행과 보험사가 앞 다투어 주식투자와 결합된 은행상품 및 보험상품을 개발, 판매하면서 자산운용산업이 급격히 발전하였다. 그리하여 2004년 현재 820만 명의 독일인들이 정규적으로 주식펀드에 투자하고 있다. 그리고 이들 주식투자 인구들은 '주가치' 지향적인 영-미형 기업지배 개혁을 지지하는 경향을 보였다. 다른 한편 독일은행들의 투자은행업도 강화되고 있다. 1980년대 미국에서 시작된 금융의 탈규제화와 세계화의 물결은 1990년대 들어 독일 금융업계에도 상륙하였다. 먼저 유럽 경제통합의 물결이 독일 금융기관들의 경영방식에 큰 변화를 불러 일으켰으며, 또한 은행 등 간접금융보다는 자본시장을 통한 직접금융이 선호되는 영-미형 금융관행의 전 세계적

확산이 독일의 은행들로 하여금 투자은행업*Investment Banking*을 대폭 강화하도록 만들었다. 그리하여 독일은행들은 주 수입원천을 전통적인 예대마진으로부터 투자은행 수수료 사업으로 바꾸었는데, Deutsche Bank의 경우 1999년 전체 수입에서 투자은행업이 차지하는 비율이 60%나 될 정도로 비중이 커졌다. 투자은행업이 강화됨에 따라 은행-기업 간의 관계가 크게 변하였다. 먼저 독일의 은행들은 장기보유하고 있는 기업주식 지분을 매각하고자 하는 의사를 강하게 표시하였다. M&A 자금 지원 등 투자은행업에 당장 사용할 수 있는 유동자산을 확보하기 위해서는 그간 기업주식에 장기간 묶여 있던 고정자산을 처분하는 것이 가장 손쉬운 방법이었기 때문이다. 독일은행들이 투자은행업을 강화함에 따라 투자은행업의 일환인 M&A 자문 및 자금지원 업무도 활성화되었다. 이에 따라 적대적 인수 시도에 대한 독일은행들의 태도가 확연하게 달라졌는데, 과거에는 적대적 인수에 대해 부정적이었다면 이제는 긍정적으로 바뀌었다고 볼 수 있다.

# 제8장
# 독일 공기업의 민영화

전후 서유럽에서는 다양한 형태의 '시장의 실패*Market Failure*'[142] 가 1930년대의 대공황을 불러 일으켰으며 이를 시정하기 위해서는 정부의 적절한 경제개입이 필요하다는 인식이 광범위하게 확산되었다. 그 결과, 제2차 세계대전이 끝난 이후 서유럽에서는 '큰 정부, 작은 시장' 이라는 케인즈주의적 복지국가*Keynesian Welfare State*로의 사회적 합의가 형성되어 케인즈주의는 각 국가의 주요한 경제정책으로 자리 잡게 되었다. 여기서 케인즈주의란 경제의 수요측면에 대한 정부의 적절한 경제개입을 통해 완전고용과 경제성장을 동시에 달성하려는 해결책이라고 할 수 있다. 이러한 케인즈주의적 정부의 경제개입주의는 결국 자본주의사회에서 보편화된 뒤 공공부문을 크게 확대하는 계기가 되었다.

정부의 경제개입을 강조하는 케인즈주의는 1950년대 이후 1970년

---

142) 시장의 실패란 경제활동을 자유시장기구에 맡길 경우에 효율적인 자원배분 및 균등한 소득분배를 실현하지 못하는 상황을 총칭하는 개념이다. 이 때문에 정부가 민간부문의 경제활동을 직 · 간접으로 간섭, 규제하는 혼합경제가 등장하게 된 것이다.

대 초까지 장기간 세계경제에서 황금기를 구가하였다. 그러나 1970년대 후반에 들어서면서 높은 실업률, 인플레, 경기후퇴라는 소위 스태그플레이션*Stagflation* 현상이 나타나면서 케인즈주의적 정부의 경제관리에 대한 신뢰감에 회의가 일기 시작하였다. 이러한 분위기는 1980년대에 와서 심화되는 스태그플레이션 현상으로 더욱 고조되어 다시 정부의 역할을 고전자본주의적 '야경국가'로 되돌리고 시장의 역동성을 회복해야 된다는 논리와 분위기로 전환되기 시작했다. 즉 경제는 가급적 시장원리에 의해 운영되게 하고 정부는 국방, 치안, 공공사업, 기초교육, 법의 제정 등 자유로운 경제활동을 보장하는 법칙*Rule of Game* 만을 제정하는 역할만 하면 된다는 시각이다. 이러한 '작은 정부, 큰 시장' 지향적 경제정책의 한 부분이 바로 정부가 운영하여 온 공기업의 민영화 프로그램이다. 특히 서유럽 각국은 장기간의 경기침체의 회복 및 케인즈주의 정책으로 인한 막대한 재정적자의 축소를 위한 방안의 일환으로 대대적인 공기업의 민영화를 추진하고 있다. 국가에 따라 다소의 차이가 있기는 하지만 이러한 추세가 본격적으로 나타난 것은 1970년대 후반 영국 보수당의 대처 정권이 집권하고부터이다. 이른바 신보수주의의 장을 연 대처 정권은 당시 문제의 공기업이었던 국영석탄공사의 민영화에 성공을 거둔 후 '금세기 최대의 세일'이라는 대규모 공기업의 민영화작업에 박차를 가하였다.

영국의 공기업 민영화는 규모, 정책의 지속성, 효과 등에서 세계의 모델이 되었다. 제2차 세계대전 이후 노동당 집권기간을 거치면서 조선, 철강, 통신, 가스, 에너지 등 거의 전 분야에 걸쳐 총생산액의 10.5%, 전체 투자액의 15%에 이를 만큼 팽창했던 공공부문은 대처집권 이후 약 3분의 1정도로 축소되었다. 영국 재무부 통계에 의하면 공기업의 민영화를 통해 매년 35억 파운드에 이르던 재정보조가 필요없게 되었으며, 민영화된 기업으로 부터는 매년 20억 파운드 이상의 법인세를 거두어 드리는 효과를 얻게 되었다.

영국의 이러한 민영화작업은 재정적자에 시달리던 유럽 각국에 파급되어 독일[143], 프랑스, 이탈리아를 중심으로 약 1,000억 달러에 달하는 공기업을 민영화할 계획이다. 공기업의 비중이 극히 작은 미국도 최근 재정적자를 메우기 위해 연방이나 주정부가 소유한 병원, 교도소, 급수처리시설 등을 민간에게 매각하고 있다.

우리나라는 1960년대 중반 이후 낙후된 경제를 발전시키기 위해 정부주도형 경제성장정책을 지속적으로 추진해 왔다. 그 결과 한국경제는 OECD에 가입을 할 만큼 양적으로는 괄목할 만한 성장을 하였다. 그러나 그동안 정부주도형 성장제일주의 경제정책을 통해 정부는 경제의 성장, 안정, 능률, 분배 그리고 생활의 질 등 근본적인 경제문제의 모든 면에서 경제에 깊이 간여하여 왔다. 이러한 정부의 지나친 경제개입은 '시장의 실패'를 교정한다는 기본적인 정부의 역할을 초월해서 경제전체의 효율성을 더 저하시키는 소위 '정부의 실패*Government Failure*'[144]를 야기시켰다고 볼 수 있다.

1960년대 정부는 시장환경을 변화시켜 민간기업으로 하여금 자연스럽게 시장기능에 적응해 나가도록 유도했다. 그러나 시장기능에 맡긴 결과가 대체로 적절하지 못했다고 생각될 때는 공기업 설립에 의한 직접적인 생산활동참여는 물론 민간의 생산활동에 대한 다양한 개입수단도 사용하였다. 그러나 1980년대 후반부터 나타나기 시작한 경제성장의 둔화는 정부의 과도한 경제개입으로 인한 '정부의 실패'에 기

143) 독일의 민영화 역사는 영국보다 훨씬 오래 되었지만 본격적으로 민영화를 추진하게 된 시기는 1982년 이후라고 할 수 있다.

144) 정부의 실패란 시장의 실패를 교정하기 위한 정부개입이 오히려 효율적인 자원배분을 더 저해하는 상황을 말한다. 정부의 실패가 일어나는 원인으로는 독점으로서의 정부기구, 주인-대리인(pricipal-agent)문제, 지대추구(rent-seeking), 규제의 경직성 및 규제수단의 불완전성 등을 들 수 있다.

인한다고 볼 수 있다. 1987년 출범한 노태우 대통령 정부는 이러한 지나친 정부간섭에 대한 반작용으로서 비간섭주의 정부역할을 보여주려 노력했던 것으로 생각된다. 이어 1993년에 출범한 김영삼 대통령 정부는 정부의 불필요한 통제와 간섭을 축소하고 민간경제 주체들의 자율성을 높여 경제성장 및 국가의 국제경쟁력을 강화시키기 위한 주요 정책 중의 하나로 '규제완화' 및 '공기업의 민영화'를 추진하였다. 이러한 규제완화는 이미 1988년부터 시작되었으나 김영삼 정부출범 이후 그 폭과 속도가 증가되었다고 볼 수 있다. 공기업의 민영화도 1988년에 포항제철, 1989년에 한국전력을 국민주 보급방식에 의해 민영화한 후, 김영삼 정부에 있어서도 1993년 12월 24일 공기업경영의 효율성과 민간주도의 경제체제 확립을 위해 대대적인 민영화계획을 발표하였다. 이에 따라 61개에 이르는 공기업의 민영화 및 지분매각 방침을 확정, 현재 부분적으로 민영화가 추진되고 있다.

이러한 관점에서 제8장에서는 우리나라뿐만 아니라 세계적 조류가 되고 있는 민영화의 실례로서 독일 공기업의 민영화 사례를 연구, 분석함으로써 1980년대 후반부터 추진되고 있는 우리나라 공기업의 민영화정책에 시사점을 얻고자 하는 데 목적이 있다.

따라서 제8장에서는 먼저 전후 독일을 비롯한 서유럽 주요국가에서의 민영화 발전추이를 요약해서 살펴본다. 다음으로 독일에서의 민영화 추진배경과 현황 및 성과를 고찰하고 독일의 민영화 추진현황과 정책의 분석을 통해 우리나라 공기업의 민영화정책에 있어 가능한 시사점을 도출하고자 하였다.

## 1. 유럽 주요국가의 민영화 발전추이

전후 세계는 급격히 변화하는 사회 경제적 구조에 대한 결정적인 변혁의 시대를 맞게 된다. 특히 농업중심의 경제에서 산업 및 서비스 중심사회로의 전환은 공기업 부문에도 큰 영향을 미치게 되었는데 그 배경은 다음과 같다.

전후 국민경제의 발전과 전쟁 참가국의 전쟁피해 복구 작업은 여러 서로 다른 사회의 경제적 시스템 속에서 각기 진행되었다. 중부유럽으로 부터 중국에 이르는 사회주의 국가에서는 구소련연방과 같이 생산수단을 사회재산으로 귀속시켰으며 경제시스템은 중앙계획 경제를 채택하였다. 이러한 국가들은 사회, 정치적으로 시민들의 자유를 제한하는 특징을 나타내었다. 그와 반대로 서유럽 국가들의 시민들은 정치적으로는 더 많은 자유를 누리게 되었으나 경제적으로는 경제재건과 발전을 위해서 개별경제의 이윤추구와는 무관하게 국가가 주도적으로 이끌어가야 한다는 의견이 지배적이었다. 이러한 공감대는 몇몇 산업계와 기업에 대한 국유화를 통해서 국가가 경제정책상의 수단을 보완하게 되었고 효율성을 더욱 높이게 되었다.

이러한 추세는 특히 영국, 프랑스, 오스트리아 그리고 이탈리아에서 대동소이하게 나타났으며 1948/49년에 사회적 시장경제*Soziale Marktwirtschaft*를 채택키로 결정한 독일도 예외는 아니었다. 사회적 시장경제체제를 유지하고 있는 독일의 지난 40여 년간의 경제성과는 괄목할 만한 것이었다. 유럽 이외의 국가들과 후발 산업화를 시작한 후진국들도 민간자본과 기업의 부족으로 국가기업에 경제 및 산업정책상의 우선권을 부여하였다. 이러한 시대적 · 환경적인 배경은 정부의 개입을 통하여 경제를 이끌 수 있다는 확신이 정부의 개입으로 야기될 위험을 덮어버리기에 충분하였다.

여기서 말하는 '위험'이란 주로 금융문제에 대한 정부간섭, 가격결정에 대한 정부개입 그리고 기업의 투자정책에 대한 정부간섭으로 나타나는 것들이며, 또한 인사정책에 있어서도 전문적인 결정이 아닌 정치적 결정이 내려질 수 있음을 의미한다. 이와 같은 위험들은 공기업으로 하여금 비용개념, 책임의식 등을 약화시키는 성격을 제공하게 될 수도 있는 것이다. 그러나 이러한 위험은 정부의 세수가 충분하고 자본시장을 통하여 재원을 충분히 조달할 수 있는 능력이 있는 한 은폐되어질 수 있었다.

그러나 1970년대에 와서 세계적으로 대부분 국가의 공공부문이 심한 재정적자에 시달리게 되었으며 인플레 현상도 점차 두드러지게 되었다. 이렇게 진행되고 있던 정부부채 및 금융위기 상황은 두 차례에 걸친 오일파동으로부터 야기된 에너지 시장의 침체현상으로 더욱 악화되었다. 이러한 1970년대 후반과 1980년대 초의 스태그플레이션 현상은 각 국가들에게 경제정책의 새로운 패러다임을 요구하게 되었다. 새로운 경제정책의 변화는 1978년 마가레트 대처 수상이 정권을 잡은 영국으로부터 점차 태동되기 시작하였으며, 그 이후 세계적으로 확산되어 민영화와 시장경제가 공공부문에 대한 재정부담 개선과 경제활력소의 중요한 수단으로 사용되게 되었다.

1980년대는 또한 사회주의 계획경제의 한계가 드러나기 시작하였으며, 이는 거의 50여 년간 이룩해 온 경제적 성과에 대한 체제론적 비교경쟁을 반박의 여지도 없이 민간주도의 자본주의 경제체제와 정치적으로는 서구 민주주의의 승리로 귀결 짓는 결정적 계기가 되었다. 특히 동 · 서독간의 복지 차이는 칼 마르크스주의에 기초한 동독 경제에 대한 루드비히 에르하르트의 서독의 사회적 시장경제의 우월성을 인식하도록 하는 것이었다.

유럽에서의 공공경제의 발전, 국유화 내지는 민영화 움직임과 그의 성과에 대해서 개별적인 판단을 내리기 위해서는 전쟁이 끝난 직후부터 이에 대한 관찰을 해왔을 때만이 가능하다. 〈표 18〉은 전후 진행되어 온 주요 유럽국가들의 국유화 및 민영화 현황을 나타내고 있다. 이는 물론 완전한 것은 아니지만 전후에 있었던 다음과 같은 특징들을 입증해 준다고 볼 수 있다 :

- 전후 유럽의 주요 선진국가들은 경제재건을 위해 서로 다른 경제정책적 바탕을 마련하였다. 즉 영국, 프랑스, 오스트리아가 같은 정책을 그리고 독일은 그와 다른 정책을 택하였다. 다시 말하면 영국, 프랑스, 오스트리아 등의 국가는 국영기업화 중심의 정책을, 독일은 반대로 민영화 중심의 정책을 추진하였다.
- 1980년대에 들어와서도 큰 사회, 경제적 변화가 있을 경우에는 계속해서 전략산업과 주요기업들에 대한 국유화를 중요한 경제정책상의 수단으로 삼았다. 예를 들면 1981년과 1982년의 프랑스와 1974년과 1975년의 포르투갈 등이 그 예이다.

그러나 1990년대에 들어오면서 유럽의 주요 국가들은 그동안 방만한 경영, 비효율성 및 재정적자의 심화로 더 이상 국영기업을 경영할 능력을 상실하면서 국영기업의 민영화에 박차를 가하고 있다. 현재 추진 중인 유럽각국의 민영화 대상기업의 총규모는 1천 5백억 달러에 달하는 것으로 추산된다. 서유럽 주요 국가들의 민영화 발전추이를 요약해 보면 다음 〈표 18〉과 같다.

**표 18** 1945년~1990년 주요 유럽국가들의 국유화 및 민영화 현황

| 연도 | 독일 | 영국 | 프랑스 | 오스트리아 |
|---|---|---|---|---|
| 1945 | 점령지역의 행정경제를 통한 경제재건<br>소련점령지역: 독일제국의 토지, 프로이센 주 소유, 나치정당 소유 그리고 주요 산업, 광산 및 무역회사에 대한 무보상 수용함. 기업들은 인민소유 협동체로 유지 | 7월 5일<br>처칠의 노동당에게 의회선거 패배<br><br>7월 27일<br>아틀리 수상선출<br><br>12월<br>민간항공의 사회화 | 1월/ 3월<br>르노사의 국유화<br><br>12월<br>4개 은행의 국유화 | |
| 1946 | 6월 20일<br>서독 화폐개혁<br>제국마르크와 1:10의 비율로 도이치마르크화 도입 | 1월<br>영국은행의 국유화<br>7월<br>탄광업의 국유화<br>12월<br>운송업의 국유화 | 4월<br>전기와 가스산업의 국유화<br>프랑스전기 및 프랑스가스<br>주요(34)보험사의 국유화 | 7월<br>최초 국유화법: 철강산업 및 3대은행 |
| 1947 | | 7월<br>전기공장에 대한 국유화 | | 5월<br>전기수급에 대한 국유화 |
| 1948 | 6월 24일<br>"화폐개혁후 경제활동과 가격정책을 위한 기본법"<br>이법의 제정으로 에르하르트의 사회적시장경제체제에 대한 법적 장치가 마련됨 | 5월<br>철강산업에 대한 국유화 | | |
| 1949 | 기본법 134조와 135조에 의거 독일제국과 프로이센의 민간기업에 대한 지분이 연방으로 귀속됨 | | | |

| 연도 | 독일 | 영국 | 프랑스 | 오스트리아 |
|---|---|---|---|---|
| 1951 | | 철강산업의 국유화취소(처칠) | | 국유화된 기업의 관리를 맡아할 오스트리아 산업 및 탄광관리사 창설 |
| 1956 | 5월<br>에르하르트, 기민당 전당대회에서 민영화 선언 | | | |
| 1957 | 프로이삭에 대한 부분 민영화:<br>21만6천여 주주 | | | |
| 1959 | 폴크스바겐에 대한 부분 민영화: 1백54만 7천 구매자 | | | |
| 1961 | VEBA에 대한 부분 민영화:<br>2백6십만 구매자 | | | |
| 1965 | | 4월<br>철강산업에 대한 재차 국유화(윌슨) | | |
| 1970/1971 | 산업소유를 위한 묄러의 연방홀딩사 설립시도 좌절: 70년대 사민당정권 하에서 국유화 불가 | | | |
| 1979 | | 5월<br>대처 보수당의 선거승리, 민영화정책 개시:<br>1979년부터 1987년까지 250억 파운드에 달하는 지분 민영화 | | |

| 연도 | 독일 | 영국 | 프랑스 | 오스트리아 |
|---|---|---|---|---|
| 1981 | | | 미테랑의 선거승리후 11월 철강 콘체른 SACILOR와 USINOR에 대한 국유화 | |
| 1982 | 10월 기사/기민당, 자민당과 연합하여 정권수임, 민영화정책 재수립 | | 2월 39개 은행, 2개 금융회사, 5개산업 콘체른에 대한 국유화. - 1982년에 5개기업에 대한 다수지분 확보 | |
| 1983 | 10월 제1차 민영화결정 (VEBA) | 6월 대처수상 재선 민영화작업 지속 | | |
| 1985 | 3월 연방내각, 민영화정책과 지분참여정책 및 13개 민영화계획에 대한 원칙결정 | | | 적자국유기업에 대한 재조직 시작 |
| 1986 | | | RPR과 UDF의 선거승리후 시락 수상선출: 발라뒤르 장관은 86/87사이 1200억프랑에 달하는 기업민영화, 이것은 총 민영화계획 2750억프랑의 40퍼센트에 해당함. | 오스트리아 사민당과 국민당의 연정은 산업,은행,전기분야에 대한 지분판매 결정. 그러나 재산구조만 변경,결정구조는 종전불변 |
| 1987 | 1월 콜수상 재선 | 6월 대처수상의재선 민영화 작업 지속 | | 11월 오스트리아 원유관리에 대한 제1차 부분민영화 |

| 연도 | 독일 | 영국 | 프랑스 | 오스트리아 |
|---|---|---|---|---|
| 1988 | 3월/5월<br>연방소유주식에 대한 판매지속 (DVKB, VW, VIAG) | | 시락 정부의 마지막 민영화<br>(Matra) | 6월<br>오스트리아 항공사에 대한 부분 민영화 |
| | | | 5월<br>미테랑 대통령 선거승리, 시락수상 사퇴<br><br>6월<br>의회선거<br>국유화중단, 동시에 민영화 작업도 종결 | 민영화 지속 |
| 1989 | 11월<br>동독에서 평화적인 혁명 시작 | | | |
| 1990 | 6월 17일<br>민영화 임무를 띈 신탁관리청법 제정<br><br>10월 3일<br>통일<br>민영화 작업 지속추진 | | | |

## 1.1 영 국

유럽 내에서 민영화를 우선적으로 추진한 국가는 영국이다. 영국은 전후 전쟁으로 인한 재정적자를 극복하는 일과 식민지지역으로 부터의 철수 그리고 대영제국을 복지국가로 전환시키는 문제 등 여러 가지 어려움을 겪고 있었다. 이렇게 변화된 사회적 조건하에서 영국정부는 국유화라는 수단을 통해 경제정책적 목적들을 달성하려 하였다. 하지만 더욱 강해지는 노조로 인하여 공기업의 성과라든가 경제정책의 결과는 실망적이었다. 부실 대기업에 대한 또 한 번의 국유화 조치 (롤즈로이즈, 영국 레이랜드 등)가 있은 지 30년이 지난 후 영국은 더 이상 효율적인 정부주도의 경제에 대한 모범국가로 인정받을 수가 없었다. 당시 재무차관이었던 존 무어는 1983년 다음과 같이 밝히고 있다 :

- 국유화를 통하여 원하던 목적 –예를 들면 낮은 물가하에서 제품의 고품질, 생산의 효율성 증가, 노동조건 개선 그리고 높은 동기부여– 을 달성할 수 없었다.
- 공기업의 실패이유는 무엇보다도 기업을 둘러싼 제반조건들, 예를 들면 이윤동기의 부족, 인위적 배분 등에 기인한다.

즉, 영국에서의 민영화는 중앙집권식 계획과 통제가 실제로 작동되지 않는다는 것을 인식하는데서 비롯되었다고 볼 수 있다. 이에 따라 1978년 의회선거에서 승리를 거둔 보수당의 마가레트 대처여사는 즉시 영국경제에 결정적인 변혁조치를 취하였는데, 영국정부가 1979년부터 1989년까지 추진한 단호한 민영화 프로그램이 바로 그것이다. 그 결과

- 경제전반에 걸쳐서 그리고 주요핵심기업에 기업가 정신과 제품의 질, 생산성 그리고 비용에 대한 인식이 고조되었다.
- 국민들에게 종래 국가기업의 주식과 국가소유 주택에 대한 재산권 소유자가 될 수 있는 기회를 부여하였다. 이리하여 주주의 수가 1989년에 9백만으로 증가하였다.
- 금융도시인 런던을 최고의 도시가 되도록 지원하였고, 다수의 대규모 민영화작업을 통하여 경험 있는 영국 투자은행을 추가로 세계적인 자문은행으로 만들었다.
- 340억 파운드에 달하는 소유주식 판매대금으로 엄청난 재정부담을 완화시켰다. 이것은 모든 민영화 작업을 완료하고 나서야 이루

어낸 것이 아니다. 이후에도 계속해서 1989년에 수도사업을, 1990년에는 전기사업을 민영화시켰다.

이와 같이 대처정권에 의해 계획되고 추진되었던 민영화작업은 현재까지 계속되고 있어 Britisch Telecom의 정부소유 주식을 1993년에 처분하였으며, Natpower와 Powergen의 정부소유 주식의 40% 매각 등 민영화는 계속 추진되고 있다. 이러한 영국의 민영화는 1993년 서유럽에서 일기 시작한 전체 민영화 금액 중 약 30%를 차지하고 있는 등 그 동안 민영화 과정에서 거둔 긍정적 효과는 향후 서유럽국가들의 민영화계획에 상당한 기여를 할 것으로 기대된다.

### 1.2 프랑스

프랑스도 역시 전후 국유화를 시작했다. 프랑스 국유화의 특징은 국유화가 주로 첨단과학기술분야를 중심으로 이루어졌다는 점이다. 유럽의 협조 -독일측, MBBG- 를 얻어낸 우주항공 부문, 예를 들면 에어버스, 수송로케트 아리안 등이 그 대표적 예가 될 것이다. 프랑스 철도공사의 그랑비쎄 철도회사 인수라든가 프랑스 전기공사의 핵에너지를 이용한 전기생산시설 확충과 같은 것들도 이와 같은 예에 속하는 것이다. 물론 국영기업의 일부는 적자를 면치 못한 것도 있다. 프랑스의 경우 전후 국유화가 추진되게 된 배경은 사유재산에 우선권을 두는 자본주의 체제에서 보다 나은 효과를 얻을 수 있는지에 대해 상당히 회의적이었기 때문이다.

당시 영국 산업부 장관이었던 노먼 라몬트는 1982년 다음과 같은 두 가지 질문에 대한 입장을 밝혔다. 그 질문 중 하나는 왜 프랑스의 국유화 작업은 영국에 비해 덜 문제가 되고 있는가 라는 것과 다른 하나는 무엇 때문에 프랑스에서는 영국보다 정부와 국가소유 기업 간의 관계가 더욱 효율적으로 발전했는가에 대한 것이다. 그는 루이 14세와 콜베르트로까지 거슬러 올라가는 국가경제의 장구한 역사에서 그 해답을 찾고 있으며, 뿐만 아니라 프랑스 미래의 행정요원을 교육하는 명문 에콜 국립행정원*Ecole Nationale d Administration* 출신들이 고급관료가 될 뿐 아니라 정부의 각료라든가 국영기업의 주요메니저들이 되어 프랑스 경제문제에 대해 국가가 우선적 차원에서 공동의 입장과 동일한 평가를 내리고 있기 때문인 것으로 분석하고 있다.

미테랑 대통령이 선거를 승리로 이끈 후인 1981/82년 프랑스의 산업계와 금융계에는 광범위한 국유화 작업이 이루어졌다. 그 결과 1982년에는 농업부문을 제외한 모든 경제분야에 종사하는 종사자의 16.7% (1979년에는 11.8%), 산업종사자의 18.2% (1979년에는 6.1%) 그리고 같은 해 은행금융업에는 67.8% (1979년에는 46.8%) 규모에 국가가 참여하게 되었다. 경제차관의 84.7%가 공공투자 은행에 의해서 제공되었고 농업을 제외한 모든 기업의 총설비투자의 34.3% 그리고 수출의 34.6%를 공기업이 담당하였다.

당시 프랑스에 있어 국유화는 프랑스경제의 위기를 극복하는 반(反)위기 프로그램의 중요한 부분이었고 이 작업을 통하여 실업문제를 해결하고 프랑스 경제를 활성화시키고자 하였다. 이리하여 Saint-Gobain과 Pechiney-Ugine Kuhlmann과 같은 다국적 기업에 대해 국가는 영향력을 행사하는 등 그들을 지원하여 그들로 하여금 프랑스경제의 활성화에 필요한 투자를 하도록 유도하였다. 그러나 프랑스에 있어서도 영국과 마찬가지로 국유화를 통한 경제의 활성화는 달성하지 못했다.

한편 국가기업에 대한 재민영화조치를 선거전략으로 표명하여 1986년 선거에서 의회 의석의 과반수를 차지한 시민정당인 R.P.R과 U.D.F는 그해에 벌써 민영화 작업에 착수, 1987년 가을까지 신속하게 민영화 작업을 추진하였다. 프랑스 총리 발라뒤르가 집계한 결과보고서에 따르면 27개 중 13개 기업에 대한 지분이 민영화 과정에 있는 모기업으로 이전되었으며, 총 66개의 민영화 대상 기업 중에 24개 기업은 주식시장에서 주식발행을 통해 1,200억 프랑에 달하는 민간자본을 동원하였다.

1988년 주주수도 계속된 민영화에 힘입어 150만에서 700만으로 증가하였다(독일의 경우, 550만으로 추산). 그 결과 일반적으로 기업종사자들의 50% 이상이 소속회사의 주식을 소유하게 되었다.

그러나 이러한 재민영화에 대한 성과는 1988년 대통령선거에서 R.P.R.과 U.D.F. 연합정당에 유리하게 작용하지 않아 사회당 미테랑 대통령이 1988년 5월 8일 선거에서 승리를 거두게 되었으며 그 후 있은 총선거에서 사회당이 최다의석을 확보하게 되었다. 프랑스에서는 무엇 때문에 영국과는 대조적으로 민영화 작업이 정치적으로 평가받지 못했는가에 대한 이유를 굳이 찾으려 한다면 1987년 10월 19일의 증권시장폭락과 그 후의 주가약세 사건이라는 경제적 변수가 거론되지 않을 수 없다.

1987년 –특히 4/4분기– 의 주가지수는 전세계적으로 하락하였던 시기였다. 이러한 하락현상은 프랑스에서도 그러하였고 민영화된 기업의 주식에서도 마찬가지였다. 그럼에도 불구하고 프랑스에서 민영화는 하락된 주가를 고려하지 않은 채, 국가에 전혀 불리하지 않은 시세로 이루어졌다는 인상이 대두되었다. 따라서 가격산정 체계에 있어서 국가재산의 증식이라는 비난을 받게 되었다. 뿐만 아니라 증권시장 위기 후 투자자들의 투자마인드가 크게 약화된 것도 재민영화에 대한 성과를 희석시키는 계기가 되었다. 〈표 19〉에서 보는 바와 같이 특히 은행 및 금융회사들의 주식시세는 1989년에나 되서야 회복될 수 있었다.

1988년 선거에서 승리를 거둔 사회당 정부는 국영기업에 대한 재민영화를 중단하였지만 그렇다고 해서 국유화를 재차 추진하지는 않았다. 이러한 결과로 프랑스의 재민영화작업을 프랑스의 '대표적 불완성 작품' 이라고 평가하기도 한다.

**표 19** 프랑스 민영화주식의 발행과 증권시세

| 주당 명목 가치 프랑 | 기 업 | 발행가 프랑 | 파리주가 | | | | | | | | 주가차액 | |
|---|---|---|---|---|---|---|---|---|---|---|---|---|
| | | | 87.10.19 | 87.10.29 | 87.12.31 | 88.3.31 | 88.5.9 | 88.12.29 | 89.6.30 | 89.12.28 | 88.5.9. | 89.12.28 |
| | | | 프랑 | | | | | | | | 발행가대비 % | |
| 100 | Saint Gobain | 310.00 | 423.00 | 424.00 | 415.50 | 392.00 | 415.00 | 596.00 | 627.00 | 652.00 | - 33.9 | +110.3 |
| 50 | Paribas | 405.00 | 367.00 | 378.00 | 320.00 | 300.10 | 360.00 | 468.00 | 492.00 | 729.00 | - 11.1 | + 80.0 |
| 25 | SOGENAL | 125.00 | 126.00 | 118.10 | 94.00 | 95.10 | 90.50 | 113.00 | 113.50 | 100.00 | - 27.6 | - 20.0 |
| 25 | BTP | 130.00 | 136.00 | 133.00 | 138.00 | 121.10 | 125.10 | 117.00 | 101.90 | 114.50 | - 3.8 | - 11.9 |
| 10 | TF 1(TV) | 165.00 | 182.00 | 158.00 | 170.00 | 167.00 | 190.00 | 410.00 | 400.00 | 229.90 | + 15.2 | + 39.3 |
| 30 | Societe Generale | 407.00 | 395.00 | 373.00 | 299.00 | 272.00 | 274.50 | 496.00 | 520.00 | 531.00 | - 32.6 | + 30.5 |
| 25 | Agence Havas | 500.00 | 495.00 | 431.00 | 408.00 | 500.00 | 537.00 | 700.00 | 945.00 | 1388.00 | + 7.4 | + 177.6 |
| 25 | Credit Commer-ciale de France | 107.00 | 115.00 | 107.00 | 107.50 | 110.00 | 110.80 | 189.80 | 195.00 | 218.90 | + 3.6 | + 104.6 |
| 40 | Compagnie Ge-nerale d Electricite | 290.00 | 285.00 | 232.00 | 215.00 | 209.00 | 242.50 | 400.50 | 423.00 | | - 16.4 | + 83.8 |
| 75 | Compagnie Fina-nciere de Suez | 317.00 | - | - | 269.40 | 230.00 | 227.00 | 309.00 | 337.00 | 533.00 | - 28.4 | + 41.6 |
| 50 | Matra | 110.00 | - | - | - | 143.50 | 150.00 | 246.80 | 355.00 | 448.90<br>392.50 | + 36.4 | + 256.8 |

자료 : Das frazoesische Finanzministerium, Stand Maerz 1990.

### 1.3 오스트리아

오스트리아에서의 국영기업은 오랜 전통을 지니고 있다. 전후에는 1946년과 1947년에 1, 2차 국유화 법률을 제정함으로써 공공경제는 그 우위를 계속 유지하였다. 그 결과 오스트리아 전 산업 중 국유화의 비율은 1986년도에 산업계 종사자의 17%, 수출의 17.9% 그리고 산업 투자의 21%를 각각 차지하였다.

오스트리아 국영기업 중 많은 기업들이  위기를 겪고 있었으며, 특히 예를 들면 철강산업의 경우 적자에 시달리고 있었다. 이러한 현상은 오스트리아 정부의 허약한 재정정책에 대해 새로운 대안을 요구하는 것이었다. OIAG 콘체른의 재조직, 인사조직의 합리화 및 인원감축 등이 위기를 극복하려는 새로운 시작의 모습들이었다. 재정부담의 완화조치로 오스트리아 원유관리사(1987년), 항공사 오스트리아 에어라인(1988년), 전기연합회사(1988년 후반기)에 대한 부분적인 민영화 조치와 두 개의 대은행 지분에 대한 주식매각을 통해 정부 지분율을 60%에서 51%로 낮추게 되었다.

오스트리아에서 국영기업의 민영화작업은 대체로 세계경제의 호경기에 힘입어 성공적으로 이루어졌다고 볼 수 있다. 이전의 OIAG -현재의 오스트리안 인더스트리- 는 공채*Going-public-Anleihe* 형식으로 상장되어 부분 민영화가 이루어졌다.

1987년 초 사회당과 국민당간 대연합정권 아래서도 오스트리아의 민영화작업은 계속 추진되었으나 물론 국가의 영향력은 과반수 이상의 지분(51%)으로 계속 유지되었다. 오스트리아의 민영화작업 역시 소유구조에 있어서 부분적으로 민영화가 강요되어 추진되었으나 결정적인 민영화는 이루어지지 않았다고 볼 수 있다.

## 2. 독일의 민영화 추진배경과 현황

### 2.1 민영화 추진배경

독일에 있어서 민영화는 1982년 새로 정권을 잡은 CDU(기민당)/FDP(자민당) 정부에 의해 본격적으로 추진되었다고 볼 수 있다. 그러나 실제로 독일 내에서 민영화에 대한 강한 의지 및 필요성을 보인 것은 이미 1950년대 후반인 아데나워정권의 에르하르트 시절이었다고 볼 수 있다.

전후 1945년부터 1948년까지 독일경제는 원료와 식품의 결핍현상, 독일의 전시경제체제의 붕괴, 산업시설의 해체, 연합군의 해산조치, 수백만 피난민들의 이동, 동독지역의 상실과 독일분단 등으로 특징지을 수 있다.

국민 사이에서는 새로운 시작을 위한 심리적 조건들이 형성되어 가고 있었다. 즉, 전쟁 전후시기의 결핍으로 국가의 전횡, 관료주의 그리고 중앙계획경제가 국민들의 혐오의 대상이 되었고 경제재건과 체제개혁 필요성의 공감대가 형성되었다.

통화개혁이 있은 후 콘라드 아데나워 수상은 에르하르트의 사회적 시장경제*Soziale Marktwirtschaft* 정책을 추진하였다. 이것은 원칙적으로 제5장에서 검토한 바와 같이 개인의 창의와 사유재산에 우위를 부여하고 국가의 간섭을 최소화하는 것을 목적으로 하는 것이었다. 이에 따라 독일은 영국, 프랑스 그리고 오스트리아와는 반대로 산업과 기업들에 대한 국유화 조치를 취하지 않았다. 그와 반대로 두 가지 중요한 원칙을 골자로 사회적 시장경제 정책을 펼쳐나갔다. 첫째, 연방은 소유지분을 점차 민간경제로 이전하는 재산제도를 추진했으며 둘째, 지분상속 소유자로서 정부의 역할에 대한 비판적 논쟁을 일찍부터 전개하였다.

독일은 이러한 국민적 공감대 아래서 연방, 주 그리고 지방자치단체가 소유하고 있던 기존 공기업들의 주요부분을 필수적인 사회간접자본 시설을 만드는데 이용하였다. 이로 인해 그들은 국가재건 사업에 결정적인 기여를 하였고 독일경제를 현재의 위치로 옮겨놓는데 본질적인 조건들을 창출해 내었다.

독일에서 공기업의 민영화가 적극적으로 추진되게 된 주요배경을 살펴보면 다음과 같다 .

첫째, 독일에서 공기업 민영화추진의 가장 중요한 목적은 효율성의 제고에 있다. 즉 민영화를 통해 기업을 시장경쟁에 맡김으로써 효율성을 증대시켜 국가재정에 기여하고 사회적 후생을 증대시킨다는 것이다.

둘째, 최근 독일의 경기침체에 따른 정부의 과도한 재정적자의 부담을 민영화를 통해 재정수입원을 확보하여 감소시키는데 있다.

셋째, 독일 공기업의 주식을 민영화를 통해 국민, 특히 노동자와 소액저축자들에게 발행함으로써 국민적 자본주의의 성격이 강한 독일의 자본주의 경제체제를 확고히 하는데 있다.

마지막으로 민영화를 통해 독일내 자본시장의 활성화를 기대하는 것 등이다.

독일정부는 궁극적으로 민영화를 통해 독일경제의 고성장과 고취업을 달성하고자 한다고 볼 수 있다.

### 2.2 민영화 추진현황

독일에서의 민영화 추진현황을 시기별로 나누어 보면 크게 다음과 같이 4단계로 구별해 볼 수 있다 :

- 제1단계 : 1950~1960년대
- 제2단계 : 1970년대

- 제3단계 : 1980년대
- 제4단계 : 1990년대

이러한 4단계 구분에 의해 독일의 민영화 추진현황과 성과를 살펴보면 아래와 같다.

(1) 1950~1960 년대 : 민영화 제1단계

독일에서는 부분적으로 이미 1950년대에 공기업도, 특히 경쟁분야에서는 사기업과 마찬가지로 장기적으로 비용개념을 포함하는 가격정책을 추구해야만 한다는 인식이 확산되었다. 이로 인하여 독일은 다른 국가들에 비해서 정치와 행정을 통해 가격과 비용에 영향을 끼치는 정부간섭을 가급적 배제하는 차원에서 경제정책을 수립 · 추진하였다고 볼 수 있다.

1960년대에 들어와서는 공기업 메니저들의 새로운 역할에 대한 문제가 제기되었다. 그들의 경영스타일도 점점 민간경제의 틀 속으로 접근하게 되었고 성과와 보수도 민간경제적 원칙에 따라 평가 · 결정되었다. 1970년대에는 공공법인에서도 재산권에 대한 새로운 인식이 형성되었으며 성장을 전제로 하여 확장되는 공기업의 자금수요는 필요불가결한 것으로 인식되었으며, 이윤의 유보와 자금확보를 통하여 이 수요를 조달하고자 하는 시도가 일어났다.

전반적으로 살펴볼 때 독일은 공기업 관리자나 지도부의 추진방향 설정이 민간경제를 우선하는 방향으로 이루어졌으며, 이러한 측면에서도 독일은 다른 국가와 현저한 차이를 보이고 있다.

이러한 민간경제 지향적 경제정책에도 불구하고 독일의 공공경제 각 부문에 대한 발전추이와 특징을 살펴보면 다음과 같다 :

- 독일 연방체신부의 호황, 특히 통신분야의 호황은 반대급부인 이

전업무의 쇠퇴 및 민간경제의 저항에도 불구하고 통신기술사업의 공기업형태로 확장

- 만년적자인 독일연방철도에 대한 계속적인 시설확충
- 항공교통을 비롯한 다른 교통로의 확장 (공항, 독일 루프트한자)
- 은행부문 총자산의 50% 이상으로 늘어난 공공은행부문의 확대: 국제은행화의 원칙을 고수, 국립은행의 팽창 (또한 해외진출도 활기)
- 국민기본생활 주요 부문의 시설개선에 대한 영향력행사
  - 도시개발, 공간질서를 포함한 주택건설에 관여, 공익을 위한 주택경제의 기능은 약화
  - 가스, 전기, 보온열관리 및 상하수도에 대한 관여
  - 공기업을 통한 핵발전사업에 관여 (VEBA, RWE, VEW, 바이에른 발전소 등)
- 개발정책적 제도 구축
- 연구개발 정책을 위한 대규모 연구시설 확충과 이와 관련된 타기구 확충
- 1981년에 총 2천1백5십만으로 집계된 텔레비전 수상기와 22억 마르크에 달하는 시청료 및 약 8억 8천8백만 마르크 규모의 광고 매출액에 걸맞는 경제적 의미를 갖는 공영방송국의 설립

독일은 사회적 시장경제의 특징 중 하나인 참여정책을 통해 이미 1950년대에 연방소유 주식의 매각을 통한 민영화에 대한 논의가 시작되었다. 루드비히 에르하르트는 1957년 5월 14일 기민당(CDU) 전당대회에서 민영화 작업을 강조하였는데, 그 골자는 경제에 대한 정부의 영향력은 최소화되어야 한다는 것이다. "모든 시민들을 위한 복지국가" 라는 원칙 하에서 광범위한 저소득계층의 공기업의 생산자본에의 참여가 이루어졌고, 이것은 기업 종사자들을 위한 우리사주의 형태로

이루어지기도 하였다. 이에 대한 목적은 재산적립의 형태로서의 주식의 대중화 및 집중 경향을 보이고 있는 증권자본을 순환시키고 궁극적으로는 공기업의 자본수요를 정부예산의 부담없이 충족시켜 보자는 데 있는 것이었다. 이러한 목적 하에 추진된 독일에서의 최초의 민영화작업은 –독일의 제1차 민영화 논의라 할 수 있는데– 다음의 〈표 20〉과 같이 "국민주" 판매라는 형태를 통해 1959~1965년 프로이삭 주식회사*Preussag AG*, 폭스바겐 주식회사*Volkswagen AG*, 훼바 주식회사 *VEBA AG*를 부분 민영화함으로써 독일 민영화의 효시를 이루었다.

**표 20** 민영화를 위한 국민주 매각 현황

| 기업 | 년도 | 민영화 명목자본 (백만마르크) | 주식구매자수 ( 인 ) |
|---|---|---|---|
| Preussag | 1959 | 81 | 216,000 |
| Volkswagen | 1961 | 360 | 1,547,000 |
| VEBA | 1965 | 528 | 2,600,000 |

자료 : F. Knauss, Privatisierung in der BRD 1983~1990.

그 결과 주식의 광범위한 분산에는 성공하였으나 종업원 단체들의 참여는 제한적이었다. 〈표 21〉에서 보는 바와 같이 주로 사무원과 주부의 응모율은 높았으나, 실제로 노동자의 비율은 극히 낮은 것으로 나타났다.

독일 루프트한자의 부분민영화, 종합 전기공장 베스트팔렌 주식회사 판매 그리고 바덴베르크 주식회사의 민영화들도 이루어져 그 후 상장업체가 되었다.

독일연방은 이러한 조치들로 대규모 민영화의 종주국으로 알려질 수 있었고, 다른 국가들에서는 아직도 국유화 작업이 일어나고 있는데

도 불구하고 독일은 약 30년 전에 벌써 제1차 대규모 민영화 작업을 추진함으로써 전 세계적인 주목을 받았다. 이에 비해 영국은 20년이나 나중에 국가 참여를 배제하는 정책을 도입하기 시작하였다.

**표 21** 직업별 "국민주" 응모 현황

( 단위: %)

| 직업군 | Preussag(1959) | VW(1961) | VEBA(1965) |
|---|---|---|---|
| 사무원 | 29.1 | 30.3 | 30.3 |
| 노동자 | 5.0 | 7.5 | 9.9 |
| 공무원 | 8.2 | 7.2 | 7.0 |
| 자영업 및 상업 | 7.8 | 5.6 | 4.4 |
| 자유농업, 임업 | - | 1.1 | 0.9 |
| 자유직종 종사자 | 12.7 | 1.8 | 1.4 |
| 연금수령자 | 10.5 | 14.3 | 13.3 |
| 학생, 직업훈련자 | - | 8.6 | 6.5 |
| 주부 | 26.7 | 23.6 | 26.3 |
| 합계 | 100.0 | 100.0 | 100.0 |

자료 : 上同

### (2) 1970년대 : 민영화 제2단계

1970년대는 독일에서의 제2차 민영화 논의가 진행된 시기라고 볼 수 있는데, 이 기간은 사민당*SPD*과 자민당*FDP*이 연정으로 정권을 잡고 있던 시기였다. 사민당*SPD*은 원칙적으로 민영화를 반대하거나 민영화에 대해 매우 소극적인 입장을 견지해 왔기 때문에 동기간 중에 민영화는 매우 부분적으로 추진되었다. 그럼에도 불구하고 1970년대에 추진되었던 독일에서의 제2차 민영화는 지방자치단체를 중심으로 주로 건물청소, 도살장운영, 쓰레기운반 등의 공기업들을 민간에게 이양하는 일에 중점이 주어졌다. 그러나 실제에 있어서는 민영화에 대한 성과가 별로 없었던 기간이라고 볼 수 있다.

(3) 1980년대 : 민영화 제3단계

독일에서 민영화추진의 제3단계라 할 수 있는 1980년대는 독일에서 '민영화의 황금시대' 라고 불릴 만큼 민영화가 본격적으로 추진된 시기이다.

1982년 기민*CDU*/기사당*CSU* 그리고 자민당*FDP*이 정권을 잡은 후에 소위 제3차 민영화 논의라고 할 수 있는 민영화와 탈국가화에 대한 구체적인 원칙들이 세워지게 되었다. 1969~1982년간 사민당*SPD*, 자민당*FDP* 연정 기간 동안 사민당은 민영화문제에 대해 원칙적으로 반대입장을 취해왔고 자민당은 민영화논의를 자제하였다.

그러나 당시 야당이었던 기민*CDU*/기사당*CSU*은 우선 VIAG과 VEBA의 정부소유 지분을 대중에게 양도하는 법과 연방의 경영참여를 담당할 주식회사 설립에 관한 법을 제정하는 일에 집중하였다. 즉 두 회사의 연방 참여율이 각각 26%와 51%로 낮아져야 한다는 것이다. 기업참여는 국가행정적으로 이루어질 것이 아니라 하나의 지주회사*Holding Company*를 통하여 이루어져야만 한다는 입장이었다. 이것은 1970/71년도 당시 재무장관이었던 사민당의 묄러의 연방의 산업계의 참여는 "연방홀딩" 사에 의해서 이루어져야 한다는 계획에 대한 대안이었다.

1970년대 기민/기사당의 원내 의원들의 질문으로 부터 다음과 같은 사항을 도출함으로써 민영화에 대한 강한 의지를 확인할 수 있다 :

- VEBA의 연방지분을 26%로 감소하고 VIAG과 독일 루프트한자 *Luft Hansa*에 대한 지분을 각각 51%로 감소
- 독일 저당기관에 대한 연방참여 포기
- 사회간접부문에 대한 정부의 주식참여 포기

– 국가사업을 위해 지분판매액의 미래지향적 전용

요약해 보면 기민/기사당은 전후 철저하게 유일한 사회정책적 세력으로서 –1969년부터 1982년까지의 야당시절에도 또한– 연방지분에 대한 민영화를 고집하여 왔다고 말할 수 있다. 그럼에도 불구하고 양당은 1970년대에 연방지분의 완전 민영화정책을 실현시키지 못했다. 또한 그 당시는 연방의 기업참여가 원칙적으로 인정받던 시기였다. 이러한 1970년대의 분위기는 기민/기사당으로 하여금 연방참여에 대한 부분적 민영화를 목표로 하는 탈국가화 정책에 대한 안도 제출하지 못하게 만드는 결과를 초래하였다. 이러한 탈국가화 정책안은 정권이 바뀌어 기민당*CDU*인 한스 티트마이더 연방재무부 차관에 의해서 비로소 마련되었고 슈톨텐베르그 및 바이겔 재무장관에 의해서 1984년부터 1990년까지 집행되었다.

독일경제는 1982년 10월 1일 기민/기사/자민당의 정권수임 당시 침체상황에 놓여 있었다. 그 후 약 8년 이상의 재정 및 금융정책의 성과를 거둔 1990년 독일경제를 그 당시 상황과 비교해 볼 때 첨단산업을 포함한 광범위한 분야가 어려운 형편에 있었다는 사실을 알 수 있다. 1983년 연방재정은 적자가 예상되는 가운데 심각한 위기상황에 있었다.

그 당시 상황을 보면 다음과 같다 :

- 독일 연방철도사업의 적자의 심화(1981년 4조440억 마르크, 1982년 4조1480억 마르크)뿐 아니라 연방지분을 갖고 있는 콘체른, 잘쯔기터 주식회사*Salzgiter AG* (1982/83년 7억 1200만 마르크), 자아르베르그사 (1982년 2억 7백억 마르크) 그리고 폴크스바겐사 (1982년 3억 마르크)들도 적자에 시달리고 있었다.
- 주주인 연방에 의해서 조정되지 않고 개별 콘체른의 전략에 따라 행해진 1970년대의 공기업의 확장과정은 성과는 커녕 적지 않은

손해만을 보게 되었다. 이것은 간접부문에서 연방참여의 수가 1982년까지 〈표22〉에서 보는 바와 같이 현저하게 증가하는데 기여하였던 것이다.

**표 22** 연도별 연방참여 기업 현황

( 단위: 수)

| 연 도 | 직접참여(특수재산 제외) | 특수재산 포함 총참여 (일반적으로 25% 이상) |
|---|---|---|
| 1970 | 97 | 697 |
| 1971 | 95 | 760 |
| 1972 | 93 | 776 |
| 1973 | 87 | 850 |
| 1974 | 88 | 865 |
| 1975 | 87 | 885 |
| 1976 | 90 | 915 |
| 1977 | 9 | 941 |
| 1978 | 90 | 938 |
| 1979 | 88 | 985 |
| 1980 | 86 | 899 |
| 1981 | 85 | 928 |
| 1982 | 84 | 958 |
| 1983 | 83 | 487 |
| 1984 | 81 | 474 |
| 1985 | 79 | 454 |
| 1986 | 80 | 463 |
| 1987 | 80 | 459 |
| 1988 | 77 | 412 |
| 1989 | 77 | 337 |

주 : 특수재산에는 부채, 토지, 금융 부문 등이 포함된다.

자료 : Beteiligungsberichte des Bundesministeriums der Finanzen

긴축재정에 대한 강력한 요구에 정부의 참여정책은 이익을 내는 주를 신속히 판매하는 것 보다는 문제분야에 대한 청산방법을 우선적으로 추구하여 연방의 개별참여지분에 대한 손해를 최소화하는데 정책의 제1의 우선권이 주워졌다. 그 결과

- 잘쯔기타(주)와 자아르베르그공장에 대한 연방의 다수지분에 대하여 1983년도에는 콘체른 자체의 안이 요구되어지고 이것은 기업내 기관들의 승인을 받아 실현되었다.
- 잘쯔기타(주)는 이미 1984/85년에 이익을 내게 되었다. 그리고 5년간 흑자를 이룬 후 1988/89년에 30년 만에 처음으로 배당금이 지불되었다. 수십 년간의 만성적인 적자의 문제기업이 흑자기업으로 전환되면서 완전 민영화할 능력을 갖추게 되었다.
- 자아르베르크(주)는 1983년 이래로 긴축경영을 강력히 추진하였다. 에너지 시장의 지속적인 공황은 회사를 더욱 긴축하기 위해 석탄사업에 대한 투자제한과 합리화 조치를 취하도록 하였다. 그 결과 1989년 오랜만에 최초로 흑자를 달성하였음과 동시에 이러한 흑자현상이 계속될 것으로 전망되었다.
- 연방이 다수 지분을 갖고 있던 폴크스바겐은 일반적인 경제회복과 회사내의 조치로 1984년 이래 달성했던 흑자폭을 계속 늘려나갔다.

### (4) 1990년대 : 민영화 제4단계

독일 민영화의 4단계라 할 수 있는 1990년대의 민영화프로그램은 크게 독일 연방철도사업과 체신사업의 민영화로 압축할 수 있으며, 독일 민영화정책의 최대의 민영화작업으로 간주되고 있다.

### 가. 연방철도사업*Bundesbahn*의 민영화

독일은 연방철도사업의 민영화를 추진하기 위해 1989년 소위 연방철도사업 정부위원회라는 하나의 독립된 위원회를 가동하였는데, 이 위원회는 연방철도 사업의 기구개혁을 위한 제안들을 검토하는 임무를 띠고 있다. 1990년도 독일 통일 이후 동독의 철도사업도 이 위원회의 개혁 안에 포함되었다. 이 위원회의 제안에 기초하여 1993년 12월(1994년 1월 1일자로 효력을 발생) 민영화를 주요 내용으로 하는 철도사업 개혁에 관한 법률안들이 제정되었다.

그동안 공법에 의해 관청으로 운영되던 철도사업이 1994년 1월 1일 독일 철도사업 주식회사*Deutsche Bahn AG*의 설립으로 민법으로의 이전이 이루어졌다. 과거 두 국가의 철도청이 합쳐진 철도사업 주식회사는 차후 각각 독립 주식회사로 분리되어질 세 분야, 즉 선로, 여객수송 그리고 화물수송으로 나누어져 있다.

독일 철도사업 주식회사 이외에 공영기관으로서 연방철도청*EBM*과 잔여특수재산[145]이 있다. 연방철도청은 국가주체적 임무를 부여받고 있으며, 여러 임무중에서 연방의 철로에 관한 계획을 확정하는 일과 건설감독에 대한 기술적인 책임을 지고 있다. 그 외에도 철로증축법에 따른 협의안을 준비하고 있다. 연방철도청은 또한 연방의 철도사업과 외국에 소재를 둔 독일 내의 운송을 담당하는 철도수송회사들도 관리하고 있다. 잔여 특수재산은 일본의 JR사와 비교할 수 있는 그리고 실직된 인력을 인수함과 동시에 양독 철도청의 장기채무를 관리하고 기업경영에 불필요한 토지를 처분하는 일도 맡고 있다.

이러한 새로운 철도회사들의 주식판매는 지금까지 민영화의 목적으로 명시되지는 않았으나 원칙적으로는 가능한 것으로 되어 있다. 물론

---

145) 잔여특수재산에는 부채, 토지, 금융 등이 포함된다.

이에 대한 필수 조건들은 독일철도사업 주식회사의 기업활동이 이윤을 내고 민간투자가들이 주식구입에 관심을 둔다는 사실을 전제로 한다. 그러나 현재 철로사업 주식회사의 경우에는 연방이 다수의 주식을 포기해서는 안 된다고 규정되어 있다〈표 23 참조〉.

**표 23** 독일 철도사업의 재편성과 민영화 계획

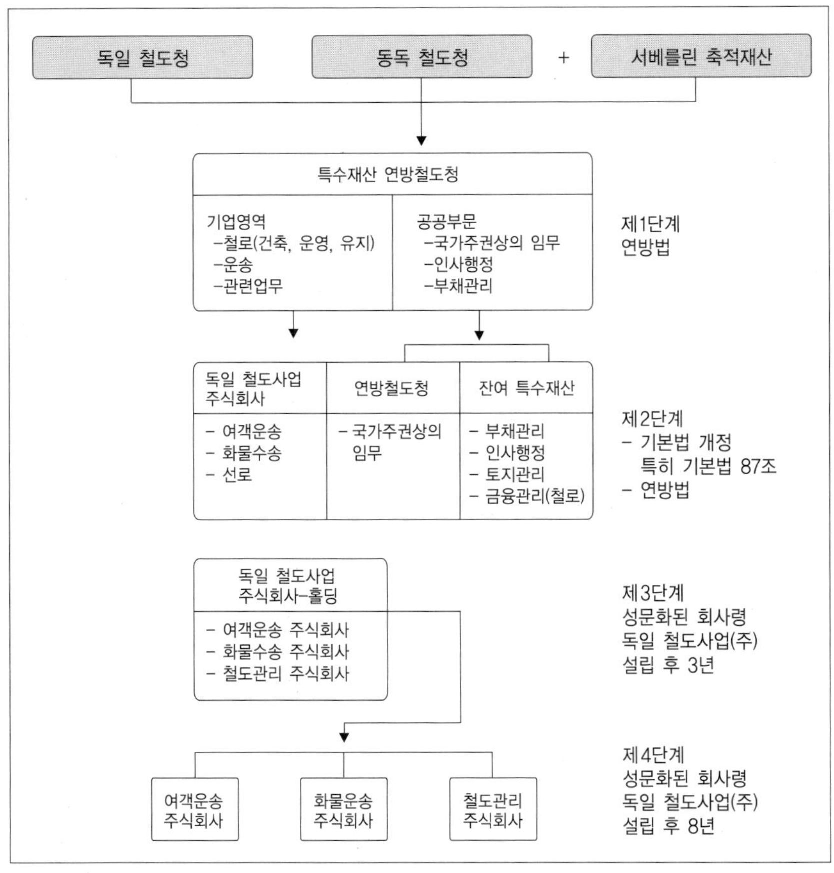


자료 : 연방교통부(BMV), 1993

### 나. 체신*Bundespost* 사업의 민영화

1970년대 후반부터 일기 시작한 독일 연방 체신사업의 독점적 성격에 대한 비판은 1980년대 중반까지 별다른 결과를 얻어 내지 못했다. 독일의 제1차 체신개혁은 1989년~1993년 사이에 진행되었다고 볼 수 있다. 제1차 체신개혁은 1989년 6월 개정된 소위 '독일 체신구조법*Poststrukturgesetz*'에 근거하여 그 당시 법적으로 적용 가능한 범위 내에서 부문별 변화와 정책적으로 구조를 전환하는데 주안점이 주어졌다. 그러나 이와 같은 제1차 체신개혁은 독일 연방체신부의 기업들에게 국제적인 경쟁에 필요한 신축적인 자유공간을 충분히 제공하지는 못하였다. 그럼에도 불구하고 제1차 개혁으로 인해 부분적으로 민영화가 가능해진 전자통신분야에 있어서는 새롭게 구축된 경쟁질서와 그와 연관된 이동통신 분야와 위성 무선통신의 자유화로 뚜렷한 발전을 이룩하였다고 볼 수 있다.

동 분야에서의 민영화를 통해 공급업체들은 매우 혁신적인 형태로 기업을 경영하며 고객들에게 새로운 서비스와 제품을 공급하게 되었다. 그 결과 자유로운 시장에서의 매출은 계속 증가하였으며, 이것은 또한 설비 부품회사와 통신 서비스업자들에게도 긍정적인 결과를 가져다 주었다. 이러한 성공적인 대표적 예는 이동무선통신 분야에서 찾을 수 있다. 독일에서 이 분야의 민영화를 통해 경쟁이 도입되자, 지난 5년 동안 참여자의 수가 20만에서 180만으로 증가하였을 뿐만 아니라 이동통신기의 가격도 같은 기간 중에 약 6천 마르크에서 1천 마르크로 하락하였다. 경우에 따라서는 고객이 서비스업체와 특정기간 동안 계약체결을 할 경우에 통신기는 무료로 제공되기도 하였다.

이러한 두 분야에 걸친 민영화는 오늘날 독일통신시장에 민간부문이 보다 다양하게 창의적으로 참여하는 계기가 되었다. 예를 들면 1994년 2월까지 독일에는 민간 위성망에만 47개의 사용허가권이 배정되었다. 이러한 추세 속에서 전자통신 서비스업자들이 계속 증가하여, 1991년 1월 31일 66개 업체에 불과했던 것이 1994년 2월 9일에는 381개 업체가 이 분야에 참여하게 되었다.

이러한 사례들은 민영화를 통하여 다이나믹한 경쟁상황이 정보통신 분야에 조성되고 경쟁을 통하여 국민경제, 유통 그리고 개인들이 이익을 얻게 되었다는 것을 분명히 보여주고 있다. 그러나 자유화를 위한 1차 체신개혁은 이동통신분야와 위성통신분야를 제외하고는 기본적으로 독점적 개념을 그대로 유지하고 있어서 극히 제한적인 민영화였음을 알 수 있다. 제1차 체신개혁 이후 독일 연방 체신사업은 체신업무, 우편저금, 정보통신사업을 종합 운영해 오다가 각기 그 업무 영역에 따라 체신공기업*DBP Postdienst*, 우편은행공기업*DBP Postbank* 과 정보통신공기업*DBP Telekom* 으로 각각 분할하여 독립채산제로 운영되었다. 독일은 1998년으로 정해진 유럽연합*EU*의 통신시장 전면 자유화 시한까지 독일시장을 점차 자유화해 경쟁력을 제고시킨다는 목적으로 1994년부터 정보통신*Telekom* 분야의 민영화를 적극적으로 추진하고 있다. 제2차 체신개혁이라 할 수 있는 정보통신*Telekom* 분야의 민영화에 대해서 살펴보면 다음과 같다.

텔레콤의 민영화를 목적으로 하는 제2차 체신개혁의 주요 프로그램은 1998년부터 시행될 '경쟁적 시장구조의 확립' 이라는 유럽연합*EU*의 목표에 맞추어 독점적 성격을 띤 독일의 통신시장을 해체하고 경쟁적 시장으로 전환하는 것이다. 이를 위해 주로 다음과 같은 두 가지 과제가 중요한 목표로 결정되었다. 그 중 하나는 국제경쟁력을 강화하는 것이고 다른 하나는 독일연방 체신부 통신사업(텔레콤)의 막대한 자금수요문제를 해결하는 것이다. 지난 수년간 주변환경의 변화에 따라 많은 전자통신업체들은 일련의 해외투자를 통하여 스스로 국제적인 경쟁 입지를 마련하였다. 국내 전자통신 시장의 점차적인 해외개방과 더불어 유럽과 해외에서 활동하고 있는 여러 경쟁업체들은 점점 글로벌 시장에서 그들의 전략을 짜게 되었다.

동구시장에도 첨단 선진국의 통신사업자들이 점차 글로벌 통신망을 구축하여 참여하고 있으며, 중장기적으로 볼 때 전자통신의 세계시장은 6개에서 8개 내외의 "글로벌 통신업체"들이 지배할 것으로 전망된다. 독일 연방체신부 통신사업(텔레콤)은 현재 "공기업"의 형태로 이러한 세계적 추세에 적응하지 못해 거시경제적 측면에서 독일경제에 부정적인 영향을 끼치고 있다. 왜냐하면 독일의 전자통신산업의 경쟁력강화 및 활성화는 전적으로 통신사업(텔레콤)의 국제적 활동에 달려 있기 때문이다. 기본법 87조가 민영화를 목적으로 개정된다면 독일 통신사업(텔레콤)은 해외시장에서 경쟁력을 점차 확보할 수 있으며, 어떤 국제간 제휴도 가능하게 된다. 국제 파트너로서의 수용여부는 경험적으로 보아 근본적으로 기업의 법인형태에 좌우되며, 파트너와의 제휴는 글로벌 전자통신시장에서 체신부 통신사업(텔레콤)의 국제적 위치를 고려해 볼 때 향후 피할 수 없는 조건이 될 것이다. 이에 따라 체신부 통신사업(텔레콤)은 주식회사의 형태로서만이 다른 국가의 사기업인 경쟁업체들과 균등한 기회를 가지고 경쟁할 수 있다는 것이 텔레콤 민영화의 첫 번째 이유이다.

현재 독일의 통신기술은 미국과 영국의 자유로운 경쟁업체들에 비해 약 10년 정도 뒤떨어져 있는 것으로 분석된다.

두 번째, 텔레콤의 민영화 추진에 있어 또 하나의 중요한 문제는 자금문제라 할 수 있다. 제1차 체신개혁의 수행기간중 독일 통일이 이루어졌는데, 이러한 세기적 사건은 특히 독일 체신부에게 결정적인 결과를 안겨 주었다. 즉 효율적인 전자통신의 인프라 구조가 동독 5개주의 경제재건에 중요한 조건이 되었기 때문이다. 따라서 체신부 통신사업(텔레콤)은 통일 후 1998년까지의 기간 동안에 600억 마르크 이상의 투자프로그램을 제시하게 되었으며, 이러한 거대한 투자계획으로 자기자본 비율이 약 20%로 감소할 것으로 전망하고 있다.

독일 연방체신부는 이러한 자금이 텔레콤의 주식회사 전환과 1996년 주식의 상장을 통해 적절히 해결될 것으로 예상하고 있다. 이러한 의미에서 실제로 텔레콤의 부분 민영화는 주식이 상장되는 1996년부터 가능할 것으로 보이며 1993년 말부터 상장을 위한 모든 사전 준비 작업을 진행하였다.

텔레콤 민영화의 주요 내용들을 살펴보면 다음과 같다.

먼저 기본법의 개정으로 기존의 연방 체신부 사업들과 통신사업(텔레콤)이 주식회사로 전환될 수 있는 조건을 마련하였다. 이에 따라 향후 우편과 통신사업 부문의 서비스는 민간차원에서 체신부의 민영화된 기업들과 경쟁사들이 제공한다. 또한 연방정부는 우편사업과 통신사업(텔레콤) 분야에 있어서 기초적인 서비스를 적절하고 충분하게 제공하는 국가주권적인 임무를 계속 수행해 나갈 것이다. 현재 텔레콤의 민영화시 연방정부는 향후 5년간 주식의 50% 이상을 연방이 소유하는 형태로의 부분 민영화를 목표로 하고 있다.

텔레콤의 민영화를 위해 하나의 지주회사*Holding Company* 를 설립할 계획이며, 이 Holding사는 물론 주식회사로 전환된 후 민영화된 기업의 업무활동에 대해서는 어떠한 영향력도 행사해서는 안 되는 것으로 규정하고 있다.

텔레콤의 민영화는 특별히 인사규정에 커다란 의미를 부여하고 있다. 왜냐하면 이러한 민영화 조치로 20만의 종업원들의 권리는 완전히 보장되어야 하며, 주식회사로 전환된 기업들에게는 고용된 공무원들에 대한 관리자로서 그들의 권리와 의무를 관할할 권한이 부여된다.

제2차 체신개혁이 결정됨에 따라 이제는 기업적 활동영역의 확대를 위한 기초가 마련되었다. 이러한 배경 하에서 문제가 되는 것은 첫째,

기업법의 개정과 민영화를 공식적으로 실현시키는 것이다. 이를 위해 정치가들뿐 아니라 기업들의 역할도 필요하다. 둘째는 이와 같은 새로운 활동영역이 가장 효율적으로 이용되어져야 한다. 그리고 이것은 명백한 기업적 임무이다. 어떤 전략으로 이 임무를 수행해야 하는지에 대해서는 나중에 언급하고자 한다.

지난 4년간 독일의 통신시장에 대한 변화된 모습들을 살펴보면 다음과 같다. 통일 후 특히 동독의 사회간접시설에 대한 집중투자가 이루어 졌다. 그 결과 통일된 지 4년이 지난 1994년 구동독지역의 전화시설은 두 배 이상 증가하였다. 즉 180만에서 현재 4백만 회선으로 늘어났다. 모든 경제활동에 필요한 통신장비는 거의 100% 이루어졌다. 1997년까지는 구동독지역에 세계적으로 가장 현대적이며 완전 디지털화된 전화망이 설치될 전망이다. 한편 서독지역에서는 전화망의 디지털화가 이미 광범위하게 진행되었다. 조기에 광섬유와 같은 최신 기술투자를 해왔기 때문에 독일의 전자통신 인프라는 세계적인 척도가 되고 있다.

현재 독일에서 텔레콤의 민영화는 법 개정을 통한 준비단계이지만 향후 글로벌 서비스 제공업체로서 다음과 같은 4가지 민영화 방향을 세워놓고 있다 :

- 핵심사업의 보장
- 미래시장 개척
- 사업자 고객에게 중요한 시장권으로의 해외진출
- 새로운 시장의 기회를 잡기 위한 선별적인 지역 분산화

## 3. 민영화 추진방식 및 성과

### 3.1 민영화 추진주체

(1) 연방재무부*Finanzministerium*

독일에서 공기업의 민영화를 추진하는 중심역할은 연방 재무부가 하고 있다. 그동안 연방 재무부는 공공분문에 있어서 장기적으로 성과를 보인 공기업의 민영화 추진의 모터 역할을 해 왔다. 그 결과 나타난 성과들을 살펴보면 다음과 같다 :

- 대기업들에 대한 단호하고 전문적인 민영화 작업의 추진: VEBA사, Volkswagen사, VIAG사, SALZGITTER사, IVG (민영화 매출액 1982년부터 1993년 기간 중 116억 마르크)사 등의 민영화로 인해 정부참여 기업 수는 1982년 958개에서 1992년 400개 이하로 대폭 감소
- 재무부 전문 감독 하에 놓여 있는 트로이한트(신탁관리청)를 통한 13,500여개 기업 민간인 양도작업을 4년 내에 이루어 낸 국제적으로 예가 없는 민영화[146]와 기업구제 경험[147]
- 국내외 자본시장에 높은 증권발행 지위 및 국내외 투자자들에 있어서의 높은 신뢰도

특히, 독일 최대의 민영화작업이라 할 수 있는 통신사업(텔레콤)의 민영화는 입법부, 연방정부 그리고 기업으로서의 체신부의 긴밀한 협조를 필요로 한다. 재무부는 소위 제2차 체신개혁이라 일컫는 텔레콤

146) 통일 후 동독의 국영기업의 민영화 성과를 의미한다.
147) 이는 세계의 모든 투자은행이 현재까지 민영화시킨 것보다 더 큰 규모이다.

민영화시 이러한 부처간 합의사항을 중재 · 조정하는 역할을 맡고 있다. 이로 인해 체신부의 민영화를 위한 법적 조건이 재무부에 의해 마련된 것이다. 특히 통신사업의 경우 재무부는 성공적인 민영화를 위하여 이러한 법적 조건 이외에 경제적 조건이 충족될 수 있도록 통신사업 주식의 우량성에 대해 국내외 투자자들에게 홍보활동도 하고 있다. 통신사업은 전자통신과 전파매체 영역에서 민간자본 유치를 놓고 벌이는 경쟁 하에서 경영학적 능력을 발휘하여 경쟁하여야 한다는 것이 재무부의 입장이다. 이는 세계적으로 많은 통신사업관련 기업이 있고, 유럽의 경우만도 프랑스 통신사업, PTT 네덜란드 통신사업, STET 이탈리아, TELE 덴마크, Belgacom 그리고 터어키 Telekom 등 독일이 경쟁해야 할 기업이 많다고 생각하기 때문이다.

연방은 입안자와 소유자인 이중책임자로서 미래지향적이고 경쟁력 있는 시장구조를 만든다는 차원에서 재무부에게 그 권한을 부여하고 있다. 그러나 기업적 책임은 통신사업의 경우, 향후 경쟁시장에서 경쟁력을 유지하기 위해 기술혁신과 비용관리라는 임무를 잘 수행하는 데 달려 있다고 볼 수 있다.

민영화 추진에 있어 중요한 또 하나의 기준은 충분한 자기자본의 구성력인데, 독일의 해외 전화사업체의 평균 자기자본비율은 1992년에 46%에 달했다. 전화사업체의 상장 시, 자기자본 비율은 30%에서 70%까지의 변동 폭이 있었다.

국제적인 주요 통신회사의 자기자본 비율은 1994년을 기준으로 살펴보면 다음과 같다:

| | |
|---|---|
| BT | 57.5 % |
| Telekom | 23.9 % |
| AT&T | 33.1 % |
| 프랑스 Telekom | 45.2 % |

독일 주식회사의 상장시, 평균 자기자본 비율은 약 30%에 달하고 있는 데, 위에서도 나타나듯이 독일 텔레콤의 자기자본 비율은 1994년에는 24%이었으나 1998년 말에는 20%로 낮아졌다. 즉 법적으로 규정된 3분의 1의 자기자본비율이 현재 4분의 1로 되었고, 1998년에는 5분의 1로 더욱 낮아졌다. 이런 모든 장기적 계획들은 재무부산하의 민영화추진위원회에서 이루어지고 있다.

연방정부가 민영화 추진과정 속에서 민영화 대상기업의 적정한 자기자본 비율을 주관하였던 것 같이 연방재무부는 텔레콤이 상장될 경우 충분한 자기자본을 구성할 수 있도록 승인할 전망이다. 이를 위해 민영화를 통해 벌어들인 수입금을 필요한 경우, 우선 사용하는 방법도 강구하고 있다.

기업은 경쟁상황의 관점에서 필요하고 적절한 자기자본 구성이 요구되는데, 이에 대한 파악을 연방 재무부는 자기자본 토대와 민영화 매출목표액에 영향을 끼치는 기업가치 사이의 뚜렷한 상호작용을 고려함으로써 추론한다. 그리고 또한 자금이 부족할 경우에 기업과 연방예산에 큰 위험을 야기하게 된다는 사고로부터도 이 자기자본 구성 비율에 대한 예측이 가능하다. 자기자본 비율에 대한 궁극적인 확정은 물론 상법상의 규정에 따라 작성된 텔레콤 창립 대차대조표를 근거로 하여 비로소 이루어졌다.

재무장관이 적정한 초기 자기자본 비율을 천명한 후에 텔레콤은 자기자본력과 기업의 미래자금수요를 파악할 수 있도록 가능한 한 예상계산내역을 재무부에 신속히 제출해야 한다.

한편 장기적인 관점에서 민영화의 성과와 이를 위한 적절한 자기자본 구성 이외에도 유럽 통신시장을 향한 현재의 과도기 속에서 통신시장에서의 독점가격이나 경쟁가격결정에 대한 문제도 재무부의 중요한 일 중의 하나다. 이에 대해 재무부는 독일의 사회적 시장경제의 특징인 경쟁[148]을 통신시장에 도입하는 것을 목표로 하고 있다. 이를 위해 혁신적인 기업구조의 보완과 조기 경쟁가격체제의 전환을 유도할 계획이다. 즉, 오로지 경쟁만이 특권을 제한시키고 혁신을 강조할 수 있다고 보고 있는 것이다. 이와 상대적으로 금융지원적인 관점에서는 유럽 규정에 따라 현재 자기자본의 구성을 위해 연방 재무부가 구체적인 계획을 수립 · 추진하고 있다.

연방 재무부의 오랜 민영화 경험은 표준화된 텔레콤 주식회사를 설립하는 것이 민영화 성과를 위해 최상의 계명임을 말해주고 있다. 텔레콤이 국내외 투자자들에게 인정받기 위해서는 정상적인 상장 주식회사와 같은 동일한 권한이 필요한 것이다. 이것은 사장단, 감사위원회 그리고 소유자 등 사이에 주식회사법에 따른 권한분배에서 차이가 나는 어떠한 불공정한 조정도 안 된다는 것을 의미한다. 이러한 원칙은 새로운 조직의 책임자, 해당부처 (체신부, 재무부), 연방입법부 그리고 상원에서 입법기능을 행사하는 각주의 행정부들 사이에서도 아주 정확하게 인식되어져 있다고 볼 수 있다. 모든 국내외 전문가들은 바로 이 문제가 미래 투자자들과 민영화 성과를 위해 가장 예민한 사항이라고 지적하고 있다. 이러한 원칙도 재무부산하 민영화추진위원회에서 마련 중이다.

민영화된 기업은 주식법에 따른 권한규제 이외에도, 기업의 권리와 의무에 대해서도  행정관청과 사이에 명확히 그 한계가 주어져 있어야 하는데, 이 경우에는 규제의 정도가 국내외 시장에서의 경쟁력을 강화할 수 있도록 완화되어야 한다. 향후 의회심의에서 어떻게 유럽이나 해외 경쟁업체들이 기업자율과 규제의 필요성 사이에 나타나는 긴장

148) 사회적 시장경제의 특징 중 하나는 '경쟁질서'를 원칙으로 하는 완전경쟁시장의 보장이다. 이러한 완전경쟁시장의 보장을 위해 정부가 경쟁질서를 제도화하는 기능을 수행한다.

관계를 해결하는 가에 대한 책임도 연방재무부의 몫으로 되어 있다.

독일의회의 발표에서 이미 인식할 수 있듯이 어떻게 소유자의 기능과 규제기능이 주어져야 하는지에 대하여 연방정부는 재무부와 경제부가 상호 충분한 협의 및 협조를 통해 재무부는 소유자에 대한 책임을, 경제부는 경쟁책임을 지도록 하고 있다. 독일은 다이나믹한 민영화 추진을 위하여 재무부에게 높은 권한과 권력을 부여했다는 사실이다. 따라서 해당 주무부서는 법적감독과 전문감독을 통하여 민영화 과정에 필요한 영향력을 행사하고 있다.

(2) 주와 지방자치 단체 차원에서의 민영화

독일연방의 각 주들은 일반적으로 지역 금융기관(주은행과 특수금융기관), 주택 및 지역개발 관련 기업, 그리고 생활필수 관련 기업(전기 및 가스), 교통관련기업, 경제지원, 박람회 등의 전시업무를 담당하는 회사 및 복권회사 등에 참여하고 있다. 또한 산업영역에도 괄목할 만한 참여를 하고 있는 데 부분적으로는 연방과 함께 참여하고 있는데 주로 대기업이라든가 기술적으로 특히 중요한 지역에 위치한 기업들에 참여하고 있다. 예를 들면 자아란드는 자아르베르그공장 주식회사의 주주(26%)이며 니이더작센은 폴크스바겐사에 20%를 출자하고 있다. 슐레스비히-홀스타인은 호발드베르케 독일 조선 주식회사에 25.1%의 지분을 갖고 있다. 헤센주의 주요한 기업의 하나인 프랑크푸르트 공항 주식회사의 지분은 연방이 25.87%, 헤센주가 45.25% 그리고 프랑크후르트시가 28.89%을 가지고 있다. 특히 중요한 것은 바이에른, 함부르크 브레멘 주(州)들이 항공 우주 콘체른인 MBB사에 참여하고 있다는 사실이다. 게다가 국제적으로 명성이 있는 에어버스 그룹의 독일지분에 해당하는 기업의 생산은 함부르크와 브레멘주에 집중되어 있다. 그 결과 독일 연방정부는 연방 정부차원의 민영화프로그램이 지방정부에도 적극 활용될 수 있도록 각 지방정부와 공공단체에 민영화를 권장하고 있다.

각 지역의 주들이 추구하는 민영화정책의 발전추이는 주별로 특성에 따라 상당한 차이를 보이고 있다. 베를린 시는 베를린 은행 주식회사의 경우 민간인을 위한 주주층을 1984년 26%로 보다 광범위하게 확대하였다. 또한 중앙난방공장 노이쾰른은 1988년 베를린 시 지분 50.01%, 민간 49.99%로 상장되었다. 그러나 기존의 참여기업에 대한 재산관계는 변하지 않았다.

바덴뷔르템베르크주는 바덴뷔르템베르그 은행의 지분을 54%에서 36%로 감소시켰는데, 이는 은행과 보험회사간 정책적인 제휴를 강화하기 위한 것이었다. 라인란드 팔쯔 주정부는 1988년 5월 31일 지방정부의 참여를 축소시키기 위한 확고한 의지를 담은 탈국가화와 민영화를 위한 기본프로그램을 확정지었다.

독일연방은 1989년 항공제작에 관한 사업을 민간에게도 참여시키는 안을 현실화시켰다. 이에 따라 주정부 기업인 MBB 콘체른이 사기업인 다이믈러 벤츠사의 관리 하에 놓이게 되었다. 연방은 이러한 조치들로 주차원에서의 민영화 단계로의 큰 발걸음을 내딛게 되었다.

다른 한편, 지금까지 독일 주연금은행의 홀딩사의 부분 민영화를 통해 주은행과 마을금고 분야에 민간자본을 유치했던 연방의 모델을 주정부 차원에서 아직은 따르지 않고 있다.

이와 같은 주정부 차원에서의 민영화와는 반대로 지역 간의 입장을 고수하고 강화하는 정책도 아울러 추구하고 있다. 영국의 국가가 관리하였던 공항들이 민영화(1987년)되고 있는 반면, 헤센주는 흑자기업인 프랑크푸르트공항 주식회사의 민영화를 거부하였다. 니이더작센주는 폴크스바겐사에 참여하고 있을 뿐만 아니라 지역상의 이해를 유지하기 위해 잘쯔기타사에 대한 민영화와 관련하여 은행들을 통하여 인수회사인 프로이삭 주식회사에 대한 간접적인 참여를 나타내고 있다. 바이에른주가 58.26%로 다수지분을 갖고 있는 바이에른 베르크 주식회사는 전기부문으로 부터 들어오는 대규모 현금자산을 산업 및 무역 분야에 투자하고 있다(VIAG사에 대한 공동결정을 위한 최저 지분 소유, Kloeckner & Co사의 지분확보 등).

주정부 기업의 민영화를 추진하는데 있어서 주정부의 중요한 관심사는 고용, 투자 그리고 기술개발이라는 관점에서 높게 평가되어진다. 즉, 주정부 차원에서의 민영화의 중요성은 구조정책이라는 측면에서 발견하게 된다. 그리고 과거 주정부의 민영화과정을 살펴보면 이러한 지역적 사고가 점점 강화되는 경향을 발견하게 된다.

현재 지방자치단체 차원의 민영화 작업은 건물정화, 쓰레기 수거 등 주로 서비스 부문을 민간에게 이양시키는 작업에 집중되어 있다. 제조업 분야에 대한 민영화는 거의 발견할 수 없으며 지방자치 단체 차원에서는 전기, 가스, 상수도, 주거, 교통 및 금고사업과 같은 기본생활과 관련된 사업에서 보다 많은 민간 이양화가 이루어지고 있다. 이러한 주정부 차원에서 진행되고 있는 기간산업시설에 대한 민영화는 향후 독일에서 가장 잠재력이 큰 민영화부문이 될 것으로 전망하고 있다.

### 3.2 민영화 추진방식

#### (1) 우리사주

1985년 독일의 연방내각에 의해 확정된 민영화 결정안은 국영기업에 대한 연방참여지분의 감소와 더불어 가능한 한 많은 국민의 참여를 유도한다는 것이 목적이었다. 특히 해당기업의 종업원들에게 주식을 소유하도록 하는 노력은 이러한 연방의 의도 속에서 호응을 받았다.

연방이 지분참여를 하고 있는 공기업의 경우 민영화되기 전까지 우리사주는 없었는데, 그 이유는 대주주로서의 연방이 그 위치를 고수하려고 하기 때문이었다. 연방소유주식에 대한 민영화와 관련하여 해당 연방기업들은 그들 종업원들에게 주식을 우리사주 형태로 양도하였다. 부분적으로는 필요주식을 연방소유로 부터 구입하였고 또 부분적으로는 증자를 통하여 조달되었다. 대표적으로 VEBA사는 1984년 이래 계속 우리사주를 통해 민영화를 추진해 왔으며, 이리하여 1984년에는 21,000명의 종업원 (28.7%)이 참여하였고 1985년에는 27,300명 (41.5%), 그리고 1986년에는 32,600명(49.1%)이 우리사주를 소유하게 되었다. 전체 기업으로 보면 1984년부터 1986년 사이에 모든 종업원의 60%가 우리사주를 구입하였던 것이다.

IVG사의 경우에도 1986년 2,163명 (50%)이 우리사주의 형태로 기업의 주식을 구입하였다. VIAG 주식회사의 경우는 1986년도에 14,000명 (48%)이 우리사주를 구입하였고 1988년에 있었던 제2차 민영화에는 12,100명 (41%)이 여기에 참여하였다. 폴크스바겐(VW AG)사도 역시 1988년 기업 50주년을 맞아 회사가 추진하는 비용절감 정책에도 불구하고 한명의 종업원당 한 주씩을 배정함으로써 주주가 70만여 명에 달하는 독일 최대의 국민기업이 되었던 것이다.

독일 루프트한자사의 주주총회는 1987년 우리사주를 위해 3천만 마르크의 증자를 승인하였다. 그리고 독일 교통신용 은행은 부분 민영화를 통해 총 918명의 종업원 중에 738명 (80.3%)이 우리사주를 통해 주주가 되었으며, 연방철도 종사자의 약 2%인 5천여 명은 부분 민영화시에 그들의 응모권을 행사하였다. DSL홀딩사를 통한 DSL은행의 부분 민영화의 경우에도 810명의 종업원 중에 62.9%에 해당하는 510명이 우리사주를 구입하였다. 예외적으로 잘쯔기타사는 Preussag사에 100% 인수되었으며, 이로 인해 우리사주를 발행하지 못하였다. 일반적으로 말할 수 있는 것은 우리사주를 통한 민영화가 재산축적법의 규정을 초월할 정도의 특별한 혜택으로 종업원들에게 주어지지는 않았다고 할 수 있다.

(2) 주식의 광범위한 분산 : 국민주 방식

독일은 국가소유 주식을 광범위하게 분산시키는 민영화작업을 시행한 종주국이라 볼 수 있으며, 1960년대에는 기본적으로 이러한 방법에 의해 대규모 민영화 작업을 시도함으로써 세계적인 예를 만들기도 하였다(폴크스바겐 150만 구매자, VEBA 260만 구매자).

영국과 프랑스는 수십 년 후에 실행한 민영화를 통해 독일과 마찬가지로 광범위하게 주식을 분산시키는 일을 성공적으로 수행하였으며 분할판매, 무상주식 등의 주식제공과 더불어 광범위한 인구층들의 주식구입에 대한 욕구가 생기도록 하였다.

독일에서 제3차 민영화시기라 할 수 있는 1983년 이후에는 1960년대에 시행했던 광범위한 계층에게 주식을 분산하는 국민주 방법을 반복하지는 않았다. 그 대신 연방소유 주식을 자본시장을 통하여 판매하는 형태로 민영화를 추진하였다. 이러한 새로운 방법을 통해 민영화가 된 프로이삭사와 폴크스바겐 및 VEBA사가 그 전환점을 마련해 준 것이라 볼 수 있다.

이미 1960년대에 '312마르크법' 을 시작으로 재산형성은 민영화와는 무관하게 넓은 기반을 구축하였다. 기민/기사 및 자민당에 의해서 의결된 제4차 재산형성법은 1984년 1월 1일자로 효력을 발생하게 되었다. 이 법에 의하면 6년 기간을 전제로 한 주식구입시 가족상황에 따라 22%에서 33%까지의 프리미엄을 주었다. 이러한 이유에서 '936마르크법' 이 효력을 발생한 지 얼마 후 시작된 민영화 (VEBA의 지분에 대한 부분 민영화)에서는 더 이상의 혜택이 주어지지 않았다. 만약 그렇지 않았다면 또 하나의 신보조금을 지불하는 형태가 되었을 것이다. 새로운 지원을 포기한 채 민영화를 하려는 단호한 정책은 그에 상당하는 여론도 무시한 채 모든 민영화 작업을 추진하였다.

〈표 24〉는 민영화과정에서 행하여진 광범위한 주식분산을 나타내고 있다. 이러한 광범위한 주식분산을 통한 민영화는 특히 1986년 VIAG사와 IVG사의 국민주발행 경우에 비교적 가장 컸었다. VEBA사와 VW의 경우에는 양사가 이미 20년 이상 증권시장에서 거래를 해왔으며, 따라서 새로운 것에 대한 호기심이 더 이상 존재하지 않았다. 이러한 상황하에서 민간 예탁금은 증가하였고 1989년 DSL 홀딩사의 주식에 대한 국내상장은 광범위한 계층의 호응을 받았다.

〈표 25〉에는 나타나 있지 않지만 잘쯔기타사는 국민기업인 Preussag사에 의해서 인수되어 민영화되었을 뿐만 아니라 Preussag사의 40%이상의 주식을 소유한 대주주가 소유지분을 줄였기 때문에 그에 따른 간접적인 분산효과가 나타났다.

투자자들의 관심은 일반적인 증권시세와 구입시 해당기업이 제공하는 혜택들에 쏠려 있기 때문에 판매시점에서 광범위한 분산효과를 얻을 수 있었다. 경험에 따르면 -외국상장에서도 역시 나타나듯이- 주식 구입자의 수는 기업에 관심을 쏟는 장기 투자자에 의해 압도당하였으며, 이것은 독일의 민영화 과정에서도 그대로 나타났던 것이다. 1960년대와 1980년대의 국민주 방식에 의한 민영화 작업은 몇몇 공기업들을 대규모 국민기업 집단으로 육성하는 결정적 계기가 되었다.

**표 24** 1986~1989년 광범위한 주식분산을 통한 민영화

| 광범위한 분산을 동반한 민영화 | 주식수 (백만) | 민간투자자 | | | | 기관투자자 | | |
|---|---|---|---|---|---|---|---|---|
| | | 응모주 | | 예탁건수 | 건당 주식수 | 응모주 퍼센트 | 예탁 건수 | 건당 주식수 |
| | | 수 | 퍼센트 | | | | | |
| VIAG 1986 | 4.64 | 3,947,904 | 85.1 | 396,424 | 10 | 12.5 | 1,368 | 423 |
| IVG 1986 | 0.99 | 743,921 | 75.1 | 74,875 | 10 | 22.8 | 566 | 399 |
| VEBA 1987 | 10.10 | 4,670,936 | 46.2 | 93,975 | 50 | 27.4 | 1,479 | 1,873 |
| DVKB 1988 | 0.37 | 215,647 | 57.7 | 28,650 | 8 | 9.6 | 219 | 164 |
| VW 1988 | 4.80 | 2,594,614 | 54.1 | 148,344 | 17 | 29.1 | 1,449 | 963 |
| VIAG 1988 | 6.96 | 1,089,441 | 15.8 | 28,929 | 38 | 53.4 | 884 | 963 |
| DSL홀딩 1989 | 2.10 | 1,357,440 | 64.6 | 76,896 | 18 | 35.2 | 913 | 809 |

자료 : Bundesfinanzministerium, Stand Maerz 1990.

**표 25** 민영화된 공기업의 국민기업 현황 (1989년)

| 회 사 | 주 주 | 비교치 : 1988 |
|---|---|---|
| Volks Wagen | 728,000 | 400,000 (4위) |
| VEBA | 600,000 | 600,000 (1위) |
| Siemens | 538,000 | 538,000 (2위) |
| Bayer | 375,000 | 320,000 (6위) |
| BASF | 374,000 | 400,000 (3위) |
| Hoechst | 330,000 | 325,000 (5위) |
| Deutsche Bank | 310,000 | 245,000 (8위) |
| Mannesmann | 300,000 | 260,000 (7위) |
| Daimler-Benz | 250,000 | 180,000 (12위) |
| RWE | 200,000 | 200,000 (10위) |
| Thyssen | 200,000 | 160,000 (13위) |
| Dresdner Bank | 160,000 | 160,000 (14위) |
| Commerzbank | 160,000 | 160,000 (15위) |
| VIAG | 100,000 이상 | 200,000 (9위) |
| AEG | 100,000 | 150,000 (16위) |

자료 : 上同

## 3.3 민영화 재정수입

국가소유 지분에 대한 주식판매는 전면에 부각되어 추진하고 있는 체제정책상의 목적인 경제적 추진력의 확대와 광범위한 재산분산을 초월하여 영국과 프랑스에서는 엄청난 재정부담을 완화시키는 결과를 낳았다. 그러나 이러한 결과가 독일의 경우에서는 비교적 소규모의 민영화가 가능한 연방소유 지분판매로 인하여 큰 성과를 거두지 못하였다. 따라서 독일정부는 민영화를 결코 재정부담 해결을 위한 하나의 방책으로 간주하지 않았으며, 앞서 지적한 대로 효율성의 제고라는 측면이 독일에서의 민영화의 우선순위였다고 볼 수 있다.

그럼에도 불구하고 1984년과 1990년까지 연방의 민영화를 통한 매출액은 94억 마르크에 달했으며 철도사업, ERP 특수재산 그리고 재건금융청을 통한 5억 마르크의 추가수입이 재정에 보탬이 되었다. 그 결과 연방은 민영화 작업을 통해 1989년 말까지 약 100억 마르크의 수입을 달성했다. 그러나 약 100억 마르크정도의 연방재정 수입규모는 재정에 큰 영향을 미치는 것은 아니었다. 이것은 민영화를 통한 영국정부의 수입액 1,000억 마르크와  프랑스의 200억 마르크와는 좋은 대조를 이룬다.

한편 소유권자인 연방의 자금수요에 별 영향을 미치지 못했던  연방콘체른의 자회사들의 민영화 판매액은 위의 통계에서 제외되어 있다. 더우기 소유권자의 기능이 사라짐으로 해서 나타나는 재정지출 경감도 고려되어져야 한다. 민영화가 이루어진 이래 VEBA사(10억 5천 1백만 마르크), VIAG사(10억 5천만 마르크) 그리고 폴크스바겐 (13억 2천만 마르크)사들은 총 34억 2천 1백만 마르크를 자본시장에서 증자를 통해 마련하였다. 이것은 예산법적 의무를 지고 있는 대주주인 연방의 요청이 없는 상황에서 이루어진 것이다. 이에 따라 연방에는 지분으로 17억 마르크가 배당되었다.

1983년부터 1989년 기간 중에 매년 평균 14억 마르크의 재정수입이 증가하는 효과를 가져왔다. 이러한 결과들을 종합해 볼 때 연방지분에 대한 민영화 작업은 1983년 이래 재정정책적 차원이 아니라, 사회적 시장경제의 특징 중 하나인 효율성을 우선하는 독일의 체제정책적 차원에서 추진되었다는 사실을  알 수 있다.

# 제9장
# 독일 기업에서 CEO의 역할
## -복잡한 네트워크조직에서의 결정과정을 중심으로-

## 1. 서 론

제9장에서는 독일 주식회사에서 CEO의 역할에 관하여 간략히 분석하고자 한다. 특히 CEO의 결정과정에 어떠한 중요한 영향요소가 본질적으로 영향을 미치는 지를 언급하고자 한다.

따라서 본장에서는 독일 주식회사에서 CEO의 행위에 관한 자극, 제한 그리고 갈등을 해소하는 메커니즘 등 전체에 관해 설명하기보다는 독일 CEO에 관한 개요와 CEO의 행위에 있어 결정적 역할을 담당하는 본질적인 요소들은 무엇인가를 도출하고자 한다.

다음으로는 이러한 CEO의 역할에 영향을 주는 주요한 요소들을 통해 독일, 미국, 한국에서의 CEO의 위상에 관해 살펴보고 마지막으로 독일에서 CEO에 관한 최근 동향과 전망을 살펴보고자 한다.

## 2. 복잡한 결정구조의 한 부분으로서의 CEO

독일기업에서 CEO의 역할은 형식적인 법적, 제도적 틀에 의해 규정되어 있으며, 한편 비공식적인 규칙, 예를 들면 전통, 또는 상관습 등에 의해서도 나타난다. 특별히 중요한 법적 규칙으로는 주식법, 증권거래법, 1998년에 제정된 기업의 투명성과 감시에 관한 법, 공동결정법[149] 및 종업원평의회법 등이다. 이 밖에도 비법적인 규칙들, 예를 들면 여러 형태의 행동규범, 언론매체 및 신용분석가에 대한 행동규칙 등을 들 수 있다.

### 2.1 이사회 내에서의 관계 - 제1인자로서의 CEO

독일 주식회사에서 CEO의 역할은 전통적으로 기업에서 다양한 결정을 내릴 수 있고 내리는 명백한 최고 결정권자라기보다는 오히려 제1인자의 한 사람으로서의 역할이라고 볼 수 있다. 이는 독일 고유의 「합의의 원칙」에 기인한다. 그러므로 그 결과 CEO 개인에 의한 의사결정 메커니즘이라기보다는 이사회에 의한 결정이 되는 것이다.

### 2.2 주주의 감시 - 이사회 감시기관으로서의 감독위원회

CEO 그리고 이사회의 역할을 이해하기 위해 중요한 사실은 무엇보다도 감독 위원회의 존재를 들 수 있다. 다른 나라와 달리, 독일의 기

149) 이 법은 제2차 세계대전 이후 법제화되어, 1951년 철강 및 탄광산업에만 적용되어 오다 1956년에 다른 산업분야로 확대되었다. 1976년 개정된 신공동결정법에 따르면 종업원 2,000명 이상의 기업에서는 감독위원회의 1/2을 종업원 대표로 구성하여야 한다. 이처럼 기업 감독위원회에 주주와 동등한 비율로 종업원대표가 참여하는 것을 제도화하고 있기 때문에, 공동결정법은 시장경제제도의 효율성과 아울러 형평성과의 조화를 추구하는 독일 사회적 시장경제의 이념을 실현하는 중요한 수단 중의 하나이다.

업지배 시스템의 특징은 기업경영과 기업경영의 감독을 분리하는 이원적 이사회체제라는[150] 점이다. 여기서 감독위원회의 과제는 이사회를 감독하는 것이다.

독일 상법에 따르면 종업원 500인 이하의 유한회사를 제외한 모든 기업에 감독위원회를 두도록 되어 있어 독일 대기업에 있어 감독위원회제도는 의무적이다. 감독위원회의 구성은 주주와 공동결정제도에 기초한 다수의 대규모 주식회사에서 노동자대표로 이루어지며, 최소 3명에서부터 최대 21명으로 구성되어진다.[151] 이 감독위원회는 이사들과 CEO를 선임하기도 하며 경우에 따라서는 이들을 해임시킬 수도 있다.

감독위원회는 정기적으로 -최소한 4회- 모임을 갖고 회사의 장기 전략 또는 중요한 결정에[152] 대한 사전 승인 또는 사후보고를 받는다. 따라서 감독위원회는 기업의 "책임"을 강제하는 중심적인 역할을 담당하고 있다고 볼 수 있다. 그리고 감독위원회 내에서 감독위원회 회장은 실제로 결정적인 인물이다. 왜냐하면 감독위원회 회장은 표결결과가 찬반 동수일 경우 결정권*Casting Vote* 을 행사할 수 있기 때문에 기업지배 구조측면에서 매우 중요한 역할을 한다.

여러 형태의 공동결정법에 따르면 대규모의 주식회사에서 감독위원회 구성원 중 최소 3분의 1 그리고 최대 2분의 1이 종업원 측의 대표가 차지하고 있다. 따라서 종업원대표는 직접적인 형태로 기업을 감독하는데 참여하는 기회를 갖게 되는 것이다. 종업원대표가 이사회와 감독위원회 정

150) 이원제이사회는 주식회사법에 의해 이사회가 감독위원회에게 보고하고 감독위원회가 이사회를 감시 · 자문하는 제도로서 독일을 비롯하여 네덜란드, 덴마크 등 주로 북유럽국가에서만 찾아 볼 수 있다. 반면 이사회 하나로 구성된 단일시스템을 채택하고 있는 국가로는 미국, 영국, 스위스, 이태리, 스페인 등이 있다. 프랑스와 벨기에의 경우는 혼합형으로 기업이 자유롭게 둘 중의 한 시스템을 선택할 수 있다.

151) 감독위원회의 종업원 대표를 제외한 나머지 감사들은 주주총회에서 선출된다.

152) 여기에는 기업인수, 처분, 공장폐쇄 및 주요기업조직개편 등을 들 수 있다.

보호름을 공유할 수 있다는 것은 독일 기업에서 경영과 종업원대표들 사이에 하나의 협조적 행위를 위한 매우 결정적인 수단임을 의미한다.

### 2.3 이사회의 직접적 감시자로서의 소액주주

독일의 주식회사는 주주총회라 불리우는 정기적인 주주의 모임을 갖는 의무가 있다. 또한 이들 기업들은 여러 형태의 규칙에 기초하여 일정한 기업경영 정보를 공개·발표할 의무를 지닌다. 지난 수년간 소액주주들의 권익을 보장하기 위해 소액주주단체, 예를 들면 〈주식 보유자를 위한 독일 보호협회〉 등을 통해 소액주주에 대한 권익이 개선되기는 하였지만, 경우에 따라서는 개별적인 주주나 또는 주주그룹의 모든 점에서 확실한 거부권을 행사할 수 있음에도 불구하고, 본질적으로 주식회사 이사회의 경영행위에 대한 감시는 소액주주보다는 감독위원회를 통해서나 또는 직접 대주주를 통해서 이루어진다고 볼 수 있다.

### 2.4 종업원을 통한 감시
### – 영향을 미치는 수단으로서 종업원평의회의 공동결정

감독위원회 형태로의 상충의 감시 외에도 종업원 대표들은 종업원평의회라는 조직을 통해서 CEO의 경영에 영향을 미치는 기회를 갖고 있다. 이사회는 정기적으로 종업원평의회에 경영과 관련된 정보를 제공해야 한다. 제도적으로 종업원평의회는 경영에 관한 정보획득, 자문 그리고 공동결정의 권리를 보장받고 있다. 독일에서 거의 모든 주식회사는 이러한 종업원평의회제도를 두고 있다. 종업원평의회의 관점에서 보면 이러한 공동결정의 수단은 더 나아가 감독위원회를 통한 공동결정보다 더 중요한 것이다.

## 2.5 '감시견'과 기업투명성을 형성하는 수단으로서 언론매체

감시기구로서 언론매체는 매우 중요한 의미를 갖는다. 독일에는 기업에 관한 상세한 그리고 매우 잘 조사된 경제보고내용들이 일반 간행물과 또한 차별화된 경제전문지나 각양각색의 경제서비스를 통해 공개되고 있다. 전문지들이 주식분석가, 투자전문가 그리고 경영파트너들에게 매우 중요한 정보역할을 수행하는 반면, 일반 간행물들은 중요한 경향에 영향을 미치는 큰 힘을 가지고 있다. 경제적 관점에서 볼 때 언론매체의 기능은 대리인 비용을 줄여주는 매우 중요한 역할을 한다.

## 2.6 감시기구로서 금융 중개

전통적으로 독일 주식회사에서 은행은 Bank monitoring System이라고 불릴 정도로 영향력을 크게 행사하는 역할을 한다. 독일의 경우 은행은 기업의 주주로서 그리고 기업의 주요대출기관으로 중심적인 역할을 할뿐만 아니라, 주 은행원칙에 따라 기업의 특별한 고문, 그리고 배타적인 경영파트너의 역할을 수행하고 있다. 은행의 이러한 막강한 역할은 은행이 감독위원회에 직접 참여함으로 이루어지고 있다.[153] 독일 기업의 감독위원회에서 은행계 인사는 종업원 및 노조대표(96%)에 이어 수적인 측면에서도 가장 우세한 그룹(70%)이다.[154]

일반 국민들의 주식소유에 대한 관심이 증가함에 따라 주식을 평가분석하여 투자자에게 우량 주식을 추천하는 기관으로서 은행의 의미

153) 독일에서 은행의 영향력이 이렇게 큰 배경으로는 독일 특유의 겸업은행제도와 대리의결권제도를 들 수 있다.

154) 이는 덴마크, 네덜란드 등 북유럽 국가들의 감독위원회에서 은행계 인사의 비중이 31%에 그치는 것을 보더라도 독일만의 독특한 상황임을 알 수 있다.

는 커졌다고 볼 수 있다.

은행 내부에 있어서의 서비스나 분석하는 부서 그리고 또한 그에 상응하는 투자자금을 운용하는 부서 등의 중요성이 부각되었다. 또한 기업대표들과 금융 분석가들과의 대화도 점점 중요성이 증가되고 있다.

### 2.7 신용등급 평가기관의 미발달

현재까지 독일에서 신용평가기관의 활동은 매우 미미하다고 볼 수 있다. 단지 외국, 특히 미국 증권거래소에 등록되어 있는 큰 기업의 경우에만 신용평가기관에 의해 평가되고 있을 뿐이다. 따라서 신용평가기관에 의한 평가는 독일에서 하나의 부차적인 역할을 한다고 볼 수 있다.

### 2.8 여타 영향요소의 제한

CEO의 경영결정에 영향을 미치는 기타의 그룹으로 법적인 규범을 엄수하는 공인회계사를 들 수 있다. 또한 주요한 고객의 경우도 중요한 의미를 가진다. 그들은 기업이 생산하는 제품의 질이나 기업의 경영에 있어 표준을 엄수할 것을 요구하게 된다. 이와 관련하여 일종의 행동규범은 그 역할의 중요성이 점차 증가하고 있다. 예를 들면 다국적 기업에 관한 OECD의 가이드라인, 노동조합 또는 NGO(비정부부문)와 공동으로 다루어 만든 기본법들, 또는 UN이 정한 글로벌 계약, ISO 기준에 근거한 규칙들 등을 들 수 있다.

### 2.9 사회의 한 부분으로서의 기업

일반적으로 기업은 사회질서의 한 부분으로 이해된다. 따라서 기업은 사회와 주위에 대한 책임을 사실로 받아들이고 있다. 이와 관련 사회적 그리고 생태학적 질문은 하나의 본질적인 역할을 한다. 점차 기업은 주주에 대해서만 책임을 지는 것이 아니라 지주(종업원)에 대해서도 책임을 지고 있다.

### 2.10 이사의 급여

독일에서 독일 주식회사 이사들은 소득의 피라미드 구조로 볼 때 최정상에 위치해 있다. 이사들의 연간 소득은 최상위 소득그룹에서 독일의 종업원들이 받는 평균소득의 20배에서 30배를 받고 있다.

## 3. CEO의 역할에 관한 국가 간 비교 - 독일, 미국, 한국을 중심으로 -

표 26 CEO의 역할에 관한 국가 간 비교

| 이사회통제주체 | 독 일 | | | 미 국 | | | 한 국 | | |
|---|---|---|---|---|---|---|---|---|---|
| | 강 | 중 | 약 | 강 | 중 | 약 | 강 | 중 | 약 |
| 감독위원회/사회이사 | | ○ | | | ○ | | | | ○ |
| 소액주주 | | ○ | | | ○ | | | | ○ |
| 종업원 | ○ | | | | | ○ | | | ○ |
| 언론매체 | ○ | | | ○ | | | | | ○ |
| 은행 | ○ | | | | ○ | | ○ | | |
| 신용등급 | | | ○ | ○ | | | | ○ | |
| 정부 | | | ○ | | | ○ | ○ | | |
| 행동규범 | ○ | | | ○ | | | | | ○ |

위의 〈표 26〉을 정리, 요약해 보면 다음과 같다 :

1. 독일에서 감독위원회는 CEO의 역할을 규정하는 중요한 조직이다. 미국에서는 상응하는 의미에서 사외이사가 상대적으로 중요한 역할을 한다. 반면 한국에서는 현재 가용한 정보와 사외이사의 선출에 근거해서 볼 때 사외이사의 영향력은 약하다고 본다.
2. 소액주주는 비교한 3개 국가 모두 CEO의 결정과정에 있어 하나의 한계그룹에 속한다. 점차 소액주주들이 주주총회에서 그들의 비판을 공개적으로 알릴 수 있는 반면, 표결에 있어서는 큰 영향을 미치지 못하고 있다. 소액주주들이 영향을 미칠 수 있는 대부분은 손실보상소송, 일정한 질서의 규칙을 준수하기 위한 소송 등이다. 이와 관련하여 비교 국가 중 소액주주의 권한이 가장 강한 나라는 미국이며, 다음이 독일이라고 볼 수 있다.
3. 이사회 통제와 관련하여 종업원은 독일의 공동결정법에 근거해 경영에 가장 강력한 영향력을 행사하는 역할을 한다. 반면 미국과 한국에 있어 종업원의 경영참여에는 매우 한계가 있다.
4. 언론매체는 독일에서뿐만 아니라, 미국에서도 큰 역할을 한다. 반면 한국에서는 신문의 발행 부수, 저널리스트, 전문저널리스트들의 교육 그리고 기업들의 실태 등에 의존하여 다양하게 기업의 경제적 성과를 보고하고 있기 때문에 비교할 수가 없다.
5. 은행은 특히 독일과 한국에서는 큰 역할을 하는 반면, 미국은 그렇지 않다.
6. 신용등급은 특히 미국에서는 미국 기업들의 자금조달의 관례에 따라 큰 역할을 하는 반면, 독일은 그렇지 않다. 한국에서 신용등급은 중간적 역할을 한다고 볼 수 있다.
7. 정부는 한국에서 무엇보다도 먼저 본질적인 역할을 하는 반면, 미국과 독일에서는 그렇지 않다.
8. 마지막으로 행동규범은 미국과 독일에서 하나의 중요한 역할을 하는 반면, 한국에서의 역할은 그렇지 않다.

## 4. 최근 동향과 전망

CEO와 이사회의 행위에 관한 현재의 조건은 변화될 것이다. 현 정부는 기업의 경영, 기업의 감독, 주식법의 현대화 등의 기업지배구조를 연구하는 전문위원회를 발족시켰다. 그 결과는 아직 나오지 않았으나, 명확한 것은 변화를 원하고 있고 또한 그 필요성을 느끼고 있다는 점이다. 일반적으로 규칙적인 현대화 과정은 급변하는 환경변화를 고려할 때 필요하다. 국제 상호의존의 심화와 함께 다수 기업대표들의 기업지배구조의 조화에 대한 관심은 증가하고 있다.

최근 대서양을 넘나드는 기업접촉과 인수 등은 독일 기업의 경영자에게 독일의 경영자들은 미국의 경영자들에 비해서 신속하고 주도면밀하게 결전하는데 있어 뒤떨어지고 있음을 빈번히 보여주고 있다.

이와 관련하여 독일에서의 기업경영의 장래 발전에 대한 다음과 같은 명제들을 도출해 낼 수 있다 :

1. 현재까지 많은 독일 기업에 있어서 CEO는 제1인자라는 형식적 의미가 강하였으나, 이러한 인식은 변화하고 있다. 즉 점차 CEO는 확실한 경영의 최고책임자로서의 권한을 행사하는 방향으로 전환되고 있다.
2. 당분간 독일의 이사회와 감독위원회라는 분리시스템은 계속 유지될 것이다. 그리고 감독위원회 위원장은 계속해서 중요한 역할을 수행할 것이다.
3. 소액주주는 구조적으로 큰 형향을 미치지 못할 것이다. 소액주주들의 행동의 조정비용은 과도하고, 그들의 영향을 주는 관심사들은 매우 서로 다르게 나타나고 있다.
4. 종업원들은 감독위원회의 참여 그리고 종업원평의회 구성을 통해 경영에 있어 영향력을 지속적으로 행사하게 된다.

5. 언론매체는 그 영향력을 계속 유지할 것이다. 또한 장차 언론매체의 중요한 중간적 역할이 주어질 것이다.
6. 기업의 자금조달방식이 변함에 따라, 즉 직접 은행을 통한 자금조달보다 자본시장을 통한 자금조달방식으로 기업의 자금조달방식이 바뀜에 따라 은행의 영향력은 감소할 것이다.
7. 그 동안 기업의 필요한 자기자본을 규정하는 은행의 역할이 개정됨에 따라 신용등급은 그 중요성이 증가할 것이다. 국제적으로 유명한 신용등급평가기관에 의해 평가받고 있는 기업의 수가 증가할 것이다. 따라서 신용평가기관의 기업에 대한 영향력이 증가할 것이다.
8. 글로벌 계약, OECD의 다국적 기업에 대한 지침, 노동조합과 NGO(비정부부문)와의 계약 같은 행동규범의 의미가 증가할 것이다.
9. 독일 CEO들의 급여는 누진적으로 증가할 것이다. 왜냐하면 미국의 CEO와 비교해 볼 때 상대적으로 독일 CEO들의 급여가 낮다는 것에 관심을 보이고 있기 때문이다. 또한 점증하는 미국계 기업과의 기업연합을 통해 합법적으로 급여의 인상이 가능하기 때문이다.
10. 독일기업에서 컨센서스와 협력은 성공을 위한 확실한 근거이다. 현재의 독일모델의 유지에 대한 관심은 크다. 따라서 당분간 독일모델을 지속적으로 유지하는 관심은 변화가 없을 것으로 보인다.

# Part 04

Ordo Liberalism, German Social Market Economy

## 통일 독일의 경제

# 제10장
# 통일 후 구동독의 기업 사유화

## 1. 서 론

독일통일은 동독의 사회주의 계획경제체제가 서독의 자본주의 시장경제체제로 전환되는 것을 의미한다.[155] 경제체제론적 관점에서 통일독일이 해결해야 할 가장 중요한 핵심적 과제는 크게 다음의 두 가지로 요약할 수 있다. 첫째는 자원배분의 문제로서 그 동안 동독 정부의 명령 혹은 계획에 의해 자원을 배분하는 계획경제에서 통일 후 자원배분을 시장의 가격기구에 의존하는 시장경제체제로 전환하는 일이다. 둘째는 생산수단 및 재산권의 소유문제로, 통일 전 동독은 생산수단 및 재산권의 사적 소유를 인정하지 않고, 국가가 소유하는 사회주의 경제체제를 유지하여 왔다. 그러나 통일 후 서독의 경제체제로 전환하는 과정에서 생산수단 및 재산권의 사적 소유를 인정하는 자본주의 체제를 도입하였다. 특히 사유재산권 확립은 소유구조의 변화를 초래한

155) 독일통일은 서독의 자본주의 시장경제체제가 동독의 사회주의 계획경제체제를 일방적으로 흡수한 소위 '체제 흡수통일론' 으로 분석 · 설명하기도 한다.

다는 의미에서 통일독일의 최우선적 과제로서 추진되었다.

이러한 관점에서 본 논문에서는 신탁관리공사*Treuhandanstalt*(이하 신탁청)를 중심으로 전개된 구동독의 사유화 추진내용을 살펴보고 사유화 추진 시 문제점을 분석하였다. 또한 이를 통해 남북한 통일시, 가능한 시나리오의 하나인 북한 사회주의 계획경제의 남한 자본주의 시장경제로의 체제전환에 따른 북한 국유재산의 사유화에 필요한 정책적 시사점을 도출하는데 연구목적을 두었다. 이는 현재까지 지속되어온 남북한 체제에 큰 변화가 없고, 가까운 장래에 남북한이 통일될 수도 있다는 급진적 통일시나리오를 전제로 하여 독일과 유사한 형태의 통일이 될 가능성이 높다고 보았기 때문이다.

## 2. 사유화 추진의 기본원칙과 정책

### 2.1 신탁청의 설립

#### (1) 신탁청의 설립과 목적

동독지역 국영기업의 사유화는 1990년 3월 1일 구동독정부가 발표한 '사유기업의 설립 · 영업 · 기업참여에 관한 법률'에 근거하여 설립된 신탁청에 의해 추진되었다. 신탁청의 초기목적은 독일통일 과정에서 구동독이 유지해온 국영재산의 관리를 목적으로 하였으나, 이후 '통화 · 경제 · 사회동맹'의 발효가 임박해지면서 급속한 체제전환이 필요해지자 '인민소유 재산의 사유화 및 재편성에 관한 법률(신탁법)'이 제정되어 경제 전반에 걸친 국영재산의 관리 · 처분, 구동독의 국영기업인 콤비나트와 인민 소유기업의 사유화작업을 담당하게 되었다.

신탁청의 기본 목적은 신탁법 제2조에 명시된 바와 같이 동독 국영재산의 사유화 과정을 담당하는 것으로 사유화를 통한 기업의 구조조정과 시장적응능력의 배양을 통해 경쟁력을 갖춘 사기업체를 창출함으로써 경제체제를 계획경제에서 시장경제로 이행시키는데 있다.

신탁청은 이외에도 구조조정이 불가능한 기업들의 해체 · 정리, 콤비나트의 분할 · 합병을 통한 유한책임회사나 주식회사 형태의 시장경제적 회사제도의 확립, 구조조정 과정에서의 고용안정 등을 주요 목적으로 한다.

이와 같은 신탁청의 주요목적은 크게 산업구조조정, 사유화, 기업개편의 세 가지로 요약할 수 있다.

### (2) 신탁청의 구조와 역할

신탁청은 베를린에 본부를 설치하고 구동독지역 5개주의 주요도시에 15개의 지점과 뉴욕, 동경에 2개의 해외지사를 설치하여 사유화를 추진해 나갔으며, 구조와 역할에 관한 기본골격은 신탁법과 그 하위법인 신탁청 정관 및 신탁주식회사 정관에 근거를 두고 있다(고일동 · 조동호, 1992).

베를린 본부에서는 노동자 1,500명 이상의 대기업과 특정산업부문[156]에 속한 기업을, 각 지역에 설치된 15개 지점들은 노동자 1,500명 이하 기업, 구동독 당시 지방행정기관에 의해 관리되던 콤비나트, 소규모기업의 특성과 조건에 맞는 사유화 추진과 신탁청 본부를 행정업무가 집중되는 것을 막아주는 역할을 하였다.

신탁청의 중앙조직은 신탁청장 외에 8개 부처로 구성되었다. 신탁청장은 업무를 총괄하였고, 6명의 기업분야 이사와 인사 · 재정을 담

156) 이에 속하는 산업부문은 교통, 에너지, 석유, 농림업, 수자원, 대외자원, 통화 · 신용, 백화점, 여행사, 호텔 체인, 인쇄소, 신문출판사 및 연구기관 등이다.

당하는 2명의 이사가 사업별 · 기능별로 분류된 독립적인 업무를 수행하였다. 또한 정부의 관련 부처와 동독 5개 대표자, 노동조합대표 등 23명으로 행정위원회를 구성하여 신탁청장 및 이사의 임면권, 신탁청 업무의 관리 · 감독 및 주요 사안의 결정권을 가지게 하였다.

이러한 중앙조직 이외에 신탁청은 특별자회사로 1990년 10월에 '상업부문의 사유화를 위한 유한회사'를 설립하여 상업 · 서비스업부문의 사유화를, 1991년 3월에 '신탁관리공사 부동산유한회사'를 설립하여 기업목적으로 사용이 불가능한 신탁청 소유 부동산의 가격평가, 관리, 활용도 분석, 원소유자로의 반환, 지방자치단체로의 이양 및 매각 등의 임무를 수행하도록 하여 사유화업무의 효율성을 높이려 하였다 (황병덕, 1993). 그러나 이 기관들에 업무가 폭증함에 따라 1992년 '토지 매각 · 관리 유한회사'를 설립하여 농업 · 임업 · 수산업용 토지의 매각 · 임대 등의 처리에 관한 업무를 이양시켰다. 또한 신탁법에 의해 지방분권적 조직인 4개의 신탁주식회사[157]를 설립하여 신탁청 산하기업의 관리, 국영재산의 사유화를 지원하였다. 그러나 신탁주식회사는 상당한 자율성을 가진 독립적 법인체로, 신탁청 조직이 신탁청 본부와 신탁주식회사의 이원적 구조를 가지게 되었고, 행정적 신축성의 결여 등의 문제를 야기하게 되었다. 이에 따라 1991년 3월에 발효된 투자법에서는 신탁주식회사 설립에 관한 의무조항을 삭제함으로써 현재의 신탁청 조직의 모습을 갖추었다(고일동 · 조동호, 1992).

신탁청의 소속은 통일 이전에는 동독수상의 직속기관이었으나, 통일 이후에는 연방재무성의 관할 하로 개편되었고, 업무는 연방재무성, 연방경제성, 관련부처에 의해 공동적인 관리 · 감독을 받게 하였으며,

157) 통일조약에 입각하여 제정된 신탁법을 근거로 1990년 9월 1일 중공업, 자본재산업, 소비재산업, 서비스산업 등 4종류의 신탁주식회사가 설립되어 신탁법 제 8조에 근거한 사유화의 임무를 수행하였다.

중요사안은 연방의회의 '연방의회 신탁관리공사 특별위원회'에서 감독 · 권한을 행사하였다. 그 외에 연방감사원, 신탁청 자체의 내부 감사기관 및 행정위원회 등이 설치되어 신탁청의 업무에 대한 감독기능을 담당하였다(고일동 · 조동호, 1992).

### 2.2 사유화 추진의 기본원칙

사유화정책의 기본원칙은 기존의 국영기업을 새로운 경영자에게 매각하고 기업을 미래지향적으로 발전시켜 새로운 고용을 창출하고, 구동독의 비효율적인 계획경제체제를 시장경제체제로 전환시켜 효율적 자원배분에 의한 경제의 효율성 제고와 구동독경제의 구조조정으로 체제전환 과정에서 야기되는 경제적 문제를 해결하는데 있다.

통일 후 구동독의 국영기업을 처리할 수 있는 기본방향을 크게 (1) 사유화 (2) 경영정상화후 사유화 (3) 폐업의 3가지로 나누어 볼 수 있으며, 이 가운데 신탁청은 자본주의 시장경제질서를 조기에 정착시키고 통일비용의 절감을 위해 국영기업의 조속한 사유화나 폐업을 선호하였다.

#### (1) 조속한 사유화

조속한 사유화는 빠른 시일 내에 동 · 서독이 동일한 경제체제로 이행되고, 투자를 위축시킬 수 있는 과도기적 소유구조를 회피하기 위한 사유화정책으로 구동독경제의 구조조정이라는 신탁청의 주요 목적을 달성하기 위해 가장 선호된 사유화원칙이다.

이를 위해 신탁청은 콤비나트를 주식회사 혹은 유한회사로 전환하여 인수하고, 각 기업들의 DM표시 대차대조표의 작성과 경쟁력의 유무를 파악한 후, 그 결과에 따라 조속한 사유화, 정상화, 폐업의 3가지

형태 중 한 가지를 선택하였다.

조속한 사유화 방식이 선택되면 신탁청은 예상투자자를 모집하고, 이들로 하여금 투자계획, 고용보장 등이 담긴 1차 보고서를 제출하도록 하였다. 이후 이 계획서의 자료를 바탕으로 투자자가 사유화 기업을 선택케 하였으며 투자자로 하여금 직접 대상기업을 조사 후 상세한 계획서[158]를 제출하게 하여 투자자를 심사하는 방식을 채택하였다.

조속한 사유화 과정에서는 경매와 협상의 두 가지 모델이 사용되었다. 경매 모델은 자영업, 소규모 토지, 호텔 등의 사유화에 적합하며 이는 조속한 사유화와 사유화 과정의 투명성을 보장한다는 장점이 있다. 한편 협상 모델은 대기업의 사유화에 적용된 방식으로 투자계획, 고용창출, 환경보호, 구매가격 등에 근거하여 제한된 구매자와의 협상에 의해 투자자를 결정하였다. 이 방식은 경매방식에 비해 투명성이 부족하며, 사유화에 시간이 걸린다는 약점이 있으나, 정책목표를 달성하는 데에는 유리한 방식이다. 이 두 가지 모델 중 경매자가 경쟁적인 상황에서는 경매 모델이 협상 모델보다 우월하게 나타났으며, 매각가격에 있어서도 안정적으로 나타났다*Fisher, W, 1996*. 그러나 사유화의 목적이 재정수입의 확보뿐만 아니라 매각 후의 경영정상화와 고용촉진 등에 있었기 때문에 대기업의 사유화에 있어서는 투자자의 투자계획과 고용문제를 우선할 수 있는 다양한 협상모델이 선택되었는데 이를 보다 구체적으로 살펴보면 다음과 같다*Fisher, W, 1996*.

첫째, 자유매각*Free sale* 방식으로 정형적인 방식을 따르지 않고 중요사안의 협상에 의한 매각방식.

158) 이 계획서는 구매가격, 투자계획, 고용계획, 환경정화계획 등이 포함되었으며, 이 계획서를 기초 자료로 하여 최종구매자를 결정하였다.

둘째, 특정매각*Bidding* 방식으로 화학, 철강 등의 대규모기업을 투자자에게 사유화를 권유하는 방식.

셋째, 제한 입찰*Limited tender* 방식으로 중규모의 기업에 채택된 방식이며, 특정매각과 유사한 성격을 가지지만 보다 많은 투자자에 공개되는 방식.

넷째, 공개입찰*Open tender* 방식으로 소규모의 사유화에 채택된 방식.

다섯째, 공공경매*Public auction* 방식으로 이는 신탁청에 의해 사용되지는 않은 방식 등 이다.

위와 같은 사유화방식 이외에도 매각 대상기업의 경영진이 해당기업을 인수할 경우 우선권을 제공하는 MBO*Management-Buy-Out*와 이들 기업의 경영상의 문제점을 해결하기 위해 서독지역의 경영자를 영입하는 MBI*Management-Buy-In* 방식이 채택되었다.

또한 조건이 비슷한 경우, 중소규모의 기업투자자에게 우선적으로 매각하고, 거대기업의 분할을 통한 중소기업 투자의 위험부담 감소와 사후토지재평가기준의 미적용[159] 등 중소기업에 대한 우대조치를 통한 대기업의 독점방지 등이 세부지침으로써 적용되었다.

### (2) 경영정상화

구동독 국영기업의 사유화는 조속한 사유화 외에도 경영정상화가 중요한 기본원칙으로 채택되었다. 물론 사유화 대상기업 중에서 가장 바람직한 형태는 조속한 사유화지만 사유화가 되기에는 여러 가지 여건이 부족한 기업에 대해서는 사유화의 전단계로서 정책지원을 통해

---

159) 구동독 국영기업의 DM표시 대차대조표가 작성되었던 1990년 7월 1일에는 부동산 시장이 형성되지 않았기 때문에 토지가격은 실질적인 시장가격이 아닌 동독 경제성이 발표한 기준시가에 의해 결정되었다. 따라서 대차대조표 상에 나타난 토지의 평가가격은 추후 형성된 시장가격과 상당한 격차가 있기 때문에 부동산 시장이 형성된 다음, 대지 및 토지의 재평가가 이루어지게 하여, 차익을 추가로 징수하였다.

경영정상화를 이룬 후, 사유화하는 방법인 경영정상화 방안을 채택하였다. 이에 해당되는 기업은 정책 지원시 소생 가능한 기업, 지역경제 활성화 및 정상화의 가치가 있는 기업 등이다.

경영정상화기업에 대한 정책지원의 선정기준은 개별기업의 대차대조표와 독립적인 컨설턴트기구인 MC*Management Committee* 에 제출한 기업전략 계획서에 의해 선정되며, 선정된 기업은 사유화 기업과 마찬가지로 부채 면제 및 자기자본 공여를 통한 재무제표정비가 행해지고, 개별기업의 정상화에 대한 소요기간 · 소요금액 · 예상고용자 수 등을 중심으로 한 구체적 계획안이 작성되었다(박성훈, 1993). 이 계획안에 의해 정상화에 필요한 재정지원과 경영적 측면에서의 지원을 받게 된다. 이와 같이 정상화기업으로 선정된 기업은 〈표 27〉과 같은 구체적 정상화과정을 거치게 된다.

**표 27** 경영정상화 과정

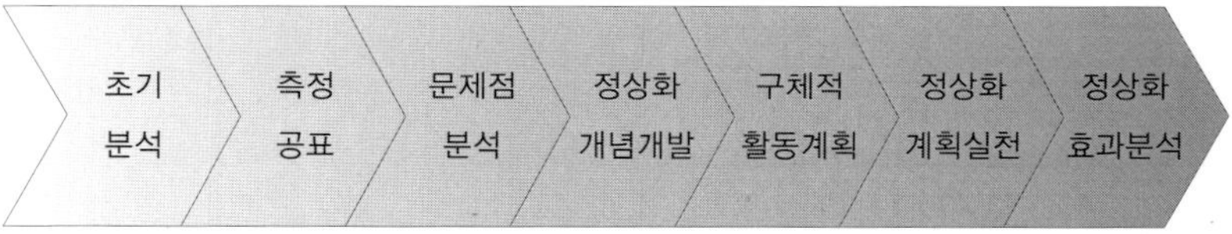

| 초기 분석 | 측정 공표 | 문제점 분석 | 정상화 개념개발 | 구체적 활동계획 | 정상화 계획실천 | 정상화 효과분석 |
|---|---|---|---|---|---|---|

자료 : Wolfram Fisher 등, Treuhandanstalt The Impossible Challenge, Akademic Verlag, 1996.

경영정상화로 선정된 기업의 우선 목적은 효율적 생산을 통한 경쟁력의 확보이며, 이를 위한 수단으로 인원축소, 조직개편, 설비투자 축소 등의 '소극적 경영정상화방안'이 채택되었다. 이는 사유화로 인해 발생한 실업문제를 완화시키기 위해 채택된 정책이다*Siebert, H, 1994*.

그러나 부분적으로는 신탁청의 재정지원 등을 통해 적극적인 시장개척, 기술개발 및 투자를 하는 '적극적 경영정상화 방안'도 병행되어 추진되었다.

### (3) 폐업

신탁청은 사유화나 경영정상화가 어려운 기업은 '조용한 정리*Stille Liquidation*' 와 '완만한 파산*Behutsame Schliessung*' 의 방법을 사용하여 폐업을 유도하였다.

'조용한 정리' 는 생산설비를 타 용도로 전환하는 방법으로 생산자원의 낭비를 줄이기 위한 방법이며, 노동자들이 연관분야로 전직할 수 있는 시간을 보장해줌으로써 실업문제를 다소나마 해결할 수 있었다. 반면 '완만한 파산' 은 단계적으로 폐업을 진행시켜 폐업에 따르는 충격을 완화시키는 방법으로서 이에 따른 각종 재정부담은 신탁청이 담당하였다. 그러나 신탁청의 평가기준에 의해 폐업 또는 정리절차의 대상으로 분류되었더라도 지역경제 및 노동시장정책 차원에서 정상화할 가치가 있다고 판단되는 기업 중 일부는 주정부의 자체적 정상화 프로그램에 편입되어 일정기간 폐업조치가 유보되기도 하였다.

## 2.3 사유화정책

### (1) 콤비나트의 해체 및 법적형태 변화

신탁청은 국영기업과 같은 동독의 기업형태로는 시장경제체제에서 경쟁력을 확보하기에는 적합하지 않다고 보고, 기업을 사유화하기에 앞서 서독의 법적 · 제도적인 형태로 변형하는 작업을 하였다.

동독의 기업은 콤비나트 형태로 존재하였으며, 이는 크게 수평적 콤비나트와 수직적 콤비나트의 형태로 구분할 수 있다. 콤비나트의 수는 316개에 달하였고, 이들은 콤비나트 해체정책에 의해 12,000여 개의 기업들로 해체되었다. 해체된 기업들은 서독의 기업형태로 전환되거나[160], 새로운 형태의 법인체로 전환되었는데, 콤비나트를 해체한 목적은 사유화를 촉진하고 경영정상화를 꾀할 수 있는 경쟁력 있는 경영단위로의 전환에 있다.

콤비나트 해체정책은 기업의 규모를 개별단위로 축소시켜 투자자의 범위를 확대함과 동시에 투자자의 위험부담을 감소시켜 투자촉진의 효과를 가져왔고, 〈표 28〉과 같은 기업의 분류를 통해 경쟁력이 있는 기업의 사유화를 촉진하는 역할을 하였다.

표 28 신탁청 산하기업에 대한 사유화 가능 평가

(단위:%)

| 구분 | 1991.6.30 | 1991.12.31 | 1992.6.30 | 1992.12.31 |
|---|---|---|---|---|
| 사유화 가능기업 | 2.3 | 1.9 | 2.1 | 1.3 |
| 사유화가 기대되는 기업 | 7.1 | 7.1 | 5.2 | 4.6 |
| 정상화가 요구되는 기업 | 35.1 | 41.9 | 42.6 | 38.3 |
| 다른 전략의 정상화가 요구되는 기업 | 25.6 | 24.7 | 29 | 41.6 |
| 정상화의 가능성이 불확실한 기업 | 14 | 6.2 | 3.5 | 3 |
| 폐업 | 15.9 | 18.2 | 17.6 | 11.2 |

주 : 각 시기별 비율은 해당 시기의 신탁청이 보유 중에 있는 기업에 대한 비율임.

자료 : Fischer, W 등 Treuhandanstalt The Impossible Challenge, Akademic Verlag, 1996.

(2) 서독 기업회계제도의 도입

구동독의 콤비나트에서는 여러 형태의 기업회계가 작성되었으나,[161] 그 형태가 중앙정부에 의한 가격기준과 감가상각방식에 의해 작성되었

160) 콤비나트에 속해 있는 대규모 회사의 경우는 주식회사로, 콤비나트에 소속되어 있지 않는 소규모 기업은 유한책임회사로 전환되었다.

161) 구동독 체제하에서는 한 기업이 기초수단회계, 투자회계, 설비회계, 제품회계, 성과회계, 노동회계, 재정회계, 이익회계 등 여러 종류의 회계를 작성할 의무가 있었다.

기 때문에 기업자산과 부채에 대한 정확한 평가가 어려웠다. 이에 'DM 표시 기업회계법'을 제정하여 서독지역의 가격을 기초로 한 대차대조표의 작성을 의무화함으로써, 기업의 사유화에 있어 기업 매각가격에 대한 정부 및 존립여부, 사유화과정에서 발생하는 재정부담의 예측을 가능하게 하였다. 대차대조표의 작성기준으로는 기업이 보유한 토지나 건물은 시장거래 가격을, 시장가격이 형성되지 않은 경우에는, 동독경제성이 발표한 기준시가를 적용하였다. 또한 원재료와 중간재는 교환비용 · 재생산비용, 완제품은 예상판매수익에 근거하였으며, 화폐통합 이전에 발생한 부채와 채권은 2:1의 교환비율이 임대수입, 리스수입 등 정기적인 소득 수입에 대해서는 1:1의 교환비율이 적용되었다.

(3) 기업의 구 부채 탕감

신탁청 산하기업의 DM표시 대차대조표에 의하면 이들의 실질가치는 1,063억 DM인 반면, 2,757억 DM에 달해 사유화의 장애요인이 되었다. 이에 1990년 9월 '구 부채 면제조례'를 제정하여 경쟁력이 있을 것으로 판단되는 일부 기업에 부채의 일부 또는 전액을 감면해줌으로써 조속한 사유화가 이루어 질 수 있도록 하였다. 이 방법은 기업의 부채를 대차대조표 상에 자산형태로 기입되는 채권의 형식인 '조정청구권'[162]을 제공하는 방법으로, 조정청구권에 대한 이자지급 책임을 신탁청이 맡고, 이에 대한 상환은 기업이 1995년 7월부터 40년간 분할 상환하도록 하였다. 이에 따라 기업에 제공되는 조정청구권의 액수는 신탁청의 업무개시 후 1994년 업무 종결 시까지 총 770억 마르크로 추산되었다.

---

162) 이는 법에 규정된 규모의 자기자본을 형성한 후 자산과 부채의 차액만큼 통화전환 조정기금에 대해 은행들이 소유하는 청구권을 의미한다.

### (4) 기업의 환경정화비용 부담경감

사회주의국가의 환경오염 문제는 구조적 요인에 의해 심화되어 있는 상태이다. 동독도 마찬가지로 환경오염 문제가 심각한 상태로써 통일 이후에 심각한 사회적 문제가 되었다. 따라서동독에서도 서독의 환경기준에 입각한 환경복구 의무가 주어졌고, 따라서 환경정화비용의 부담이 불가피해졌다. 환경정화비용은 사유화 초기에 투자자가 책임을 짐으로써, 투자비용의 증대로 나타나게 되어, 투자자가 국영기업을 인수하는 데 장애요인이 되었다.

이에 '기업사유화 장애제거 및 투자촉진을 위한 법률'과 '환경법'을 제정하여, 1990년 7월 1일 이전에 발생한 환경오염의 책임을 신탁청과 투자자의 공동 부담 또는 신탁청이 전액 부담함으로써 문제의 해결을 도모하였고, 환경정화비용을 기업매각가격에 반영하여 기업매각가격을 낮춤으로써 사유화를 촉진시켰다.

## 3. 사유화 추진현황

신탁청이 관리하였던 12,993개의 국영기업, 약국 · 호텔 · 상점 등 다수의 소규모 기업, 230만 ha의 농지, 190만 ha의 산림지 및 각 단체소유 재산들은 1990년 화폐통합 이전부터 사유화가 추진되기 시작하였으나, 그 성과는 매우 미미하였다. 그러나 통일 이후 1991년 3월 투자법제정, 콤비나트의 분해 등의 투자촉진책이 시행되면서 사유화가 본격적으로 추진되기 시작하였다.

사유화 촉진정책에 의해 1993년 6월 현재 사유화는 〈표29〉에서와 같이 완전 혹은 대부분 사유화 5,831건, 일부사유화 6,363건, 재사유화 1,360건 등 많은 기업들의 사유화가 이루어졌으나, 일부 사유화된

6,363건은 실질적 사유화로 볼 수 없기 때문에 완전 사유화율은 〈표 29〉에 나타난 것처럼 성공적이지는 않다.

또한 사유화의 조건에 포함된 고용보장 인원이 1백46만 8천명에 이르지만 동독지역의 실업률은 1990년 24만 1천명에서 1993년 6월 현재 1백 1십만 명으로 약 5배 가까이 증가한 것으로 보아[163], 사유화를 통한 고용효과가 미약한 것으로 분석되며, 투자 보장액이 1천 8백 1억 마르크[164]에 달해 사유화의 충격을 완화시킬 것으로 예상되었으나, 독일 경제가 불황에서 벗어나지 못하고, 동독지역 기업의 경쟁력이 아직은 미약한 것에 비추어볼 때 그 투자규모가 부족한 것으로 판단된다.

또한 MBO/MBI 방식에 의한 기업 인수는 전체 사유화 대상기업의 10%를 차지해 성공적인 사유화방식으로 평가되고 있고, 파생되는 고용효과나 투자규모가 내국인 투자에 비해 상대적으로 크게 나타나는 외국인 투자는 상대적으로 적은 규모로 나타나 외국인 투자자에 의한 기업 인수는 577개에 불과하였다.[165] 외국인 투자가 상대적으로 저조한 이유는 외국인 투자가에 엄격한 투자기준의 적용에 의한 투자의욕의 저하와 국영기업매각의 해외홍보가 부족하였던 것으로 분석된다.

163) 같은 기간 서독지역의 실업인구는 1백88만 3천명에서 2백16만 명으로 큰 변화가 없었다.

164) 이 통계수치에는 신탁청 산하 기업체의 사유화 실적뿐만 아니라 신탁청 부동산 회사의 건물, 산업용 대지와 농경지 및 임야도 포함되어 있다.

165) 외국투자가들에 의한 고용보장은 12만 3천 7백 4십 명이며, 투자보장금액은 1백 7십 4억 마르크이다.

**표 29** 신탁청의 사유화 실적

| 구 분 | 업 체 수(개) | 비율(%) |
|---|---|---|
| 신탁청관리기업체 | 12,993 | 100 |
| 완전, 대부분 사유화 | 5,831 | 44.9 |
| 일부 사유화[3] | 6,363 | |
| 재사유화 | 1,360 | 10.5 |
| 폐업 | 2,857 | 22.0 |
| 지방재정으로의 소유권 이전 | 259 | 2.0 |
| 현소유자관리인정 | 1,108 | 7.8 |
| 매각조건으로의 투자보장(10억DM) | 180.1 | |
| 매각조건으로의 고용보장(천명) | 1,468 | |
| MBO/MBI에 의한 기업인수* | 1,986 | |
| 외국인 기업인수* | 577 | |
| 미사유화 기업 | 1,668 | 12.8 |

주 : 1) 1993년 6월 기준임.
2) *표시의 기준일은 1993년 2월 기준임.
3) 일부사유화는 실질적인 사유화로 볼 수 없기 때문에 사유화 비율에서 제외함.
자료 : Fisher, W 등, Treuhandanstalt The Impossible challenge, Akademic Verlag, 1996.

〈표 30〉은 외국인 투자자에 의한 동독기업의 인수현황을 나태는 것으로, 프랑스가 투자규모나 고용계획에 있어 가장 적극적인 것으로 나타났으며, 유럽과 미국을 제외한 한국과 일본을 포함한 여타국가의 대동독투자는 극히 저조한 실적을 보여주고 있다.

표 30 국가별 동독기업 인수 현황

| 국가 | 투자계획 (백만 마르크) | 고용계획 (인) | 기업수 (개) |
| --- | --- | --- | --- |
| 프랑스 | 5,456 | 25,428 | 89 |
| 스위스 | 1,191 | 19,474 | 139 |
| 영국 | 2,825 | 16,666 | 124 |
| 미국 | 6,335 | 15,073 | 78 |
| 오스트리아 | 1,016 | 16,323 | 100 |
| 캐나다 | 1,849 | 16,955 | 10 |
| 네덜란드 | 1,191 | 10,577 | 96 |
| 이탈리아 | 702 | 4,897 | 38 |
| 벨기에 | 1,535 | 4,329 | 30 |
| 덴마크 | 545 | 3,129 | 26 |
| 기타 | 3,126 | 22,025 | 130 |
| 합계 | 25,771 | 113,321 | 523 |

주 : 1994년 12월 기준임.

자료 : 박성조, "Privatizations and Foreign Investments Issues", 「The Political And Socio-Economic Challenges of Korean Unification: Lessons From Germany's Post-Unification Experience」, 1996.

사유화 현황을 지역별로 살펴보면 〈표 31〉에서 보는 바와 같이 과거 동구권 국가와의 구역이 활발하였고, 국영기업의 수가 가장 많았던 작센 주의 사유화 기업수가 전체 사유화에서 큰 비중을 차지하고 있으나, 사유화의 진척도는 느린 것으로 나타났다. 반면 베를린 주는 기업수에 비해 사유화비율, 매각대금, 고용보장, 투자보장 등에서 가장 뛰어난 실적을 나타내고 있는데, 이는 베를린주의 교통 · 통신망 등 사회간접자본의 발달과 판매시장과의 근접성 등이 다른 지역에 비해 우위에 있기 때문이다.

표 31 지역별 사유화 현황

| | 사유화기업 | | 매각대금 | | 고용보장 | | 투자보장 | | 신탁청 보유 기업 |
|---|---|---|---|---|---|---|---|---|---|
| | 수 | % | 10억 DM | % | 수 | % | 10억 DM | % | 수 |
| 메클렌부르크-포머메론 | 1,609 | 12,8 | 2.8 | 6.4 | 128,725 | 8.8 | 11.7 | 7.8 | 1,455 |
| 브란덴부르크 | 2,030 | 16.1 | 5.8 | 13.3 | 285,344 | 19.4 | 31.6 | 21.1 | 1,829 |
| 작센-안할트 | 1,958 | 15.6 | 4.5 | 10.3 | 184,656 | 12.6 | 20.6 | 13.7 | 2,101 |
| 튀링겐 | 2,372 | 18.9 | 4.0 | 9.2 | 194,809 | 13.3 | 13.1 | 8.7 | 2,129 |
| 작센 | 3,654 | 29.0 | 13.5 | 31.0 | 420,059 | 28.6 | 44.4 | 29.6 | 4,220 |
| 베를린 | 861 | 6.8 | 12.6 | 29.0 | 247,254 | 16.8 | 24.5 | 16.3 | 1,059 |
| 기타[1] | 97 | 0.8 | 0.3 | 0.7 | 7,346 | 0.5 | 4.2 | 2.8 | 200 |
| 총계 | 12,581 | 100 | 43.5 | 100 | 1,468,193 | 100 | 150.1 | 100 | 12,993 |

주 : 1) 여기에는 합병, 분할에 따라 소멸된 기업, 산림사업장 등 일차적으로 신탁청의 관리를 벗어난 기업 외에도 외국소재 기업도 포함됨.

2) 1993년 8월 기준임.

자료: Fisher, W 등 Treuhandanstalt the impossible Challenge, Akademic Verlag, 1996.

또한 사유화를 산업별로 분류해 보면, 사유화가 순조롭게 진행된 분야는 건설, 수송업, 부품조립, 식음료 등이며, 사유화가 지체되는 산업은 농림업, 기계 산업, 모직 · 의류, 가죽 · 신발 등이다.

**표 32** 산업별 사유화 현황

(단위 : 개)

| 분류 \ 산업 | 1/91 | | | 6/91 | | | 9/92 | | | 9/93 | | |
|---|---|---|---|---|---|---|---|---|---|---|---|---|
| | I | II | % | I | II | % | I [1] | II [2] | % | I [3] | II | % |
| 농림업 | 146 | 2 | 1.4 | 567 | 29 | 5.1 | 646 | 108 | 16.7 | 582 | 99 | 17.0 |
| 광산 | 36 | 1 | 2.8 | 42 | 2 | 4.8 | 37 | 10 | 27.0 | 37 | 20 | 54.1 |
| 에너지 및 상수 | 84 | 6 | 7.1 | 146 | 18 | 12.3 | 191 | 73 | 38.2 | 218 | 166 | 76.1 |
| 제조업 | 4503 | 352 | 7.8 | 5455 | 112 | 35.1 | 5900 | 2068 | 35.1 | 6053 | 3652 | 60.3 |
| 화학 | 194 | 18 | 9.3 | 223 | 46 | 20.6 | 244 | 98 | 40.2 | 257 | 156 | 60.7 |
| 인조고무 | 130 | 8 | 6.2 | 153 | 31 | 20.3 | 175 | 59 | 33.7 | 183 | 118 | 64.5 |
| 석재 | 316 | 44 | 13.9 | 405 | 142 | 35.1 | 451 | 220 | 48.8 | 471 | 348 | 73.9 |
| 철강 | 183 | 7 | 3.8 | 215 | 34 | 15.8 | 237 | 80 | 33.8 | 250 | 146 | 58.4 |
| 제철 경금속 | 133 | 12 | 9.0 | 163 | 44 | 27.0 | 197 | 65 | 33.0 | 204 | 138 | 67.6 |
| 기계 | 841 | 61 | 7.3 | 1001 | 191 | 19.1 | 1090 | 401 | 36.8 | 1106 | 670 | 60.6 |
| 전기 전자 | 377 | 37 | 9.8 | 453 | 94 | 20.8 | 491 | 161 | 32.8 | 494 | 171 | 54.9 |
| 자동차 조선 | 279 | 25 | 9.0 | 331 | 76 | 23.0 | 362 | 177 | 48.9 | 362 | 250 | 69.1 |
| 악기 장난감 | 229 | 19 | 8.3 | 284 | 54 | 19.0 | 314 | 83 | 26.4 | 325 | 184 | 56.6 |
| 정밀기계 광학 | 68 | 5 | 7.4 | 72 | 19 | 26.4 | 78 | 24 | 30.8 | 82 | 48 | 58.5 |
| 종이 인쇄 | 192 | 14 | 7.3 | 234 | 48 | 20.5 | 238 | 107 | 45.0 | 246 | 163 | 66.3 |
| 목재 | 361 | 18 | 5.0 | 465 | 77 | 16.6 | 504 | 130 | 25.8 | 509 | 314 | 61.7 |
| 가죽 신발 | 149 | 3 | 2.0 | 158 | 13 | 8.2 | 168 | 24 | 14.3 | 170 | 58 | 34.1 |
| 모직 의류 | 383 | 18 | 4.7 | 493 | 58 | 11.8 | 511 | 64 | 12.5 | 532 | 228 | 42.9 |
| 식음료 | 668 | 63 | 9.4 | 805 | 197 | 24.5 | 840 | 375 | 44.6 | 862 | 560 | 65.0 |
| 부품조립 | 120 | 13 | 10.8 | 164 | 44 | 26.8 | 206 | 92 | 44.7 | 218 | 190 | 87.2 |
| 건설 | 620 | 63 | 10.2 | 777 | 215 | 27.7 | 935 | 540 | 57.8 | 999 | 826 | 82.7 |
| 도매업 | 976 | 71 | 7.3 | 1208 | 273 | 22.6 | 1273 | 529 | 41.6 | 1329 | 816 | 61.4 |
| 운송 통신 | 232 | 12 | 5.2 | 310 | 58 | 18.7 | 393 | 125 | 31.8 | 420 | 231 | 55.0 |
| 은행 금융 | 6 | 1 | 16.7 | 9 | 5 | 55.6 | 13 | 5 | 38.5 | 17 | 13 | 76.5 |
| 서비스 | 1164 | 101 | 8.7 | 1591 | 353 | 22.2 | 1871 | 902 | 48.2 | 2064 | 1295 | 62.7 |
| 기타 | 602 | 53 | 8.8 | 65 | 25 | 38.5 | 194 | 47 | 24.2 | 240 | 201 | 83.8 |
| 총계 | 8489 | 675 | 8.0 | 10334 | 2146 | 20.8 | 11659 | 4499 | 38.6 | 12177 | 7505 | 61.7 |

주 I : 총 기업 수.
II : 완전, 부분, 재사유화 기업 수.
1) 12,313개의 신탁청 소유기업 중 합병된 654개의 기업은 포함되지 않았음.
2) 완전사유화 기업.

3) 13,241개의 신탁청 소유기업 중 합병된 1,064개의 기업은 포함되지 않았음.
4) 1993년 9월 기준임.
자료 : Heiner Flassbeck and Gustav horn, A, GERMAN UNIFICATION-AN EXAMPLE FOR KOREA, Dartmouth, 1996.

〈표 32〉에서 보는 바와 같이 통일특수로 지속적 증가세를 보인 건설 부문, 국내시장을 중심으로 한 식음료산업, 서독이 국제경쟁력을 가지고 있는 자동차 및 부품조립 등의 부문에서는 사유화가 빠르게 진척되고 있으나, 모직의류, 기계와 같이 구동독이 사회주의권에서 경쟁력을 가졌던 산업 부문에서는 사유화율이 낮게 나타나고 있다. 이는 구동독의 경쟁력이 자원배분의 왜곡에서 기인한 것이기 때문에, 시장경제로의 전환과정에서 자원배분의 왜곡이 제거됨으로써 경쟁력을 상실하였기 때문이다. 동독지역의 국영기업들은 사유화, 경영정상화 등의 방안에 의해 기업이 사유화되고 있으나, 아직도 미사유화 기업이 존재하고 있다. 이를 규모별로 분석해 보면 〈표 33〉과 같다.

**표 33** 미사유화 기업의 규모별 분포

(단위 : 개, 명)

| 고용자 수 | 기업체 수 | 전체 고용자 수 |
|---|---|---|
| 1,501이상 | 34 | 164,687 |
| 1,001-1,500 | 18 | 22,262 |
| 501-1,000 | 63 | 42,812 |
| 251-500 | 148 | 50,748 |
| 101-250 | 317 | 49,803 |
| 51-100 | 303 | 21,967 |
| 21-50 | 410 | 13,743 |
| 20이하 | 1,041 | 5,174 |
| 계 | 2,334 | 371,196 |

주 : 1993년 2월 기준임.
자료 : 박성훈, 남 · 북한의 통일에 비추어 본 독일신탁관리공사의 역할과 의의, 대외경제정책연구원, 1993.

〈표 33〉에서는 500인 이상을 고용하는 대기업 부문의 미사유화 기업은 115개 업체에 불과한 것으로 나타나고 있으나, 여기에 종사하는 고용자 수는 22만 9천명으로, 대기업의 사유화가 동독지역의 전체적인 사유화 성과와 실업률에 큰 영향을 준다는 것을 보여준다. 또한 중소기업이 대기업에 비해 사유화가 빠르게 진행되는 것을 보여주고 있다. 이에 신탁청은 미사유화 기업의 조속한 사유화를 위한 방안으로 5개의 경영합자회사를 설립하여 총 69개 기업[166]을 민간부문의 전문경영인이 자기책임 하에 정상화하는 소위 "정상화의 민간화"정책을 적극적으로 시행하고 있으며 주정부에 의한 자체적 정상화정책을 시행하고 있다(박성훈, 1993).

## 4. 사유화의 문제점

### 4.1 신탁청 운영의 문제점

신탁청의 문제점 중 우선 지적되는 것은 신탁청 조직에 관한 문제로 신탁청이라는 단일조직에 의해 사유화의 전 과정을 관리함으로써 발생된 조직의 거대성과 이로 인한 비효율성이다. 이는 국영기업 업종의 다양성에 비추어볼 때 단일조직은 효율적인 사유화작업이 이루어 질 수 있는 조직의 형태로 볼 수 없다. 따라서 신탁청은 개별기업의 특성에 맞는 관리가 어려웠고, 상황에 따른 신축성이 결여되어 있었다. 더욱이 신탁청 초기의 주요 직책을 구동독 전직관리가 맡고 있었기 때문에, 이들에 의한 권위주의적인 운영방식과 국가기관이라는 특징에서

166) 대부분이 종업원 250명 이상, 1500명 이하의 중간규모기업이다.

발생하는 관료적 속성 또한 신탁청의 신속한 대응방안 모색에 어려움을 가중시켰다.[167]

둘째, 사유화 방식으로 채택된 사유화, 경영정상화, 폐업 중 사유화가 가능한 기업의 사유화와 경영정상화의 촉진이라는 원칙만 존재할 뿐 이들 기업에 대한 명확한 기준 및 지원정책에 대한 구체적 방안이 제시되지 못하였다. 이로 인해 경영정상화와 폐업간의 기업분류가 외부영향력 특히 정치적 영향력에 의해 좌우되었으며, 경영정상화기업에 대한 시장기능 중시적 관점에서 벗어난 과도한 재정지원이 사유화를 지체시키는 요인이 되었다. 또한 사유화 과정에서도 협상을 통한 신탁청의 비공개적 매각방식은 사유화 정책목표를 실현시킬 수 있다는 장점이 있었으나 협상자의 자의성 및 국민의 불신 증폭과 정보의 비공개로 인한 투자의 제한이라는 단점을 가짐과 동시에 외국인투자를 막는 중요한 장애가 되었다.

셋째, 신탁청은 1990년 이후 사유화업무 수행 기간 중 네 단계에 걸쳐 정책기조를 변경하였고, 이는 투자자의 투자결정에 불확실성의 증대와 정책목표 달성을 위한 정책일관성 유지에 어려움을 가져왔다.

넷째, 기업분류에 있어 미래수익성 등 동태적 효과나 외부효과 등과 같은 거시 경제적 접근보다는 재무제표를 가장 중요한 분석대상으로 하는 정태적 접근방법을 채택하여 단기적 · 미시경제적 차원에서 정상화여부를 판단함으로써 국민경제적 손실을 가져오게 하였다. 이로 인해 동독 국영기업의 자산 가치 및 경쟁력에 대한 과대평가와 경영정상화 문제, 경제체제 전환문제를 과소평가하게 되었고, 막대한 재정손실을 가져왔다. 이 결과 신탁청 관련 부채액은 수입과 지출의 차액

167) 이는 신탁청이 구동독 정권에 의해 설립되어 통일정신에 입각하여 당시 관리의 상당수가 신탁청에 그대로 존재하였기 때문이다.

1,292억 마르크, 미사유화기업의 부채 인수액 700억 마르크, 기타 200억 마르크 등 2,192억 마르크와 환경오염 관련 부채 인수분 450억 마르크의 적자가 발생하였다.

그러나 신탁청 부채의 성격이 현상 유지적 차원에서 발생한 것으로 경비의 대부분이 소모성 지출의 성격이 짙어 통일비용과 국가 부채의 증가를 초래하여[168] 세금 인상과 자본시장에서의 차입에 따른 시장이자율의 상승을 가져와 경기침체의 원인이 되었다.

### 4.2 실업

신탁청의 사유화방안 중 경영정상화 방안으로 기업의 생산성과 경쟁력을 향상시키기 위한 적극적 경영정상화방안 보다는 문제점을 일시적으로 해결하는 현상유지 정책에 입각한 소극적 기업 정상화방안이 우선시 되었다. 이 방안은 인원감축, 생산라인 축소, 기술개발비 축소 등을 수단으로 채택하여 새로운 시장을 창출하지 못하고, 경쟁력의 약화를 가져와 휴·폐업의 증가와 실업을 유발시키는 원인이 되었다. 이와 같은 휴·폐업에서 1993년 2월 현재 2,387개 기업체의 291,778명의 노동자 중 28%에 해당되는 81,629명의 노동자만이 구제되었고, 72%인 210,149명이 실업자가 되었다. 이로 인해 1991년 이후 서독지역에서는 9%로 실업률이 증가하였고, 동독지역에서는 1994년 실업률이 16%로 급격히 상승하였다. 그러나 단축노동자의 수는 동·서독 180만 명 수준에서 36만 명 수준으로 감소하였는데 일부가 종료됨으로써 단축 노동자들이 실업자로 분류된 데에서 그 원인을 찾아볼 수

168) 통일 비용을 말할 때 일반적으로 생산적 투자에 사용되는 비용은 통일 비용에 포함되지 않는다.

있다. 이와 같은 실업율의 증가는 실업수당의 증가 및 조세징수의 감소로 이어져 정부재정의 압박요인으로 작용하고 있다.

### 4.3 투자부진

동독지역에의 투자가 예상치를 밑도는 이유로는 동독기업의 경영상황과 서독투자가의 투자의욕에 대한 과대평가, 소유권의 불확실성에서 파생된 투자저해와 외국인투자자에 대한 차별대우를 지적할 수 있다.

동독기업의 경영상황은 자산규모가 매우 낮고, 시장에서의 경쟁력이 부족한 것으로 나타나 신규투자를 유치하는데 실패하였다. 또한 선반환원칙에 의한 재산권의 원상회복을 위해 약 247만 건의 재산 반환 신청이 접수되었으나 1992년 3월 현재 처리율이 4.42%에 불과하여 소유권의 불확실성을 초래하였다. 이로 인한 초기 투자유인의 실패가 투자자들의 기업인수를 꺼리게 하였고, 원소유주는 투자보다는 단순한 재산증식 수단으로 인식하여 보유하려는 경향을 보여 동독지역에서의 투자를 저해하였다.

외국인투자에 있어서도 독일내 투자자를 우선시하여, 매각협상에 있어 독일기업에 우선순위를 두고 그 다음으로 유럽국가 및 미주에, 일본, 한국 등 아시아국가에는 비우호적인 협상태도를 취했을 뿐만 아니라, 외국투자자에게는 사유화기업에 관한 충분하고 적절한 정보를 제공하지 않았다(박성조, 1996). 이 외에도 동독지역의 임금수준이 생산성이 높은 서독지역 노동자의 임금에 근접해 있는 상대적 고임금, 행정체계의 미비, 사회 간접자본의 부족, 독일경제 및 동유럽경제의 침체로 인한 수요창출 부족 등을 들 수 있다.

### 4.4 독과점의 강화

신탁청은 동독기업의 사유화에 있어 중소기업에 대한 우대조치[169]를 통한 중소기업의 적극적인 참여 유도, 각 부문시장 내의 경쟁구조 강화 등을 통해 독과점구조를 방지하려 하였고, 이는 사유화에 있어 시장경쟁 중시적 정책이 매각수익 극대화의 목표보다 상위에 있음을 의미하는 것이다(박성훈, 1993).

그러나 동독지역의 대기업은 자본력 등이 풍부한 서독지역의 대기업에 의해 주로 사유화되었고, 신탁청 역시 사유화에 있어 서독기업에 우선권을 주었으며, 경우에 따라서는 기존의 서독기업의 기득권을 보호하는 데에 초점을 맞추었기 때문에, 전기, 가스, 항공 등 대기업 부문의 경우에 있어서 독과점 구조는 오히려 강화되었다.

---

169) 중소기업에 대한 우대조치로는 콤비나트의 분할을 통한 기업매각에 중소기업의 의견을 반영하고, 부담을 경감시켰으며, 중소투자자에 우선적으로 매각가격을 고려하여 중소기업에는 대지 및 토지에 관한 사후 재평가규정을 적용하지 않았고, 환경 정화부담을 대기업에 비하여 일정 정도로 한정하였으며, 기업인수시의 채무도 6년 동안 무담보 상태로 하도록 조치하고, 기업 매각시 대지임대가 가능한 기업을 우선적으로 매각하는 등 기업인수 재원을 줄이게 하였다.

# 제11장
# 통일 독일 15년의 사회경제적 평가

## 1. 서 론

2007년 10월 2일부터 10월 4일까지 북한의 평양에서 한반도 분단 역사 후 두 번째로 남북 정상회담이 열렸다. 이번 정상회담은 한반도에서의 평화정착과 공동번영은 물론 더 나아가 통일에 대한 기대와 분위기를 고조시키는데 긍정적인 역할을 한 것으로 평가되고 있다. 지구상에 유일한 분단국가로 남아 있는 한반도에서의 통일에 대한 염원과 기대는 당연한 일일 것이다.

여기서 문제는 과연 한반도의 통일이 누구를 위한 그리고 무엇을 위한 통일인가를 최소한 사회경제학적 관점에서 분석할 필요가 있다는 것이다. 왜냐하면 우리보다 앞서 통일을 이룬 독일이 통일된 지 17년이 지났음에도 불구하고 아직까지 많은 통일 후유증을 안고 있기 때문이다. 통일을 기대하고 염원하는 우리의 입장에서 볼 때, 독일 통일에 관한 충분한 연구와 분석은 향후 한반도 통일시 통일에 대한 학습비용을 줄이고 높은 학습효과를 창출하게 될 것이다. 이러한 관점에서 제

11장에서는 2005년을 기준시점으로 하여 독일 통일 15년의 사회경제적 특징을 분석하였다.

2005년 10월 3일은 독일이 통일된 지 15주년이 되는 해이다. 1990년 독일 통일 당시 콜*Kohl, H*총리는 통일 후 3년~4년이 지나면 독일은 통일효과를 통해 '번영하는 경제*bluehenden Landschaften*' 를 가져올 것이라고 매우 긍정적인 전망을 하였다. 이러한 낙관적인 전망을 현실화하기 위한 통일 이후 독일의 최대 과제는 동독을 빠른 시간 내에 서독수준으로 끌어 올려 동서독이 실질적으로 완전한 하나의 독일을 실현시키는 것이었다. 그러나 통일된 지 15년이 지났지만 구동독의 독일화는 이루어지지 않고 있으며, 오히려 동서독 간 경제적 격차가 심화되는 등 아직도 많은 문제점을 노정시키고 있다.

통일이 된 해인 1990년 이후 독일 정부는 동독의 독일화를 위해 2005년까지 15년간 약 1조 5,600억 유로*EURO* 를 구동독지역에 투자하였으나, 이를 통한 동독의 경제회복과 동서독 간 경제적 · 사회적 균형달성이라는 하나의 독일화를 실현시키지 못하고 있다. 오히려 동서독 간의 경제적 불균형만 심화시키는 결과를 낳았다. 특히 실업의 경우, 동독지역 실업률은 2005년 9월말 기준으로 18.4%로서 서독지역 9.9%의 2배를 기록하고 있다. 더 심각한 문제는 현재 독일정부의 재정적 지원이 중단되면 동독지역의 실업률은 30%가 될 것이라는 전망이다. 또한 생산성 측면에 있어서도 동독지역의 1인당 생산성은 서독지역의 64% 수준에 머물고 있다.

이러한 동서독 간의 경제적 격차는 경제문제뿐만아니라 동독지역 주민과 서독지역 주민간의 사회적 갈등을 유발시키는 주요한 원인이 되고 있다. 구동독지역에 거주하는 주민들은 '정부와 서독 측의 지원이 아직도 부족하다' 고 불평을 하고 있는 반면, 서독주민들은 '밑 빠진 독에 물 붓기 식' 이라는 인식이 고조되고 있는 상황이다.

본 장에서는 2005년 10월 3일을 기준 시점으로 하여 독일 통일 15년을 사회경제학적 관점에서 평가해 보고, 상존하고 있는 통일독일의 문제점은 무엇인지를 고찰함으로써 향후 한반도 통일에 주는 일련의 정책적 시사점과 교훈을 도출하는데 있다. 따라서 본 논문에서는 통일 15주년을 맞은 2005년 10월을 기준시점으로 하여 독일이 안고 있는 주요한 사회경제적 문제점은 무엇인지를 살펴보고, 이러한 독일 통일의 문제점이 향후 한국 통일에는 어떠한 시사점을 줄 수 있는지를 도출하고, 결론을 맺는 것을 주요 내용으로 하여 설명하고자 한다.

## 2. 독일 통일 15년의 주요 문제점

### 2.1 통일관련 경제정책의 실패

독일이 통일된 지 15년이 지났음에도 불구하고 여전히 사회경제적으로 많은 문제점이 남아 있는 주요한 이유 중의 하나는 통일 당시 수립된 경제정책이 정치적 논리에 기초하여 무리하게 추진되었다는데 있다. 그 대표적 예로 동서독 간의 1:1 화폐통합정책과 구동독 기업의 사유화 정책 등을 들 수 있다(이수혁, 2006).

사유화 정책을 실패했다고 평가하는 이유는 사유화 정책을 담당한 신탁관리청*Treuhandanstalt* 이 구동독 기업의 사유화 과정을 시장원리에 기초하지 않고, 비공식적인 매각 과정을 통해 경쟁을 크게 제한하였다는데 있다. 이러한 비공식적인 매각을 통한 구동독 기업의 사유화는 경쟁 제한에 의한 매각 수입의 감소뿐만 아니라, 기업이 정상화될 수 있는 시간적 여유를 주지 못하여 많은 기업들이 정상화되기도 전에 헐값에 팔리기도 하고 파산되기도 하였다. 예를 들면, 신탁관리청은 심지어 마이너스 가격으로 기업을 매각하고, 당시 2천50억 마르크*DM*에 상당하는 기업들의 부채를 탕감해 주기도 하였다.

경제정책의 실패라고 볼 수 있는 또 다른 사례로는 건설 분야에 있어서 구동독지역에 대한 과잉 투자정책을 들 수 있다. 독일은 통일 초기에 동독 지역의 인프라 등 기반시설 구축과정에서 건축업에 많은 인센티브를 주었는데, 이로 인해 건설업에 과잉투자가 발생하였다. 동독지역 건설부문의 투자는 1992년 43.1%, 1993년 19.7%, 1994년 24.3%로 1990년대 중반까지 동독 지역의 성장을 견인하였다*Mueller, U, 2005*. 그러나 1996년 이후 건설부분에서 마이너스 투자가 발생하고 있으며, 현재는 과잉투자에 인구감소 등이 겹쳐 동독 지역에 약 130만 호의 주택이 비어 있는 상황이다. 이러한 현상이 더욱 심화되는 또 다른 이유는 매년 수천 명에 이르는 구서독으로의 인구유출이 이루어지고 있기 때문이다*Hefeker, C / Wunner, N, 2003*.

이러한 제반의 문제점들은 통일 당시 통일과 관련된 경제정책 수립이 경제논리 보다는 정치적 이해관계에 기초한 정치적 선택에 근거를 두고 있었기 때문이다. 정치적 논리에 기초해서 무리하게 추진된 경제정책의 대표적 실패 사례로서 1:1 통화 통합정책의 문제점을 정리해 보면 다음과 같다.

독일 통일 후, 통일과 관련된 정책결정 과정에서 많은 논쟁들이 발생하였는데, 그 중 가장 중요하고 민감한 문제였던 것은 동서독의 통화통합을 둘러싼 논쟁이었다고 볼 수 있다. 이러한 통화통합 논쟁과정에서 당시 기민당*CDU* 콜 정부는 동서독 간에 1:1 화폐교환이라는 방식의 통화통합을 단행하였다. 통일 당시 동서독 마르크의 화폐가치에 기초한 실질적 교환비율이 9:1 이었던 점을 고려할 때, 1:1 교환이라는 통화 통합정책은 경제적 합리성에 따른 것이라기보다는 동독주민의 서독으로의 대량이주를 방지하고, 동독주민이 갖고 있는 자산의 급격한 감소를 예방하기 위한 일련의 정치적 배경을 고려한 선택이었다고 볼 수 있다*Hoffman, L, 2000*. 당시 동서독 화폐교환 비율에 있어서는 대부분의 경제학자들이 정치적 선택을 고려한다고 하더라도 최소한 4:1의 화폐교환이 적절하다는 주장을 제기하였다 *Hickel, R, 2000*.[170)]

결과적으로 1:1의 화폐통합은 동독 화폐의 대폭적인 평가절상을 초래하게 되었고, 이러한 화폐절상은 동독지역의 노동생산성을 훨씬 초과하는 임금인상을 초래하는 결과를 낳았다. 문제가 더 심화된 원인은 임금인상을 통한 동독주민들의 소득증가가 소비증가를 가져와 동독지역의 경제 활성화로 연결되는 선순환적 구조가 구동독지역에서는 작동하지 않았다는 데 있다. 그 이유는 동독주민들이 동독기업이 생산하는 제품을 구입하지 않고, 서독기업이 생산한 제품들을 선호하였기 때문이다*Genosko, J, 1999*.

따라서 1:1의 통화통합을 통한 동독지역의 임금상승은 동독기업들에게 비용증가를 가져오게 하고, 이는 결국 동독기업이 생산하는 제품가격을 상승시키는 부정적인 결과를 초래하게 되었다. 이러한 가격상승은 그 동안 누적되어 온 동독기업들의 낙후된 생산시설 및 낮은 생산성과 함께 동독기업 제품이 질적인 면에서나 가격적인 면에서 모두 경쟁력을 잃게 되는 문제를 낳았고, 이는 결과적으로 수없이 많은 동독기업들이 도산되는 현상을 초래했다*Roesler, J, 2003*. 이러한 악순환은 근본적으로 당시 경제적 합리성을 고려하지 않은 채, 정치적 선택으로서의 1:1 통화통합을 추진한데서 기인한다고 평가할 수 있다*Hoffman, L, 2000*.

170) 또 다른 견해로는 동독경제가 세계시장에서 경쟁력을 갖기 위해서는 1:2.8의 교환비율이 적정하다는 주장도 제기되었다(Schmieding, H, 1990).

## 2.2 예상을 초월한 통일비용과 국가채무의 증가

독일정부는 통일 후 동서독간의 경제적 격차를 해소하고 완전한 하나의 독일화를 달성하기 위해 구동독지역에 막대한 재정적 지원을 하여 왔다. 그 결과, 현재 구동독지역의 경제적 상황은 일반적으로 과거보다는 많이 개선되어진 것은 사실이다. 그러나 이러한 동독지역의 개선은 막대한 독일정부의 재정적자 심화와 이로 인한  국가채무의 증가라는 대가를 전제로 한 것이었다. 현재 독일의 국가재정 상태는 2차대전 직후보다 더 악화되어 있다. 이러한 독일의 재정상태를 '독일연방공화국은 자신의 자본금을 다 소진하고 미래 세대의 비용으로 살아가고 있다' 고 비유하기도 한다*Mueller, U, 2005*. 이는 구동독지역에 대한 천문학적 숫자에 달하는 재정 이전의 결과에 기인한다.

독일 통일 이후 독일은 1991년부터 2004년까지 1조 5,600억 유로라는 천문학적 액수를 소위 통일비용 명목으로 동독의 독일화를 위해 지출하였다*Mueller, U, 2005*. 이는 통일 이후 매년 독일 국내총생산*GDP*의 약 4~5%가 구동독지역을 위해 사용되었음을 의미한다*Siebert, H, 2005*. 그러나 이러한 재정적 지원에도 불구하고 통일 후 15년이 지난 2005년까지도 동독지역의 경제는 회복되지 않고 있을 뿐만 아니라, 여러 부문에서 동서독 간 경제적 격차는 더 심화되고 있는 상황이다.

이러한 문제를 해결하기 위해 독일은 향후 연대협약*Solidarpakt* II를 통해서 2005년부터 2019년까지 1,570억 유로를 추가적으로 통일비용으로 지출할 계획을 가지고 있으나[171], 이러한 막대한 통일비용의 지출에도 불구하고 2019년에도 구동독 경제가 활성화되어 독일이

171) 연대협약 I 은 1995년부터 2004년까지 10년간 구동독을 지원하기 위한 프로그램을 말하며, 연대협약 I에 의해 약 2,100억 마르크가 구동독 지역 재건을 위해 지원되었다(Mueller, U, 2005).

완전한 하나의 독일화를 달성한다는 것은 불확실하다*Bisky, J, 2005*.

2003년까지 동독에 투자한 통일비용의 내용을 〈표 34〉를 통해 살펴보면 약 50% 정도가 이전지출 성격으로 사회 보장성 지출에 사용되었고, 인프라 투자는 12.5%, 경제 활성화를 위한 재투자는 7%에 불과하였다(김창권, 2005). 이는 통일비용으로 동독에 지원한 재정 지출 가운데 실제적으로 동독지역의 경제 활성화를 위한 투자부문에 지출한 비중은 20%도 되지 않는다는 것을 의미한다.

독일정부가 1991년부터 2003년까지 동독에 지출한 통일비용의 주요 내역을 살펴보면 다음의 〈표 34〉와 같다.

**표 34** 독일 통일비용 주요 내역(1991~2003년)

(단위 : 10억 유로)

| 구분 | 내용 | 금액 | 비용(%) |
|---|---|---|---|
| 인프라 재건 지출 | 도로철로수로개선, 자치단체교통, 주택, 도시건설개선 등 지원 | 160 | 12.5 |
| 경제(기업) 활성화 지원 지출 | 지역 경제 활성화, 농업구조 및 해안 보존, 투자보조, 이자보조, 전철 등 근거리 교통 보조 | 90 | 7.0 |
| 사회 보장성 지출 | 연금, 노동시장보조, 육아보조, 교육보조 | 630 | 49.2 |
| 임의 기부금 지출 | 독일통일기금(1991~94) 62<br>판매세보조 83<br>주재정 균형조정 66<br>연방 보조 지급금 85 | 295 | 23.0 |
| 기타 지출 | 인건비 및 국방비 지출 | 105 | 8.2 |
| 총 이전 지출 (A) | | 1,280 | 100.0 |
| 구동독 수입(B, 세금 및 사회부담금 수입) | | 300 | 23.4 |
| 순 이전 지출(A-B) | | 980 | 76.6 |

자료 : 연방건설교통부 추정, 독일연방경제자문위원회(SVR, 2004) 제 628항
재인용 : 김창권, 독일 통일비용 15년의 평가와 시사점, 통일경제, 2005 겨울호, 69쪽.

통일 후 15년간 지출된 막대한 통일비용은 독일의 국가채무를 증가시키는 주요한 요인이 되고 있다. 통독 직후인 1990년부터 2003년까지 독일의 국가채무는 5,390억 유로에서 1조 3,600억 유로로 증가했다. 이러한 이유로 독일의 통일을 '부채에 의한 통일'로 비유하기도 한다*Mueller, U, 2005*.

다른 한편, 동독 지역에 대한 과도한 재정지출은 독일의 재정적자를 심화시키는 원인이 될 뿐만 아니라, 유럽연합*EU*의 재정 안정화 조약을 위반하게 하는 원인이 되기도 하였다. EU의 '안정 및 성장 협약'은 회원국의 재정적자 규모를 최대 GDP의 3%로 제한하고 있는데 독일의 재정적자는 GDP의 4% 수준에 도달함으로써 EU집행위원회로부터 제재를 받을 위기에 처해 있다(한스 베르너 진, 2007). 이는 독일통일 문제가 이제 단순히 국내차원의 문제가 아니라 유럽차원의 문제로 확대되었음을 의미한다. 따라서 현재 독일정부의 경제정책은 우선적으로 국가부채를 줄이는 일이며, 이와 동시에 구동독지역의 경제구조를 개혁하여 완전한 하나의 독일화를 달성시켜야 하는 이중적인 과제를 안고 있다고 평가할 수 있다.

통일에 따른 막대한 국가부채로 인해 독일 연방정부는 조세수입의 약 13~15% 정도를 이자 지급에 사용하고 있다. 재정 적자에서 차지하는 이자 지급 비중이 통일 직후 93%에서 심지어 207%까지 차지한 적도 있었으며, 최근에는 75% 선에 이르고 있다(김창권, 2005). 예상을 초월한 통일비용으로 인해 누적된 국가 부채에 대한 이자 지급은 현재의 재정적자 폭을 축소시키지 못하는 요인이 되고 있다. 이러한 막대한 통일비용과 국가부채의 증가는 독일정부의 재정적 측면에서의 어려움뿐만 아니라, 독일경제 전반에도 부정적인 영향을 주어 통일을 통해 독일 경제 전반이 상향 평준화가 된 것이 아니라, 오히려 하향 평준화가 되는 결과를 초래하는데까지 영향을 미쳤다는 평가도 있다(이수혁, 2006).

## 2.3 동 · 서독 간 경제적 격차의 심화

1990년 통일 이후 독일정부는 동독지역의 경제 회복을 위해 2004년까지 1조5,600억 이상의 유로를 지출하였으나[172], 이로 인한 동서독 간 경제적 격차가 해소되었다기보다는 오히려 그 격차가 더 심화되는 현상을 보이고 있다*Keese, Ch, 2004*. 특히 거시적 측면에서 경제성장률, 실업률 및 생산성에서 그 격차는 지속적으로 유지되고 있는 상황이다. 통일 직후인 1991년부터 1996년까지 6년간은 동독 지역의 경제성장률이 서독 지역보다 더 높았던 것으로 나타났다. 이는 통일 후 동독지역에 집중된 건설투자에 의한 일시적 현상에 불과하였으며, 그 이후부터는 서독 지역은 연평균 1.3% 성장한 반면, 동독 지역 경제는 1.0% 미만의 성장에 머무르고 있다.

더 큰 문제는 통일 후 구동독의 일자리의 절반 이상이 없어졌지만 아직까지도 그것은 회복되지 않고 있다는 것이다(한스 베르너 진, 2007). 이로 인해 구동독지역의 실업률은 구서독지역에 비해 2배 이상의 높은 실업률을 보이고 있다.

또한 통일이 된지 15년이 지났음에도 불구하고 동서독 기업 간 생산성은 수렴현상을 보이지 않고 오히려 그 격차는 더 커지고 있는 현상을 보이고 있다. 아래의 〈그림 7〉은 통일 이후 동서독간의 총생산성 증가추이를 비교한 것이다. 통일 이후, 초기의 구동독 생산성은 구서독의 약 3분의 1 수준이었으나, 그 후 빠른 속도로 상승하여 1996년에는 구서독의 60.6% 수준에 도달했음을 확인할 수 있다.

그 후 구동독지역의 생산성은 다시 떨어지기 시작했으며, 2003년에

172) 재정지출 내용을 살펴보면 매년 독일 국내총생산(GDP)의 약 5%에 해당하는 800억 유로가 동독의 사회간접자본 시설 확충, 공장 및 주택 건설 그리고 사회복지비용 지출에 사용되었다.

구동독의 생산성은 구서독의 59.2% 수준에 머물고 있으며, 아직도 1996년 당시의 수치보다 낮은 상태이다. 결과적으로 통일 후 15년이 지난 시점에서도 구동독과 구서독의 경제적 성과는 수렴경향을 보이지 않고 있으며(한스 베르너 진, 2007), 오히려 1997년부터 동서독 간 경제적 격차는 더 벌어지고 있는 추세이다*Thierse, W, 2004*.

〈그림 7〉 동독의 총생산성

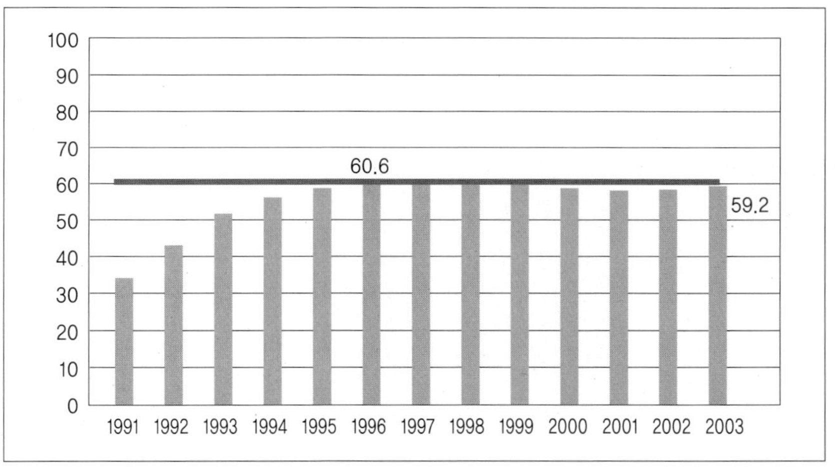


주) 경제활동인구 1인당 GDP(서독 = 100)
자료 : 한스 베르너 진, 독일경제 어떻게 구할 수 있는가, 199쪽.

이러한 동서독 간의 지속적인 경제력 격차에 대해 구동독지역을 '마피아 없는 유럽의 두 번째 메초조르노*Mezzogiorno*' 라고 칭하는 말이 만들어지기도 하였다*Mueller, U, 2005 ; 한스 베르너 진, 2007*.[173]

결과적으로 통일 직후를 지배하던 '동독의 약진*Aufschwung Ost*' 이라는

173) 원래 메초조르노는 이탈리아의 나폴리에서 시칠리아에 이르는 지역으로서 수십 년째 아무런 발전을 하지 못하고 있는 경제성장이 매우 부진한 지역으로서, 구동독을 '유럽의 메초조르노' 로 비유한 것이다.

감격과 환희에 가득 찬 낙관적 기대는 2000년 통일 10주년을 맞으면서 '동독의 건설*Aufbau Ost*' 이라는 보다 현실적인 말로 표현되기 시작했고, 통일 15주년이 되는 2005년에는 '비탄의 계곡 동독' 이라는 비관적 표현이 지배하면서 구동독지역은 전체 독일 성장 둔화의 '속죄양' 으로 취급되거나*Ludwig, U, 2005*, 독일의 이물질로 분류되는 상황에까지 이르게 되었다*Kuehn, W, 2005*.[174)]

통일 후 상존하고 있는 동서독 간 경제적 격차의 문제는 단순히 구동독지역의 문제만이 아니라, 구서독지역을 포함한 통일 독일의 미래를 위해 우선적으로 반드시 해결해야 하는 중요한 과제로 인식되고 있다. 즉, 조리개로 물을 주듯 동독지역으로 계속해서 돈을 흘려보내던 그동안의 '물조리 원칙*das Giesskanne Prinzip*' 으로부터 벗어나 동독지역의 재건을 위한 새로운 구상과 정책을 마련해야 한다는 여론이 고조되고 있는 상황이다(김면회외, 2006). 결과적으로 구동독의 경제는 통일이 된 지 15년이 지났음에도 불구하고 서독에 크게 의존하고 있으며, 앞으로도 당분간 자립하기는 힘든 것으로 전망하고 있다(한스 베르너 진, 2007). 왜냐하면 지난 15년간 구동독 지역에서 정부, 투자자, 민간 소비자 등 주요 경제주체들이 상품과 서비스에 대한 대가로 지불하는 돈의 3분의 1은 동독주민이 경제활동을 통해 스스로 번 것이 아니라, 서독이 대여하거나 이전한 것이기 때문이다. 향후 동독지역의 경제성장이 현재의 서독지역 평균 경제성장보다 두 배 높은 4%의 성장률을 지속적으로 유지한다고 하더라고 10년 후 동독지역의 경제력은 서독

---

174) 2005년 하르츠 IV의 시행에 따른 신규 등록 실업자의 증가와 실업자 통계방식의 변경 등으로 실업자 수가 통계상 대폭 증가했다. 하르츠 IV는 2002년 2월 구성된 하르츠위원회(위원장 Peter Hartz)가 제시한 노동시장개혁 방안의 마지막 이행 대책으로 기존의 실업급여와 사회급여를 실업수당 II로 통합하는 한편, 수령기간도 단축했다. 이에 따라 사회급여의 수령대상자 가운데 취업가능자들이 다시 실업자로 분류됐기 때문에 등록 실업자 수가 약 30만 명 정도 증가한 것이다.

의 75% 수준에 이를 것으로 전망하고 있다*Dorff, R, 2005*. 즉, 이는 통일 이후 4반세기가 지난 이후에도 동독지역과 서독지역의 경제적 격차는 계속 존재한다는 것을 의미한다.

### 2.4 구동독지역의 높은 실업률

통일 후 독일의 실업률은 계속 증가추세를 보이고 있다. 특히 구동독지역의 실업률은 구서독지역에 비해 2배 이상의 높은 실업률을 보이고 있는데, 이는 통일로 인해 구동지역 취업자의 약 50% 정도가 그들의 일자리를 잃어버렸기 때문이다*Walter, J, 1991*. 2001년 구동독지역의 실업률은 17.3%를 기록하여 통일 후 처음으로 구서독지역의 실업률 7.2%와 비교하여 두 배 이상의 차이가 나게 되었고, 이렇게 확대된 격차는 그 이후 감소하지 않고 있다*Mueller, U, 2005*.

독일전체의 실업률도 1990년대에 지속적으로 상승해 2004년에는 유럽 최고 수준으로 악화되었다. 2005년 2월 기준 독일의 실업자 수는 전후 최고치인 521만 6,000명을 기록하였다(이수혁, 2006). 이 가운데 2004년도 기준으로 구동독의 실업자 수는 약 150만 명을 차지하고 있으며, 이는 동독의 경제활동 가능인구의 약 20.1%가 실업상태에 있음을 의미한다. 상황이 열악한 구동독 지역들의 경우에는 실업률이 40%를 기록하는 경우도 있다. 동독지역에 거주하며 서독지역으로 출퇴근하는 약 30만 명의 사람들까지 감안하면 구동독지역의 고용상황은 더욱 심각하다고 할 수 있다*Dorff, R, 2005*.

〈그림 8〉은 신탁청이 서서히 지원을 줄이기 시작했던 1994년부터의 취업률 지수의 추이를 보여주고 있다. 〈그림 8〉에서 구서독의 취업률은 일정하게 유지되고 있는 반면, 구동독지역에서는 1998년 이후 취업률이 빠른 속도로 떨어지고 있음을 알 수 있다. 구동독지역의 실업

률 증가에서 더 큰 문제점은 청년실업이 매우 큰 비중을 차지하고 있다는 점이다. 이러한 청년 실업증가는 구동독지역에서 신나치주의의 부흥과 난동자들의 집회라는 사회적 불안정을 심화시키는 원인이 되고 있다(한스 베르너 진, 2007).

〈그림 8〉 동서독 간 취업자 비교

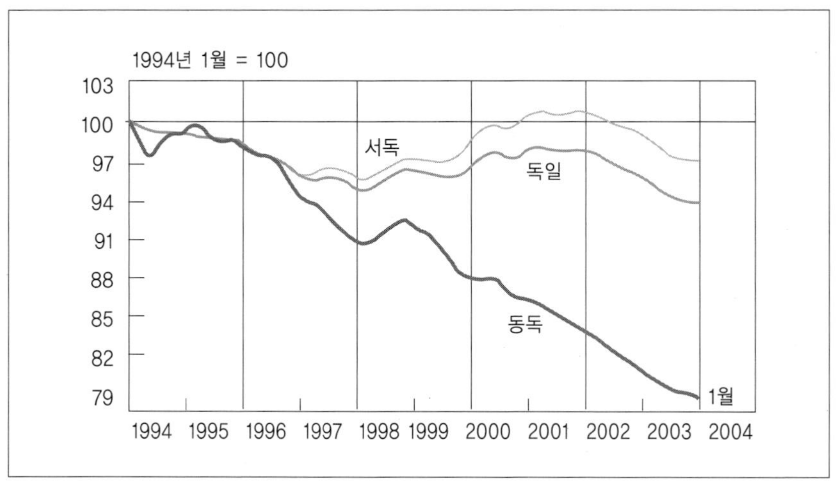


주) 사회보험의무가입 근로자 :계절에 따른 월별 변동을 감안한 수치
자료 : 한스 베르너 진, 독일경제 어떻게 구할 수 있는가, 199쪽.

구동독지역에서의 실업률이 높은 이유는 통일 이후 공공부문에서의 인력감축이 지속적으로 이루어져 왔고, 자동차, 반도체 등과 같은 일부 첨단산업분야의 투자를 제외하고는 전통산업부문에서는 예외 없이 인력감축이 이루어지고 있으며, 이는 현재 동독지역만의 문제가 아닌 독일 전체의 문제이기도 하다. 심지어 은행과 보험회사 등 수익을 내고 있는 직종에서도 인력감축을 실시하고 있다*Dorff, R, 2005*. 2005년을 기준으로 통일 15주년이 되었지만 고용문제는 통일독일의 주요한 사

회경제적 문제로 대두되고 있으며, 특히 동독지역 경제문제의 가장 중요한 이슈가 되고 있다.[175)]

### 2.5 사회 · 문화적 갈등의 심화

통일 후 독일이 안고 있는 문제점 가운데 가장 큰 문제점은 무엇보다 동서독 주민간에 사회적 불평등이 심화되고 있다는 것이다. 그 동안 독일은 통일로 인하여 정치적, 법적, 제도적으로는 하나의 독일을 이루었다. 그러나 통일된 지 15년이 지난 시점에서도 사회적, 문화적으로는 하나의 독일을 이루지 못하고 있는 실정이다. 이는 현재까지도 동서독 주민들 사이에 여러 면에서 첨예한 갈등을 초래하고 있는 현실에서 잘 나타나 있다.

이러한 동서독 주민간의 갈등은 통상 사용되는 '오시스*Ossis*와 베시스*Wessis*' 라는 속어에서도 잘 나타나 있다. 서독지역 주민들은 동독지역 주민들을 '오시스' 또는 '초니스*Zonis*' 라고 부르는데, 시골뜨기라는 경멸의 의미를 지닌 이 속어의 이면에는 서독인들이 열심히 노력한 끝에 축적한 부가 게으름을 피우는 동독인들에게 무상으로 제공되는 데에 대한 서독주민의 반감이 깔려 있다. 반면, 동독지역 주민들은 서독지역 주님들을 '베시스' 라고 부르는데, 졸부라는 의미의 이 말에는 동독지역 주민들이 비스마르크 시대와 바이마르공화국 시대에 베를린을 중심으로 유럽을 주도했던 문화민족의 정통후계자임을 자처하는 한편, 서독지역 주민들은 자본주의체제하에서 열심히 일하여 물질적으로 풍부하기는 하나, 물질 만능주의적이며 문화적 정통이 없고 이기적이고

175) 독일 연방정부는 이러한 높은 실업률을 해결하고자 적극적 노동시장정책을 실시하고 있지만, 현재의 대량실업을 해결하는데 효력을 발휘하지 못하고 있다고 평가할 수 있다.

신뢰성이 없는 사람으로 여기는 정서가 내포되어 있다(이태욱, 2001).

통일 이후 구동독지역에서 새롭게 형성된 집단적 정체성인 '오시스 *Ossis* 정체성'은 통일 독일 15년을 맞이하는 시점까지도 통합되지 못한 동 · 서독 사회의 현실을 전형적으로 보여주고 있다. 이러한 오시스의 정체성은 통일과정에 서동독인들이 느낀 경제적, 사회적 위기에 대한 불만과 정서적, 문화적 통합 정책의 부재에서 나온 상실감의 반영이라고 할 수 있다(김누리, 2006).

뿐만 아니라 통일 후 동독지역 내에서의 지역 간, 주민 간 경제력 격차도 심화되고 있다. 이러한 지역 간 주민 간의 양극화 현상은 그 동안 평균주의에 익숙해 있던 동독 주민들 간에도 통일 전에 경험하지 못했던 갈등을 초래하는 또 다른 원인이 되고 있는 것이다.

이러한 동서독 주민 간, 동독 주민 간의 갈등은 독일이 사회적, 문화적 측면에서는 아직도 완전한 통일을 달성하지 못하고 있다는 것을 의미한다. 이렇게 통일 후 동서독 주민 간에 갈등이 심화되는 이유와 주요한 원인을 찾아보면 다음과 같이 정리할 수 있다 :

첫째, 무엇보다 경제적 요인에 근거하는 사회적 갈등이다. 통일 후 독일은 동독지역의 재건을 위해 막대한 통일비용을 지불해 왔다. 이러한 통일비용은 서독 주민들의 조세 부담증가를 통해 이루어져 왔고, 또한 그동안 서독 주민이 누렸던 의료보험 혜택 등 사회보장 혜택을 불가피하게 축소시키는 결과를 초래했다. 즉, 통일로 인해 서독 주민은 혜택은 통일 전보다 줄어들었고 부담만 증가하였다는데서 불만이 고조되었다.

1991년 독일정부는 통일비용을 조달하기 위해 1년간 한정적이라는 전제로 개인 및 법인소득에 대해 7.5%의 연대할증금*Solidaritaetszuschlag*을 부과하였다. 그러나 1993년 다시 부가가치세 및 이자지불*Zinsabschlag*의 명목으로 세금을 추가로 징수하였다. 또한 석유세, 담배세 및 보험료

등과 같은 간접세도 증가하였고, 연대할증금도 1995년 다시 부활되어 무기한으로 연장되었고, 현재 소득세의 5.5%를 차지하고 있다*Braehler, E and Richter, H. E, 1999*.

뿐만 아니라 국민들의 사회보장분담액*Sozialversicherungsbeitraege* 도 증가하게 되어, 결과적으로 통일로 인해 서독주민들의 경제적 부담만 가중시켰다는 불만이 서독주민들 사이에 고조되는 경향을 보이게 되었다*Mueller, U, 2005*.

반면, 동독주민 중 4분의 3 정도는 이러한 재정적 지원에도 불구하고 '신연방주의 경제건설을 위해 너무 적게 지원 된다' 는 주장을 하고 있다. 이와는 달리 서독지역 주민들의 3분의 2 정도는 신연방주를 건설하기 위해 이미 실행된 조치들이 충분하다고 느끼고 있다(이태욱, 2001). 경제현상에 대한 이러한 동서독 주민간의 인식의 차이는 동서독 주민들 사이에 사회적, 심리적 갈등을 더욱 심화시키는 원인이 되고 있다.

동서독 주민간의 사회적 갈등을 초래하는 보다 본질적이고도 중요한 이유는 많은 동독 주민들이 통일로 인해 직장을 잃음으로 인해 동독지역의 실업률이 서독에 비해 매우 높다는데 있다. 통일로 인해 동독 주민의 20% 이상이 직장을 잃게 되었다. 이는 그동안 사회주의체제하에서 실업을 모르고 살았던 동독 주민들에게는 경제적 손실뿐만 아니라, 정체성을 상실하는 큰 문제이기도 하다. 이로 인해 구동독지역에서는 '오스탈지*Ostalgie* 현상'[176]이 나타나기도 한다*Mueller, U, 2005*.

둘째, 제도 및 문화의 변화에 따른 사회적, 심리적 갈등이다. 통일로 인해 과거 동독의 경제적, 정치적, 사회적 제도와 문화는 서독화 되는 경로를 밟았다. 통일 후 이러한 독일의 새로운 정치 · 경제 · 문화제도 및 질서에 동독 주민들은 잘 적응하지 못하고 있을 뿐만 아니라, 서독

176) 구동독주민들의 과거 사회주의에 대한 향수를 의미하는 말로서 향수를 의미하는 Nostalgie와 동쪽을 의미하는 Ost를 합성한 말이다.

지역 주민에 대해 심리적 열등감을 느끼고 있다는 것이다. 이러한 제도 및 문화의 변화에 대한 동독주민들의 적응력 부족과 심리적 열등감은 동서독 주민 간에 사회적 · 심리적 갈등을 심화시키는 원인이 되었다.

한 설문조사에 의하면, 동독인의 약 70%는 통일로 인해 주민들의 삶이 더욱 불편해졌고, 독일통일은 서독의 동독에 대한 식민지 지배체제와 같은 형태이며, 통일로 인해 구동독 주민들은 독일사회에서 '2등 시민' 으로 전락하였다고 평가하고 있는 반면, 서독주민은 27% 만이 위와 같은 생각을 가지고 있다(김해순, 2002).

동독주민들이 서독주민들에 비하여 '2등 시민' 이라는 생각을 갖고 있는 한, 동서독 주민 간에 존재하는 사회적, 심리적 갈등은 해소되기가 어렵다. 동독주민들의 심리적 갈등은 통일 후에 사회주의 계획경제에서 시장경제로 전환되는 과도기에 생활환경이 오히려 악화된 결과에 따라 더욱 커졌다. 서독인 대다수가 동서독인의 동등한 권리를 입에 올리고 있는 반면, 동독인들은 아직도 분명히 스스로를 '2등 시민' 이라고 느끼고 있다는 것이다(이태욱, 2001).

셋째, 통일 후 동서독 주민 간에 존재하는 사회적, 심리적 갈등은 심각한 극우세력의 대두와 사회범죄의 증가로 표출되고 있다는 것이다. 동독지역의 주민은 통일 후 나타난 정치 · 경제 · 사회 환경의 급격한 변화와 자신감 상실로 인해 사회심리적 정체성 위기감을 가지게 되었고, 이러한 위기가 동독지역에서의 사회범죄의 급격한 증가, 네오나치즘*Neo-Nazism* 의 등장, 외국인에 대한 배타의식 및 공격행위 등으로 표출되고 있다(이태욱, 2001).

독일 주간지인 슈피겔*Spiegel*지[177]에 의하면 통일 후 서독지역에서는 소매치기, 강도 등 일반범죄가 20% 정도 증가한 반면, 동독지역에서

177) 2004년 4월, 제15호

는 이러한 일반범죄가 통일 전에 비해 거의 4~5배 정도 급증하였다. 또한 독일 전 지역에서의 외국인에 대한 테러, 방화 및 폭력사건이 통일 전보다 급증하였다. 이런 현상은 특히 동독지역의 빈민가에서 두드러지게 나타나고 있다. 한편, 슈피겔지는 동독지역에서의 극우 폭력세력의 숫자가 서독지역보다 3배나 많은 1만~1만 5천명이나 되는 것으로 추정했다.

## 4. 요약 및 결론

2005년 10월 3일 독일 통일 15년을 기준 시점으로 하여 독일 통일을 평가해 볼 때, 구동독지역의 경제는 통일 전 보다 서독수준으로 개선되거나 수렴하는 현상을 보이고 있다고 긍정적으로 평가하는 시각도 있다. 즉, 동독의 경제는 생산성, 소득증가 면에서 통일 전보다 많이 개선되었고 근대화되어졌으며, 동독주민들의 삶의 질도 통일 전보다는 많이 나아졌다고 평가하기도 한다.

또한 슈뢰더*Schroeder, G* 전 독일 총리가 언급한 것처럼, 통일 후 15년이 경과한 구동독지역의 경제에 대해 '컵에 2분의 1이나 되는 물이 비어 있는 것 보다는 컵에 2분의 1이나 되는 물이 차 있는 것' 에 주목할 수도 있다.

다른 한편, 이러한 시각과는 달리 뮐러*Mueller, U* 같은 학자는 1990년 독일 통일 이후 구동독지역의 상황을 다음과 같이 3단계로 구분하여 평가하고 있는데, 그것은 먼저 붕괴와 희망의 기간(1991~1995년), 정체와 환멸의 기간(1996~2000년), 그리고 쇠퇴와 자기 기만의 기간(2001~2005년)으로의 평가이다.

이러한 단계별 평가와 분류는 독일이 통일된 이후 시간이 경과하면서 통일 초기에 가졌던 희망과 긍정적 기대보다는 구동독지역에 대한 경제적 부담과 통일의 부정적 결과가 더 심화되고 있음을 시사하는 것이다.

필자는 본 논문에서 독일통일 15년을 사회경제적 관점에서 분석 · 평가하면서 독일의 통일은 준비가 되지 않은 통일이었고, 지출된 비용에 비해 편익이 적은 '비효율적 통일' 이었으며 경제적 논리보다는 정치적 논리를 우선시하여 추진된 통일이었다는 결론을 내리고자 한다. 독일에서의 통일은 정치적, 제도적 측면에서 외형적 통일은 달성하였지만, 사회적 통합이라는 내재적 통일은 아직도 요원한 과제로 남아 있다. 그래서 혹자는 독일 통일을 '반쪽 통일' 이라고 평가하기도 하는 것이다.

이렇게 사회경제적으로 문제점이 지속적으로 노정되고 있는 주요한 이유 중의 하나는 독일 통일이 사회 · 경제적으로 충분한 준비가 되어 있지 않은 상태에서 이루어 졌다는데 있다. 이러한 증거로는 1989년 당시 사민당*SPD* 소속인 오스카 라폰텐*Lafontaine, O* 전 재무장관은 심지어 통일을 반대하는 발언을 하기도 했으며, 요시카 피셔*Fischer, J* 전 외무장관도 통일은 '독일의 역사적 실수' 라고 언급한 적이 있다는 데서 확인할 수 있다.

한반도의 경우, 단일 민족이라는 뿌리 깊은 국민적 정서와 사회적 분위기 등을 고려할 때 통일을 단순히 경제적 합리성에 기초하여 추진하거나 평가할 수만은 없다. 그러나 독일 통일의 경험에 비추어 볼 때, 경제적 합리성을 과소평가하거나 준비되지 않은 한반도의 통일은 통일 이후, 통일이 주는 정서적 기쁨과 심리적 만족감보다는 국민경제적 차원에서 지속적으로 경제적, 사회적인 부담으로 작용할 수 있다. 따라서 한반도에서의 통일도 어느 순간에 예고 없이 올 수 있다는 전제 하에 보다 철저한 준비와 대응책을 마련해야 할 것이다. 이를 위해 우리 모두에게는 '따뜻한 가슴' 으로의 통일을 준비할 필요도 있지만, 보다 더 중요한 것은 '냉철한 머리' 로의 통일을 준비해야 한다는 것이다.

# Part 05

Ordo Liberalism, German Social Market Economy

## 한국 시장경제에 주는 시사점

# 제12장
# 한국 시장경제에 주는 시사점

독일의 시장경제는 질서자유주의와 사회적 시장경제라는 두 가지 핵심 축을 바탕으로 하여 제2차 대전 후 경쟁력 있는 시스템으로 발전하여 왔다. 독일 경제시스템의 특징은 첫째, 경쟁을 통해 경제의 효율성을 높이기 위해서는 정부의 시장간섭이 필요하다고 보는 질서자유주의에 있다. 독일 사회적 시장경제에서 요구되는 정부의 역할은 경제질서로서 경쟁질서를 창출하고, 이것을 보장할 뿐만 아니라 항구적으로 감시하여 시장경제의 공정한 성과경쟁이 보다 더 자유롭게 이루어지도록 한다는데 있다. 따라서 독일의 자유주의는 시장에 방임하는 형태의 자유주의가 아니라 시장의 경쟁질서를 유지하기 위한 정부의 역할이 강조되는 소위 오이케니안 자유주의이다.

독일 경제시스템의 또 다른 특징은 독일의 경제체제를 '사회적 시장경제' 로 부른다는 데에 있다. 여기서 '사회적' 이 의미하는 것은 안정적인 시스템을 유지하기 위해서는 효율성 못지않게 형평성도 중요하다고 보기 때문이다. 현재 한국경제가 시급히 해결해야 할 당면과제 중 하나는 시장에서 경쟁이 제대로 이루어질 수 있도록 경쟁질서를 확립하는 것이고, 이를 위해 개인의 경제적 자유를 보장해 주는 일이다. 과거 한국경제는 경쟁을 기본으로 하는 시장경제질서에 의존하기보다는 정부의 규제와 보호를 통한 중앙관리형 계획경제요소가 강한 시스템으로 운영되어 왔었다.

그러나 세계경제가 글로벌화 된 현 상태에서 정부가 주도하는 형태의 경제질서는 더 이상 효율적이지 못할뿐만 아니라, 경쟁력도 없는 시스템이 되고 말았다.

과거 한국경제의 IMF체제도 직접적으로는 기업 및 금융부실에 따른 대외신인도의 급격한 하락, 금융부문의 감독 소홀과 국제금융시장의 불안정성에서 비롯되었다고 볼 수 있으나, 보다 근본적인 원인은 지난 30여 년간 정부의 적극적 개입을 통한 압축성장의 과정에서 시장경제질서가 제대로 정착되지 못한 데 기인한다. 따라서 글로벌경제하에서 경쟁력 있는 한국경제 시스템을 구축하기 위해서는 무엇보다도 먼저 경쟁이 보장되는 시장육성이 필요하며, 이러한 시장경제 질서를 형성하기 위한 이념으로서 자유주의를 올바르게 정립하는 것이 중요하다.

최근 활발히 전개되고 있는 시장경제에 대한 자유주의 논쟁은 크게 하이에키안 자유주의*Hayekian Liberalism* 입장과 오이케니안 자유주의*Euckenian Liberalism* 입장으로 양립되어 있다고 볼 수 있다.

하이에키안 자유주의는 신오스트리아학파의 시장이론을 기초로 하여 형성된 사상이며, 오이케니안 자유주의는 프라이부르크학파의 시장이론을 기초로 하여 형성된 사상이다.

제12장에서 저자는 향후 한국경제의 시장경제를 위해 확립해야 할 바람직한 자유주의 사상으로는 하이에키안 자유주의보다는 오이케니안 자유주의가 보다 더 적절한 자유주의라고 생각한다. 결론적으로 이러한 주장을 제기하는 배경과 논리적 근거는 다음과 같다 :

첫째, 과거 국민의 정부 이후 추진된 경제개혁 과제 중 하나는 경쟁질서가 유지되는 바람직한 시장경제체제를 확립하는 것이다. 여기서 바람직한 시장경제란 공정한 경쟁질서가 유지되는 시장을 의미한다. 그러나 아직까지도 한국의 시장경제질서는 여러 부분에서 왜곡되어 있다. 즉, 시장에서의 경쟁질서를 기본원칙으로 하고 있으나, 여러 분야에서 시장의 실패*Market Failure*[178]가 나타나고 있다.

따라서 시장의 실패가 발생하지 않는 바람직한 시장경제질서를 확립하기 위해서는 법과 제도의 정비가 필요하며[179], 이는 정부의 몫이다. 이러한 관점에서 시장 자체의 역동적이고 진화적인 기능에 의해 자발적으로 시장의 경쟁질서가 형성된다고 보는 하이에키안 자유주의보다는 경쟁질서는 정부에 의해 관리되고 감독해야만 형성이 가능하다는 입장을 견지하는 오이케니안 자유주의가 한국 시장경제에 주는 시사점이 더 크다고 볼 수 있다.

이 경우, 정부는 무엇보다도 먼저 시장에서의 경쟁질서를 확립하기 위해 시장기능을 최대한 회복하는 역할을 수행해야 한다. 시장경제질서란 기본적으로 경쟁과 화폐경제를 바탕으로 하기 때문에 경쟁질서의 확립과 화폐가치의 안정은 정부가 추진해야 하는 가장 중요한 질서정책이다. 이런 면에서 정부는 시장에서 자유경쟁질서가 계속 유지될 수 있도록 시장을 관리하는 역할을 수행해야 한다. 이럴 경우 경제는 가능한 한 개별 경제주체간의 경쟁에 맡겨 두어야 하며, 정부는 경쟁이 효율적으로 작동할 수 있도록 제반 법적, 제도적 장치를 마련하는 데 그쳐야 한다. 예를 들면 정부가 카르텔이나 독점을 법으로 금지함

178) 현재 한국경제에 나타나고 있는 시장실패로는 i) 카르텔 형성, 기업결합 등의 시장 독과점, ii) 환경오염, iii) 부당내부거래, vi) 경제 양극화에 따른 소득분배의 불평등 심화 등을 들 수 있다.

179) 여기에는 사유재산권의 확립, 사법제도의 신뢰성 제고, 부패척결과 관련된 법 · 제도적 틀의 완비 등을 들 수 있다.

으로써 경쟁을 촉진시켜야 한다. 우리의 경우 독점규제 및 공정거래질서 유지를 공정거래위원회가 담당하고 있으나, 성격상 정부에 예속되어 있어 업무수행을 보다 효율적으로 하기 위해서는 독일의 카르텔청*Kartelamt* 처럼 동기구를 정부로부터 독립시킬 필요가 있다. 그러나 정부개입의 기본원칙은 시장대체적이 아니라 시장일치적이어야 한다는 점을 유의할 필요가 있다.

둘째, 시장에서 정부의 역할에 대한 새로운 이해와 개념정립이 필요하다. 즉, 과거 중상주의적 정부나 케인지안적 '큰 정부*Big Government*' 를 통해 야기된 잘못된 비효율적인 '정부의 실패*Government Failure*' 를 최소화하는 노력이 필요하다.

또한 과거 '정부의 실패*Government Failure*' 만을 강조함으로써 모든 문제를 시장을 통해 해결하려고 하는 하이에키안 자유주의식 시장근본주의*Market Fundamentalism*적 접근 방법도 문제가 있다. 왜냐하면 한국의 시장은 독과점화 현상, 환경오염 등 아직도 왜곡된 시장구조를 가지고 있기 때문이다. 한국의 시장경제에는 '정부 실패' 못지않게 '시장 실패' 도 심각하게 나타나고 있다는 점도 인식할 필요가 있기 때문이다.

과거 정부의 적극적인 시장 개입주의 정책으로 인해 정부의 역할이 비대해지고 그 결과, 시장경제의 최고가치인 개인의 자유와 권리가 제한되고 정부실패가 크게 나타난 것은 사실이다. 그러나 현재 한국경제에서 '최소국가론*Minimal State*' 혹은 '야경국가론*Night-Watch State*' 을 주장하는 하이에키안 자유주의에 기초한 정부역할론에는 문제가 있다고 본다.[180] 왜냐하면 하이에키안 자유주의에 기초한 정부역할은 한국적 현실에서 시장에서의 공정한 경쟁을 촉진하기 보다는 시장을 자유방

180) 세계의 여러 경제학자들은 IMF체제를 경험한 한국경제의 위기는 세계화, 개방화의 과정에서 개방과 탈규제를 혼동한 것이라고 지적한다. 21세기 세계화시대에 정부의 효과적인 정책과 개입은 자원의 효율적인 배분을 위해 오히려 더 요구된다고 하겠다.

임에 맡김으로써 현재의 재벌체제로 특징 지워지는 독과점적 시장과 정경유착이라는 한국적 모순을 오히려 심화시킬 가능성이 있기 때문이다. 따라서 하이에크식 자유주의를 주장하기 보다는 오히려 '작지만 효율적인 정부'라는 정부의 역할에 관한 새로운 한국적 패러다임을 정립하는 작업이 우선적으로 필요하다고 본다. 여기서 '작고 효율적인 정부'를 만든다는 문제와 '모든 것을 시장에 맡기고 정부의 기능과 역할을 최소화'한다는 문제는 결코 같은 의미가 아니다. 결과적으로 시장의 기능을 제고시키는 정부의 역할, 즉 시장의 장점인 생산력 발전과 효율성 증대를 위해서는 계속해서 경쟁적 시장을 유지하기 위한 정부의 역할은 강조되어야 한다고 본다.

여기서 발생할 위험성과 문제는 정부의 역할을 강조함으로써 과거처럼 정부의 시장개입에 따라 발생하는 '정부실패'를 야기하지 않는 대안을 마련해야 한다는 점이다. 즉, 정부의 시장개입에 따라 발생하는 정부실패를 방지하거나, 정부실패의 비용을 최소화하는 정부개혁이 동시에 수반되어야 한다는 것이다. 여기서 정부개혁은 시장기능을 활성화하기 위한 정책결정 및 집행과정의 개선으로부터 출발해야 한다. 즉 자의적이고 불합리한 규제들을 과감히 철폐하고 정부의 직접적인 시장개입을 차단하고 투명한 행정을 위한 개혁이 지속적으로 추진되어야 한다. 단순히 행정조직을 재편하고 인력감축만을 추구하는 개혁은 의미가 없다. 이러한 측면에서도 오이케니안 자유주의적 정부관이 한국 시장경제 확립에 더 적합한 사상적 패러다임이라고 생각된다.

셋째, 현재 한국경제가 안고 있는 여러 가지 문제 중 매우 중요한 문제가 경제의 양극화 현상이다. 특히 소득과 부의 양극화 문제는 경제, 사회적 안정추구에 장애요인으로 작용할뿐만 아니라, 성장잠재력을 약화시키는 원인이 되고 있다.

이러한 관점에서 사회적 약자의 보호를 위한 소위 사회정책*Social Policy*

의 수립과 추진이 필요하며 이를 위해서는 정부의 역할이 필요하다. 이러한 관점에서도 '시장만이 사회적 정의'라는 입장을 견지하는 하이에키안 자유주의 보다는 사회정책의 필요성을 주장하는 오이케니안 자유주의 패러다임이 한국경제에 더 적절한 패러다임이라고 평가된다. 여기서 유의할 점은 오이케니안 자유주의가 사회정책의 중요성을 강조하고 있다고 하여 사회정책의 문제를 정부의 (재)분배정책에 의해 해결할 수 있다고 주장하지 않는다는 점이다. 오이케니안이 주장하는 사회정책은 어디까지나 시장 순응적*Marktkonform*으로 이루어져야 한다는 입장이다.

넷째, 오이케니안식 자유주의에 기초한 정부 역할을 함에 있어 문제는 '지대추구*Rent Seeking*'와 같은 정부실패가 발생할 가능성이 높다는 점이다. 이 경우 정부실패에 따르는 기회비용을 매우 높게 함으로써 정부실패를 방지하는 제도와 장치를 마련할 필요가 있다. 예를 들면, 부정 및 부패행위시 해당되는 공무원의 직위를 파면함은 물론, 죄과가 매우 높은 범죄행위로 규정하여 거기에 상응하는 법적인 제재를 가하는 경우이다(싱가포르의 경험). 정부실패를 사전에 방지할 수 있는 더 근본적인 방법으로는 높은 도덕성을 유지하는 정부와 국가공무원을 만드는 일인데, 이를 위한 제도 확립 및 교육프로그램의 개발도 고려해 볼 필요성이 있다. 오이케니안 자유주의적 정부관이 갖고 있는 위험성(정부실패)과 문제점으로 인해, 반대로 경제문제를 시장방임에 맡겨 버리는 것이 효율적이라는 하이에키안 자유주의는 현 한국경제에서 하이에키안 자유주의가 초래할 또 다른 위험성인 시장에서의 '도덕적 해이*Moral Hazard*'의 문제를 과소평가하고 있는데서 비롯되었다고 볼 수 있다.

다섯째, 오이케니안 자유주의의 시장질서관은 '제질서(諸秩序) 상호의존의 원칙'에 근거하고 있는데, 이 원칙은 경제질서와 법질서, 경제질서와 정치 및 사회질서 등 인간생활을 구성하는 제(諸) 질서 사이에는 불가분의 상호의존관계가 있기 때문에 공정한 시장경제질서를 유지하기 위해서는 정치적 의사결정이나 사회적 관계에서도 공정한 룰이 전제되어야 한다는 것이다. 이 문제와 관련하여서는 하이에키안 자유주의도 같은 입장을 취하고 있다고 볼 수 있다.

이러한 관점에서 시장에서 실패를 방지하기 위해서는 정치영역이나 사회영역에서도 공정한 게임이 이루어져야 한다. 이러한 면에서 정부는 시장경제 정립을 위해 정치와 사회에서도 자유로운 민주적 선택을 보장해 주는 노력을 계속할 필요가 있다.

# 제13장
# 한국경제에서 기업의 역할에 관한 신(新)패러다임의 모색

경제학에서 기업은 이윤추구를 목적으로 생산 활동을 하는 경제주체로 정의하고 있다. 이러한 관점에서 기업을 책임지고 운영하는 바람직한 기업가(최고 경영자)란 최소의 비용으로 최대의 이윤을 남기는 경영자로 인식할 수 있다. Smith, A에 의하면 기업이 '이윤 추구'라는 사적 이기심*Self-Interest*에 따라 각기 경제활동을 하기만 하면 그 사회 구성원의 후생은 증대되어 공익도 자동적으로 증가한다는 것이다. 그러나 21세기 현대기업은 19세기 자유방임형 고전자본주의 시대의 이윤추구형 고전적 개념의 기업역할만으로는 경쟁력을 유지할 수 없다. 왜냐하면 현재 기업이 직면하고 있는 대내외적 환경이 변하였기 때문이다. 후기산업사회에 있어서 기업을 단지 이윤극대화만을 추구하는 합리적 경제시스템으로만 규정 지워 구성원들의 욕구와 갈등 그리고 성취동기 등의 인간 행동 근원을 무시하고 단지 구성원을 활용할 수 있는 하나의 공식적인 기술이나 합리적인 경제적 도구로만 본다면 기업의 목표달성은 결코 이룩할 수 없다. 오히려 그 반대로 기업생산의 주체로서의 구성원, 기업 가치와 성과창출의 결정요소로서의 인적자원 내지 그의 행위에 대한 이해와 강조가 필연적으로 요청되는 과정지향적*Process-oriented*인 입장에서 재화 내지 서비스를 창출하는 인간적인 사회시스템으로 보는 시각이 필요하다. 특히 한국의 기업들을 살펴볼 때, 고도경제성장과 함께 양적으로 급속한 팽창을 하였다. 그와 동시에 부실기업들의 임금체불, 공해배출, 부동산 투기, 정경유착에 의한 뇌물수수 등 기업의 윤리성에 대한 문제가 제기되었고, 이에 따라 기업의 사회적 책임과 역할에 대한 기대와 요구가 과거 그 어느 때보다 증대되고 있다. 이러한 기대와 요구를 충족시키지 못하는 기업은 국내에서 소비자들로부터 외면당할 수밖에 없을 것이며, 국내에서 충분한 유효수요를 확보하지 못하는 기업은 장기적으로 발전, 존속하는데 한계가 있다. 또한 국외적으로는 세계경제가 글로벌화 됨에 따라 기업의 경영환경도 글로벌 스탠더드에 맞추어 변하여야만 하고 세계화에 걸맞은 새로운 기업윤리도 정립해야 한다. 기존의 기업의 사회적 책임과 기업윤리와 관련된 연구는 경영학적 관점에서 기업윤리나 기업의 사회적 책임의 개념을 규정하거나, 규범적 접근에 의한 분석이 대부분이었다. 제13장에서는 기존의 경영학적 관점에서의 규범적 접근뿐만 아니라 기업윤리와 기업의 사회적 책임이라는 개념을 자본주의 시장경제라는 경제체제의 틀 안에서 이들의 개념과 중요성을 재조명하고자 한다. 또한 기업의 윤리수준과 기업의 사회적 책임의 수행정도를 실증적으로 평가한 KEJI 모형을 통해 기업윤리와 기업의 사회적 책임의 주요한 내용들을 분석, 제시함으로써 기업역할의 새로운 패러다임을 모색하여 보았다. 이러한 연구목적을 달성하기 위해 세계화 시대의 기업윤리의 개념과 중요성을 살펴보고, 기업의 사회적 책임의 내용을 정리하고, KEJI Index를 통해 기업의 사회적 책임수행을 평가하는 방법을 제시하였다.

## 1. 세계화시대의 기업윤리

### 1. 1 기업윤리의 개념과 정의

기업의 규모가 확대되고 기업이 경제를 주도하는 현재의 자본주의 시장경제 체제하에서는 기업의 윤리적 행위는 시장경제체제의 유지와 발전에 근본적으로 연결되어 있다. 일반적으로 기업윤리란 경영자나 종업원 등 기업의 조직구성원, 즉 기업의 인격적 주체가 기업에 대하여 갖는 윤리를 의미한다. 기업윤리는 일반적인 윤리의 기본원칙을 이윤추구를 목적으로 재화와 용역을 생산하는 기업이라는 경제주체에 적용한 것을 말한다(신유근, 1992). 따라서 일반적인 윤리의 개념을 기업윤리에도 확장하여 그대로 적용할 수 있다.[181] 특히 기업윤리란 사회생활을 하는 인간이 근본적으로 경험할 수밖에 없는 윤리문제를 기업경영이라는 특수한 사회적 상황에 적용한 것이다. 따라서 기업윤리는 규범적 접근에 기반을 두면서도 기업경영에서의 윤리의 필요성을 전제한 후에 어떻게 하면 기업경영이나 경영자, 조직구성원들의 윤리적 행위 또는 윤리적 의사결정을 이끌 수 있는가에 초점을 둔다. 위와 같은 규범적 관점과 실용적 관점을 포괄하는 관점에서 기업윤리를 정의하면 기업윤리란 "기업경영이라는 상황에서 다양한 이해관계자나 광범위한 사회에 이익을 주거나 해를 끼칠 수 있는 행동을 취하는 것과 관련된 의사결정과정" *Ganz, J / Hayes, N, 1998* 이라고 할 수 있다.

드러커*Drucker, P.F*는 오토메이션*Automation* 시대의 자본주의의 발달, 특히 기업의 발전을 가능하게 하는 것은 기업윤리*Business Ethics*가 지켜질

181) 일반적으로 윤리는 어떤 상황이 제시하는 문제에 대해서 그것의 옳고 그름을 객관적으로 판단할 수 있는 잣대나 기준을 말한다. 이재율, 경제윤리, 민음사, 1995, p.16을 참조.

때라고 하였다. 즉, 드러커에 의하면 기업윤리야 말로 기업의 발전, 나아가서 자본주의의 발달을 지탱하는 기둥이라 할 수 있다. 기업가의 윤리는 기업가의 경영철학*Management Philosophy* 내지 경영신조*Management creed* 로서 타나난다. 기업윤리는 크게 다음과 같은 네 가지 측면에서 정의할 수 있다(이종영, 1996). 첫째로 선(善)이라는 도덕적 측면에서의 기업윤리에 대한 정의이고, 둘째로 기업 활동의 기본 목적인 이익을 고려한 접근이고, 셋째로 윤리와 관련된 기업 활동의 의사결정을 하는 경영자의 경영활동 측면에서 생각할 수 있고, 마지막으로 위 세 가지 측면을 동시에 고려한 기업윤리를 정의할 수 있다. 흔히 경영자들은 기업윤리에 관한 의사결정을 할 때 자기이익모델*Self-interest Model*을 이용한다. 즉 자기이익모델이란 ⅰ) 기업의 이기적인 활동이 가장 많은 사람에게 가장 큰 혜택을 주므로, ⅱ) 기업 활동의 목표는 이윤극대화이고, ⅲ) 법규와 업계의 관행대로 행동하되, ⅳ) 능률적으로 해야 한다는 것이 기본개념이다. 그러나 현대사회에서 기업은 개인 소유물이 아니고 사회적인 존재이므로 기업이 존속하고 성장하려면 사회이익 모델*Societal-interest Model*을 이용해야 한다. 즉 ⅰ) 기업은 사회가 필요로 하는 서비스를 제공해야 하며, ⅱ) 그러기 위해서는 사회가 필요로 하는 가치를 창조하고 그것을 전달하는 것을 그 목표로 삼아야 하고, ⅲ) 그 대가로 수익을 받게 되며, ⅳ) 사회와 오래 지속하는 관계를 유지하도록 해야 한다. 단, 기업은 경제적 조직이므로 적절하고 정당한 수익은 사회이익모델의 필수조건이다*Nash, L.L, 1993*. 결론적으로 기업윤리란 기업 활동에 있어서 "무엇이 옳고 그른지, 무엇이 좋은 일이고 무엇이 나쁜 일인지"를 분별해서 윤리적 해결방안을 모색하여 기업 활동에 적용하는 것을 말한다(이종영, 1996).

기업윤리의 자기이익모델과 사회이익모델은 비교 · 정리하면 다음 〈표 35〉와 같다.

**표 35** 기업윤리의 자기이익 모델과 사회이익 모델

| | 자기이익 모델 | 사회이익 모델 |
|---|---|---|
| 목적 | 이익의 극대화 | 가치의 창조 |
| 시간영역 | 단기적 | 장기적 |
| 행동준칙 | 법규와 업계의 관행대로 | 봉사에 대한 적절한 보수 기대 |
| 기본가정 | 기업의 자기이익 추구가 최대다수에게 최대이익 | 사회가 필요로 하는 가치의 제공 |
| 수단 | 가급적 능률적 방법 | 지속되는 관계유지 |

자료 : 이종영, 기업윤리, 삼영사, 1996, p.23.

### 1. 2 세계화시대 기업윤리의 중요성

기업이 윤리를 지켜야 하는가 하는 문제는 기업 및 기업경영의 본질 또는 기업의 목적과 관련하여 제기되는 가장 근본적인 문제이다. 기업의 역할을 논할 때, 기업의 본질적 기능면에서 재화 및 서비스의 공급과 이윤추구라는 경제적 기능만을 인정할 경우 기업윤리의 개입 여지는 크게 좁아진다. 그러나 산업화 시기와는 달리 기업의 사회적 영향력이 날로 커져가는 20세기 말~21세기 후기산업사회에 있어서는 기업윤리의 측면을 도외시할 수 없다. 세계화라는 무한경쟁시대에 기업이 계속 존속하고 발전하기 위해서는 기업은 사회에 대하여 경제적, 사회적 공헌을 해야 한다. 특히 1990년대 후반 들어 세계무역기구 *WTO* 가 설립되고, 1997년부터는 그린라운드*Green Round* 에 의해 환경공해 방지를 위한 일정 수준 이상의 국제적 품질인증이 'ISO 14000' 에 의해 요구되게 되었다. 1997년 12월에는 '부패라운드*Couurption Round*' 에 의하여 미국의 주도하에 국제뇌물방지협정*Convention of Bribery of Foreign Public Officials in International Transaction*이 OECD에서 조인되어 외국에서의 사업관련 뇌물행위도 국내법에 의하여 처벌하도록 하였다(이종

영, 1996). 이와 같은 세계적 경쟁의 기준이 기업행위에 있어 높은 윤리수준을 요구하게 되고, 이러한 추세는 무한경쟁의 21세기에는 더욱 심화될 것으로 예상된다. 따라서 기업윤리의 정립과 제고는 기업의 국제경쟁력 강화 측면에서도 매우 중요한 요인으로 작용할 것이다. 이는 기업이 변하는 환경에 적응하여야만 계속기업으로서 그 조직을 보전할 수 있는 동태적 균형을 유지할 수 있기 때문이다. 이는 기업이 사회 속에서 어떠한 역할을 수행하는가 하는 문제, 즉 기업의 목적이 무엇인가 하는 문제와 일치한다. 기업의 목적에는 크게 경제적 목적과 사회적 목적이 있다. 기업의 경제적 목적은 기업이 재화와 서비스를 공급하고, 고용을 창출하여 사회전체의 부를 증가시키는데 있다. 기업이 단순히 경제적 목적을 달성하였다고 해서 기업의 역할을 다했다고 볼 수 없다. 왜냐하면 기업은 사회라고 하는 총체적 체계 가운데 하나의 하위시스템으로서 기업이 사회 속에서 존속하기 위해서는 사회에 대한 기업의 책임을 이행하여야 한다(아오키 마사히코, 1998). 21세기 기업은 경제적 역할은 물론 기업의 사회적 역할, 즉 기업의 사회적 책임과 기업윤리의 실천을 동시에 조화롭게 추구하도록 요청받고 있다 *Davis, K / Frederick, W.C, 1984*. 20세기가 강한기업*Strong Company* 만이 생존하는 체제였다면, 21세기에는 착한기업*Good Company*만이 살아남을 수 있는 체제이다. 즉 이윤추구만을 중심으로 하는 강한 기업이 아니고, 사회의 구성체로서 사회와 더불어 성장하는 착한 기업이라야 한다는 것을 의미한다. 착한 기업은 다음과 같은 세 가지 특징을 가지고 있다(이종영, 1998).

첫째로, 착한 기업은 환경 친화적 기업이다.

둘째로, 착한 기업은 시민기업이다.

셋째로, 착한 기업은 인간성 기업이다. 이는 환경, 시민, 인간성을 내용으로 하는 착한 기업은 윤리적 기업이어야만 한다는 것을 의미하며, 그리고 윤리적 기업이라야 기업의 경쟁력이 강화되어 세계화시대에 생존하고 성장할 수 있음을 뜻한다. 21세기 후기산업사회에서 기업은 경제적 목적만을 추구해야 하는가 아니면 사회적 목적도 추구해야 하는가 하는 문제는 선택의 문제라기보다는 이들 상호의 조화 속에서 동시에 이루어져야 하는 의무인 것이다. 즉, 21세기의 기업은 강해야 할 뿐만 아니라 착해야 함을 의미한다.

사회 속에서 일반적 의미의 윤리는 행위의 옳고 그름이나 선악에 대한 판단 기준의 체계로 정의할 수 있다. 기업경영에 있어서 기업윤리도 바로 이러한 기능을 수행하기 때문에 그 중요성이 있다. 세계화 시대 기업경영이라는 상황에서 기업윤리가 갖는 중요성을 정리하면 다음과 같다(양기륜, 1994).

첫째로 기업윤리는 기업의 무절제하고 비윤리적 방법에 의한 이윤추구행위를 적절히 규제 혹은 억제시켜 준다는 면에서 그 중요성을 찾을 수 있다. 과거 삼풍백화점 사건, 호유해운의 거듭된 기름누출사고, 두산그룹의 페놀유출사고 및 포항제철의 불량철판생산 등은 기업윤리 없는 무한정한 극대이윤 추구는 사회에 큰 악영향을 줄 수 있음을 나타내는 단적인 사례라고 할 수 있다(공병호, 최승노, 1996).[182] 그러므로 기업의 이윤추구는 사회적으로 용인되고 수용될 수 있는 범위 안에서 이루어져야 할 것이다.

둘째로 윤리수준이 높은 기업은 단기적으로는 기업에 부담이 될 수도 있으나, 장기적으로는 대내외적으로 기업의 신뢰성을 높여주어 결과적으로 기업의 수익성, 성장성, 안정성을 증가시켜 준다. Pastin, M의 연구결과가 이러한 주장을 뒷받침해 주고 있다.

셋째로 예방적 측면에서도 기업윤리의 중요성을 찾을 수 있다. 기업

182) 포항제철은 1998년 국내기업중 순이익이 가장 높은 기업이었다.

이 비윤리적 경영활동을 하게 되면, 이를 규제하는 법규가 많아지게 되고, 그에 따른 기업 및 정부의 비용이 증가하게 되어 결과적으로 기업의 비윤리적 경영활동에 의한 사회적 비용이 증가하게 된다. 그러므로 기업이 높은 수준의 윤리성을 유지할 때 사회적 비용을 최소화할 수 있다.

넷째로 기업윤리는 조직구성원의 행동규범을 제시해 줄 뿐만 아니라 하나의 인간, 또는 건전한 시민으로서의 구성원의 윤리적 성취감을 충족시켜 주고, 사회적 정당성을 인정받을 수 있다. 또한 구성원의 윤리적 성취감은 기업의 생산성을 높이고, 궁극적으로는 기업의 발전에 기여한다.

### 1. 3 기업의 윤리수준과 이윤(수익)과의 관계

경제학에서 기업은 이윤을 극대화하는 경제주체이며, 실제로 기업의 생산 활동의 목적은 궁극적으로 이윤추구에 있다. 문제는 기업의 윤리수준이 기업의 이윤추구와 어떤 상관관계가 있는가이다. 이윤뿐만 아니라 일반적으로 기업의 윤리수준도 경영철학에 따라 다르다고 볼 수 있다. 윤리수준이 높은 기업도 있고 낮은 기업도 있다. 또한 이윤이 높은 기업도 있고 낮은 기업도 있다. 이 가운데 (1) 윤리수준도 매우 낮고 이윤수준도 매우 낮은 기업은 사회적으로 존재할 필요가 없고 또한 장기간 존재할 수도 없으므로 고려대상에서 제외해야 할 기업이고, (2) 윤리수준은 낮으면서 이윤만 증가시키는 기업은 자유시장의 경제 질서를 어지럽히는 기업이므로 사회적으로 바람직하지 않으며, (3) 이윤은 낮으면서 윤리수준만 높이 유지하려는 기업은 높은 비용을 부담할 수 없기 때문에 장기간 존재할 수 없고, (4) 가장 이상적인 기업은 윤리수준도 높고 이윤수준도 높은 기업이다. 이런 기업이 바로 21세기의 기업가나 경영자가 추구해야 할 경쟁력 있는 기업상이다(이종영, 1996).

〈그림 9〉 기업윤리와 이익의 관계

| 이 익 수 준 | 높 다 | 2. 바람직하지 못한 기업 | 4. 바람직한 기업 |
|---|---|---|---|
| | 낮 다 | 1. 필요 없는 기업 | 3. 지속할 수 없는 기업 |
| | | 낮 다 | 높 다 |
| | | 윤 리 수 준 | |

〈그림 9〉 위의 네 가지 형태의 기업 중에서 윤리수준과 이윤수준이 동시에 높은 가장 바람직한 기업은 4가지 특징을 가지고 있는데 이를 살펴보면 다음과 같다.[183)]

〈특징 1〉 고윤리-고수익기업(윤리수준이 높으면서 높은 수익을 올리는 기업)은 커뮤니케이션을 잘 하는 특징이 있다.

고윤리-고수익 기업은 기업내부 및 기업외부에 있는 많은 이해관계자 집단들과 커뮤니케이션을 잘하고 있다. 이러한 기업은 기본적으로 "이해관계자를 돕는 것이 기업의 이윤을 증가시키는 것이다"라는 시각을 가지고 있다. 이는 단지 종업원, 고객, 납품업자 등 이해관계자들을 가까이 대하는 정도를 넘어서, 기업의 내부 및 외부를 잘 살펴보고 누구의 이익을 기업의 목표와 합치시킬 수 있는가를 검토하는 것을 의미한다. 즉 이해관계가 상반되는 그룹을 발견하여 그것을 기업의 의사결정 속에 반영시키는 것이다.

〈특징 2〉 고윤리-고수익기업은 정의와 공정성을 강조하는 특징이 있다.

고윤리-고수익 기업은 기업으로부터 불공정한 취급을 받은 그룹이

183) 여기에 관해서는 Mark Pastin의 연구결과를 참조 : 패스틴은 윤리수준과 이윤수준이 동시에 높은 미국기업 27개사를 3년간 연구한 결과, 이들 기업이 갖는 공통된 특징을 발표하였다. Mark Pastin(1986), Lessons from high-profit, High-Ethics Companies : An Agenda for Managerial Action, in : Hoffman, Business Ethics, 2nd ed., New York, 1990, pp.624-628.

기업의 내부나 외부에 있는지를 확인하고 그들의 관점에서 생각하고 필요한 조치를 한다. 기업의 행동과 마찰을 일으키는 이해관계자와의 갈등을 해결하고자 하는 기업가는 그러한 문제를 '공정성' 이라는 원칙에 입각하여 새로운 시각에서 검토해야 한다. 이는 '불우이웃돕기' 식의 자선활동을 하라는 것이 아니라, 사람을 공정하게 대하고 공정성에 문제가 발생하면 스스로 시정할 수 있는 용기가 있어야 함을 의미한다.

〈특징 3〉 고윤리-고수익 기업은 기업의 어떤 행동에 대한 책임은 그룹이 아니고 결정을 한 개인이 책임진다는 특징이 있다.

위의 연구에서 놀라운 결론은 고윤리-고수익 기업은 기업의 행동에 대한 책임이 공동책임이 아니고 개인의 책임을 강조한다는 점이다. 종업원은 공동의식을 가지고 모든 행동에 대해서 연대책임을 져야 한다고 주장하는 이론이 많고 이러한 이론적 패러다임에 따라 기업을 경영하는 기업가도 많은데, Pastin, M의 연구결과는 이러한 일반적인 생각이 틀렸음을 보여주고 있다. Pastin, M의 연구결과에 의하면 기업의 어떤 행동에 대해서 구성원 각 개인이 질 수 있는 책임의 범위를 생각하고, 그러한 행동을 하기 위한 결정에 본인이 참여하였다면 그 결과에 대한 책임은 개인에게 있다는 것이다. 이는 기업가 또는 경영자는 윤리에 관련된 문제를 결정할 때에 궁극적으로 문제가 발생하면 개인이 감당해야 한다는 사고로 의사결정을 해야 함을 의미한다.

〈특징 4〉 고윤리-고수익기업은 기업 활동을 '목적' 면에서 본다는 특징이 있다.

고윤리-고수익기업에서 종업원을 결속시키는 것은 기업문화도 아니고 기업목표도 아니며 종업원 지주제도 아니고, 기업의 목적이라는 것이 Pastin, M의 연구 결과이다. 일반적으로 종업원들은 같은 목표를 위하여 공동 노력하는 것이 이윤을 증가시키는 것으로 이해한다. 여기서 '목표' 란 미래를 향한 것이고 그러한 미래지향적 목표를 달성하기 위해서 종업원의 단결을 촉구하는데 이러한 방식은 효과가 없다는 것이다. 이는 그보다도 고윤리-고수익기업은 종업원들의 행동은 종업원 각자가 가치 있다고 생각하는 행동이고, 넓게는 세상 사람에게 가치가 있는 것을 인식하도록 하여야 한다는 것을 의미한다.

Pastin, M의 연구결과를 토대로 고윤리-고수익기업이 지켜야 할 4가지 원칙을 제시하면 아래 〈표 36〉과 같다.

**표 36** 고윤리-고수익 기업의 4원칙

| 원 칙 | 내 용 |
|---|---|
| 원칙 1 | 고윤리-고수익 기업은 기업내부 및 기업외부에 있는 많은 이해관계자 집단들과 대화가 잘 통한다. 이러한 기업은 기본적으로 "이해관계자를 돕는 것은 기업자체를 돕는 것이다"라는 시각을 가지고 있다. |
| 원칙 2 | 고윤리-고수익 기업은 공정성을 지킨다. 이들 회사는 다른 사람의 이익은 회사의 이익과 마찬가지라고 생각한다. |
| 원칙 3 | 고윤리-고수익 기업에서는 회사의 어떤 행동에 대한 책임은 그룹이 아니고 결정을 한 개인이 지도록 한다. 이들 회사는 개인은 자신의 행동에 대해서 책임을 져야 한다고 규정하고 있다. |
| 원칙 4 | 고윤리-고수익 기업은 그 활동을 '목적'면에서 본다. '목적'이 합의되면 종업원의 가치관이 인정을 받게 되고, 또 기업과 주의환경의 이해관계가 일치하게 된다. |

자료 : 이종영, 앞의 책, p.109.

### 1. 4 한국 기업의 윤리강령

한국의 기업들은 1990년대 들어서야 기업윤리와 기업의 사회적 책임에 대한 기대와 요구가 증가하면서, '도덕경영', '열린 경영', '정도경영' 등의 슬로건을 내걸고 기업 경영의 새로운 모습을 제시하고자

기업의 윤리강령을 제정, 발표하기 시작했다. 1990년 LG의 윤리강령 발표를 시발점으로 POSCO, 삼성, 현대 등의 대기업이 윤리강령을 발표하면서 기업윤리의 중요성을 인식하기 시작했다. 그러나 이러한 기업들의 윤리강령은 당시 선언적 의미에 지나지 않았다. 1996년 전국경제인연합회에서 발표한 기업윤리헌장[184]에는 기업이 처한 환경변화와 이를 극복하고자 하는 기업의 비전 등을 제시하고 있는데, 윤리강령의 내용을 요약해 보면 다음과 같다. 세계화시대의 치열한 경쟁압력, 국익우선의 지역주의, 통일에 대비한 경영전략 등과 같은 국내외 경영환경의 변화에 대응하여 기업의 본연의 사회적 책임을 다하는 역할을 수행하여야 하며, 이는 공정한 경쟁, 혁신을 위한 이윤창출, 소비자 권익보호, 주주와 종업원의 이익 향상도모, 환경보호 등을 통해 가능하다는 비전을 제시하고 있다. 윤리문제에 있어서 한국의 기업은 현재 소비자 위주로 윤리문제를 취급하는 소극적 활동에서 사회에서 기업경영을 하는 수혜자의 입장에서 사회적 책임을 인식하고 일반시민에게까지 윤리를 적용할 수 있는 기업문화를 정착시켜야 하며, 이를 위해서 끊임없는 훈련과 교육을 실시하여 각 개인이 윤리문제를 공유할 수 있도록 하고 이것이 기업의 전통으로 계승될 수 있도록 해야 할 것이다.

## 2. 기업의 사회적 책임

### 2. 1 기업의 사회적 책임의 개념과 의의

기업의 사회적 책임이라는 개념은 1930년대 복지국가 자본주의가

184) 전국경제인연합회, 기업윤리헌장, 1996.

성립하면서 타나나기 시작했으나, 사회 환경 및 사회적 가치가 현저하게 변화된 1960년대에 이르러서 본격적으로 논의되기 시작했다.[185] 기업의 사회적 책임에 관해서 학자들 간에 약간의 견해차가 있지만, 이에 관한 몇 가지 정의들을 살펴보면 다음과 같다.

첫째, 기업의 사회적 책임은 기업자체의 이익과 함께 사회의 복지를 보전하고 향상시키는 행위를 해야 하는 의무를 말한다*Davis, K / Blomstrom, R.L, 1971*.

둘째, 기업의 사회적 책임은 기업의 사회에 대한 경제적 및 법적 의무뿐만 아니라, 이러한 의무를 넘어서서 전체 사회에 대한 책임을 지는 것을 의미한다*McGuire, J.W, 1963*.

셋째, 기업의 사회적 책임은 인간의 존중에 입각한 경영자의 이해집단 및 사회와 국민에 대한 사회적 공헌*Social Contribution* 혹은 사회적 봉사*Social Service*를 의미한다.

이 밖에도 기업의 사회적 책임에 대한 다양한 정의가 있으나 이러한 정의들의 공통점은 기업이 이윤동기를 넘어서 활동영역을 사회에 대한 기업의 책임영역으로 간주하고 있다는 것이다.

후기산업사회에 있어서 기업을 단지 이윤극대화만을 추구하는 합리적 경제시스템으로만 규정지어 구성원들의 욕구와 갈등 그리고 성취동기 등의 인간행동 근원을 무시하고 단지 구성원을 활용할 수 있는 하나의 공식적인 기술이나 합리적인 경제적 도구로만 본다면 기업의 목표달성은 결코 이룩할 수 없다. 오히려 그 반대로 기업생산의 주체로서의 구성원, 기업가치와 성과창출의 결정요소로서의 인적자원 내지 그의 행위에 대한 이해와 강조가 필연적으로 요청되는 과정 지향적

185) 학문적으로는 1953년 보웬(H.R.Bowen)의 기업가의 사회적 책임(Social Responsibility of the Businessman)이란 저서에서 처음으로 기업의 사회적 개념이 정의되었다.

*Process-oriented*인 입장에서 재화 내지 서비스를 창출하는 인간적인 사회 시스템으로 보는 시각이 필요하다.

기업의 사회적 책임*Social Responsibility* 이란 측면에서 볼 때 기업이란 본질적으로 하나의 사회적 구성체로서 다수의 이해집단과의 관계 속에서 기업 활동을 수행하고 있다. 그러므로 기업의 존립과 발전은 모든 이해집단과 밀접한 관계가 있기 때문에 사회적 책임의 중요성을 가지게 된다. 그러나 기존의 기업이론은 기업내부 중심의 이론인 반면, 기업의 사회적 역할과 관련된 외부 지향적 패러다임은 거의 제시되지 않았다.[186)]

21세기 기업은 이윤극대화를 추구하는 주체로서만이 아니라 기업의 고객인 사회와 더불어 성장하는 주체라는 패러다임의 전환이 필요하다. 기업가는 기업을 경영하는데 있어 기업의 이익과 함께 사회적 책임 및 사회적 봉사라는 기업 윤리적 측면을 고려하지 않으면 안 된다.

이상을 정리해 보면 기업의 사회적 책임은 개별기업의 이익과 사회전체의 이익을 동시에 추구하는 행위규범을 만들고 이에 따라 기업의 의사결정을 하는 책임이라 할 수 있으며, 그것은 근본적으로 자발적이며 기업의 자율에 의하여 행하여지는 윤리적 책임이라고 할 수 있다.

### 2.2 기업의 사회적 책임의 내용

기업이 사회적 책임을 수행함에 있어서 구체적으로 어떤 행동을 해야 할 것인가 하는 문제는 기업 활동 영역을 중심으로 하는 사회적 책임과 이해관계자 집단을 대상으로 하는 사회적 책임으로 나누어 고찰해 볼 수 있다.

---

186) 전통적인 기업이론에서 기업가의 역할은 이윤을 극대화시키는 산출량과 요소 투입량을 결정하는 일이다. 전통적인 기업이론에 관해서는 자유주의경제학연구회, 시카고학파의 경제학, 민음사, 1994, pp.383-405를 참조

### (1) 기업활동의 영역 관점에서 본 사회적 책임

기업의 사회적 책임은 시장메커니즘으로 해결되는 영역(이윤 영역)과 시장메커니즘으로 해결할 수 없는 영역(비이윤 영역)의 두 가지 유형으로 나누어 분류할 수 있다. 또 기업이 의사결정을 자율적으로 할 수 있는지 여부의 차원에서 정부의 규제 없이 기업이 자율적으로 활동의 수행 여부를 결정할 수 있는 영역과 정부규제에 의해 강제적으로 수행해야 할 영역의 두 가지 유형으로 분류할 수 있다.

이를 정리하면 다음 〈표 37〉과 같다.

**표 37** 기업활동 영역의 유형

| 이윤과의 관계 / 자율성과의 관계 | 시장메커니즘으로 해결되는 영역 | 시장메커니즘으로 해결되지 않는 영역 |
|---|---|---|
| 의무 영역 | 본질적 영역 | 의무적 영역 |
| 자율 영역 | 부수적 영역 | 책임적 영역 |

#### 가. 본질적 기업활동 영역

기업이 이윤 추구를 목적으로 사회에 재화와 서비스를 공급하는 기업 본래의 활동영역을 말한다.

#### 나. 의무적 기업활동 영역

본질적인 기업활동 과정에서 환경을 오염시키는 경우, 환경오염 방지시설을 기업 스스로 설치하는 등의 기업이 의무적으로 참여해야 하나 기업의 자율적인 의사결정에서 비용을 절감하기 위해 의무적인 이행을 회피하려고 할 때, 정부가 환경보호라는 사회목적을 달성하기 위해 기업활동을 통제하고 있는 영역이다.

다. 부수적 기업활동 영역

시장 메커니즘에 의해서도 해결되지 않고, 이 활동영역에의 참여여부도 강제적으로 정부가 규제하지 않으므로 기업이 자율적으로 결정하는 기업활동 영역으로 기업의 사회적 책임에서 가장 중요하게 부각되는 영역이다.

(2) 대상별로 분류한 기업의 사회적 책임

기업이 사회적 책임을 수행하기 위해서는 단기적으로는 기업의 이윤을 희생하여 사회전체의 복지향상을 위한 기업활동을 해야 한다. 기업의 사회적 책임의 대상으로는 다양한 이해관계자 집단이 있는데 일반적으로 그 대상으로는 종업원, 소비자, 주주, 정부, 타기업 및 지역사회를 고려하여 사회적 책임을 평가해야 한다. 이 경우 기업의 사회적 책임대상으로 1차적 대상인 종업원만을 고려할 때, 이를 미시적인 기업의 사회적 책임의 대상이라 하고, 2차적 대상인 이해관계자를 모두 포함할 때 거시적 기업의 사회적 책임의 대상으로 규정짓기도 한다(경제정의연구소, 1998). 전자는 기업의 사회적 성과시스템을 폐쇄시스템*Closed System* 으로 보는 관점인데 비해, 후자는 개방시스템*Open System* 으로 보는 경우이다(〈그림 9〉참조).

가. 종업원에 대한 책임

종업원들의 직장생활의 보람, 삶의 보람을 증대시키는 것이 일차적인 기업의 사회적 책임으로 인식되고 있다. 따라서 경영자는 종업원과의 관계에 있어서 종업원의 생활보장, 노동조건 및 작업환경의 개선, 생활수준의 향상, 경영성과의 배분, 직업훈련, 실업방지 등을 위해 노력해야 한다.

나. 주주에 대한 책임

소유경영자의 경우는 자기 스스로에 대하여 책임을 지게 되지만, 주식회사의 경우 특히 상장사일수록 경영자는 그에게 권한과 책임을 부여해준 주주들의 이익을 고려해야 한다. 일반적으로 법률은 경영자가 초래한 손해로부터 주주를 보호하고 있다. 물론 기업의 장기적인 성장 및 사회적 책임과는 신중한 균형이 유지되어야 하며, 경영자는 주주와의 충분한 의사소통을 통해 기업과 사회의 이익이 무엇인지를 판단해야 한다.

다. 소비자에 대한 책임

기업은 소비자에 대해 여러 가지의 특정한 의무를 갖고 있다. 그 가운데 가장 중요한 것이 고객에 대한 계약적 의무를 이행하는 것이다. 기업은 저가격으로 양질의 풍부한 상품을 제공하고, 가능한 한 효율적이고 경제적으로 소비자의 수요와 욕구를 충족시키도록 노력해야 한다. 더 나아가서 경영자는 소비자 주권에 대해 명확히 이해하고 소비자운동이 어떤 방향으로 전개되어 나가는가에 대하여 항상 관심을 가져야 한다.

라. 정부에 대한 책임

기업의 정부에 대한 책임 중 가장 기본적인 것 중의 하나는 조세납부 등 다양한 방법으로 정부시스템을 유지하는데 필요한 지원을 해야 한다는 것이다. 기업은 사회형평을 제고하기 위해 소비자 보호, 완전경쟁 등의 측면에서 정부와 공동으로 노력하는 등 경제발전을 위해 정부가 하기 어렵거나 곤란한 부문에 있어서 사회적 책임을 수행해야 한다. 예를 들면 기업들이 교육, 문화, 체육, 사회사업 등에 참여하거나 기부행위를 하는 등은 기업의 정부에 대한 사회적 책임을 수행하는 활동이라고 볼 수 있다.

### 마. 타기업에 대한 책임

기업들은 서로 공급자가 되기도 하고 채권자가 되기도 하며, 호혜적인 관계를 유지하는가 하면 어느 경우에는 경쟁적이 되기도 한다. 따라서 기업은 유사한 목적을 가진 동종기업과의 관계, 대기업과 중소기업과의 관계, 금융기관의 관계 등을 바람직한 방향으로 유지되도록 노력해야 한다. 특히 기업 간의 관계 중에서 가장 중요하게 부각되고 있는 것이 대기업과 중소기업 간의 관계다. 대기업과 중소기업 사이에는 장기적 공존관계의 유지를 위한 신뢰성이 전제되어야 하며, 중소기업의 육성을 통한 경제발전이라는 거시적 측면에서도 대기업의 중소기업에 대한 적극적인 지원과 육성책이 마련되어야 한다.

### 바. 지역사회에 대한 책임

기업은 지역사회와의 관계에서 공해방지 및 보상, 고용기회의 확대, 환경보호, 주민생활의 향상, 도시문제해결에의 기여, 의료사업 등 지역사회발전과 성장을 위한 기업의 지역사회에 대한 책임은 매우 크다고 볼 수 있다.

〈그림 10〉 기업의 사회적 책임 영역

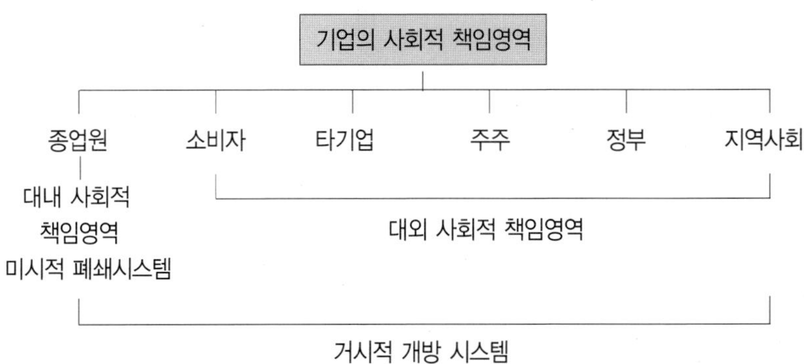


자료 : 경제정의연구소, 앞의 책, p.57.

## 3. 기업의 사회적 책임수행의 평가

### 3. 1. 기업의 사회적 책임에 따른 편익과 비용

그동안 진행된 기업의 사회적 역할에 관한 연구들은 규범적으로 기업이 사회적으로 책임을 져야 하는 당위성만 강조하였고, 기업들이 자발적으로 사회적 책임을 수행하도록 유도하는 방안에 관한 연구나 기업의 사회적 역할을 평가하는 시스템개발은 매우 미흡하였다. 기업의 사회적 역할을 평가하는 시스템은 개별기업이 어떠한 사회적 편익*Benefit*과 비용*Cost*을 발생시키는지를 종합적으로 평가하고(〈표 38〉참조), 이를 공개함으로써 소비자등 일반대중이 사회적으로 우수한 기업과 그렇지 않은 기업을 구분하고 이들의 구매행위에 영향을 미치게 할 수 있다. 최근 많은 기업들이 기업이미지 광고에 투자하고 있으나, 사회적 역할 평가시스템은 광고를 통한 기업이미지 제고가 아닌 기업활동의 변화, 즉 기업의 사회적 책임의 강화를 통한 기업이미지의 제고를 유도할 수 있다.

### 3.2. KEJI Index에 의한 기업의 사회적 역할 평가

최근 들어 기업의 사회적 역할과 책임에 대한 사회적 인식이 높아짐에 따라 경실련 경제정의연구소*Korea Economic Justice Institute : KEJI, 이하 KEJI로 칭함* 에서는 1991년도에 변화된 기업환경을 반영하여 기업의 사회적 책임정도를 종합적으로 파악할 수 있는 '경제정의지수*KEJI Index*를 개발해 기업의 윤리지수 또는 사회적 책임지수로 활용하여 기업을 평가하고 있다고 볼 수 있다. 경실련의 KEJI Index 모형 개발의 목적은 한국자본주의의 건전한 발전을 위하여 국민으로부터 사랑과 존경을 받는 기업상을 정립하는데 있다. KEJI 평가모형은 어떻게 하면 기업이 사회적 책임을 다하며 발전하는 국민적 기업이 될 수 있는가를 형상화하려는 노력의 하나라고 볼 수 있다. 그렇게 함으로써 그 동안 기업에 대한 사회 일반의 부정적 시각을 바로 잡고 기업과 근로자, 소비자로 구성되는 사회공동체의 신뢰와 활력, 그리고 무한경쟁시대의 경쟁력을 제고하는데 그 목적을 두고 있다(경제정의연구소, 1998).

표 38 기업의 사회적 편익(benefit)과 비용(cost)

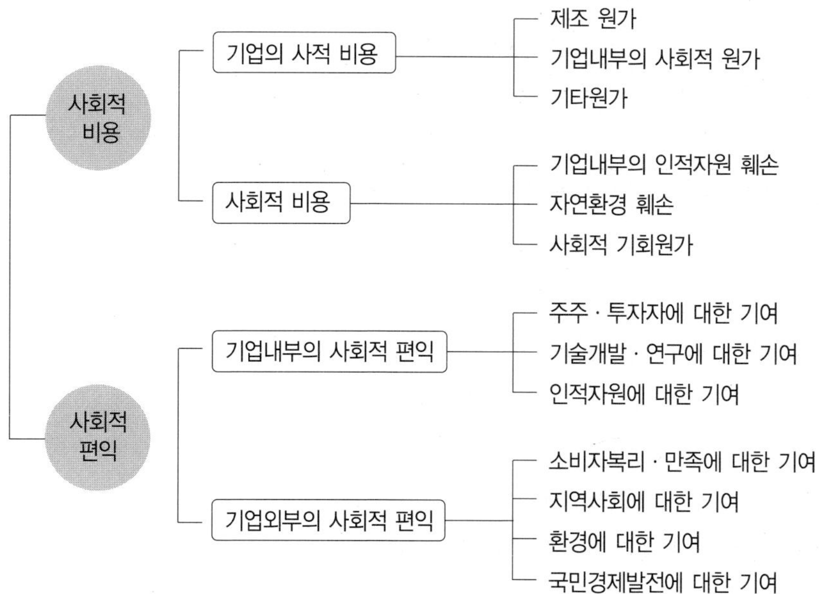


자료 : 경제정의연구소, 앞의 책, p. 76.

기업의 사회적 성과를 평가하기 위한 KEJI Index는 크게 7개의 평가항목으로 이루어져 있으며, 세부적으로 60여 개의 평가지표들이 있다. 이러한 지표들은 내용상 크게 다음과 같은 세 가지 요소를 중심으로 작성되었다. 즉 i) 준수가 요구되는 기업관련 법적 요소*legal Factors*의 지표와, ii) 기업의 사회책임 역할인 윤리적 요소*ethical factors*의 지표 및 iii) 기업이 하면 할수록 좋은 임의적 요소*Reference Factors*의 지표 등이다.

이러한 기업의 사회적 책임 수행에 대한 성과를 평가하는 대상 범위를 기준으로 주요 국가별 기업의 사회적 성과 평가제도를 살펴보면 크게 다음의 세 가지로 구분할 수 있다.

첫째는 기업의 사회적 성과평가영역 중에서 기업의 미시적 사회적 성과영역인 종업원에 한정하여 평가하는 사례로서 프랑스[187]가 이에 해당한다. 그러나 최근 프랑스도 고객, 납품업자, 환경, 공권력, 지방자치단체, 사회단체 등의 기업의 거시적 성과도 포함시켜야 한다는 분위기가 고조되고 있다.

둘째는 기업의 사회적 성과평가영역을 기업의 미시적 사회적 성과와 기업의 거시적 사회적 성과를 포괄하여 평가하는 사례이다. 즉 기업의 이해관계자*Stakeholder* 전체를 범위로 하여 기업의 사회적 성과를 평가하는 것으로 미국, 캐나다, 독일, 일본 등이 이에 해당하며 KEJI Index도 이에 해당한다.

마지막으로 셋째는 국가별 제도는 아니지만 국제표준화기구*ISO*의 품질경영인증시스템*ISO9000*, 환경경영인증시스템*ISO4000* 및 산업안전보건인증시스템*ISO18000*과 같이 기업의 사회적 책임수행 성과평가영역 중에서 일부만 모듈로 하여 평가하는 사례이다.

이러한 평가제도중 경제정의연구소가 개발한 KEJI Index의 평가내용을 요약해 보면 다음과 같다(〈표 39〉참조).

187) 프랑스는 전 세계적으로 기업의 사회적 성과평가제도를 법제화 하고 있는 대표적 국가이다.

### (1) 건전한 기업경영활동

건전한 기업은 원칙적으로 소유와 경영이 분리되고 그 가운데 주주와 경영자 및 보증인, 채무자와의 관계에 따라 제반활동은 주주구성, 투자지출, 영업활동, 자본조달 등 건전한 기업경영윤리를 통하여 기업의 사회적 역할과 책임을 평가할 수 있다.

### (2) 기업활동의 공정성

기업은 경쟁기업, 하청기업, 정부, 투자자, 소비자, 종업원 등 다양한 관계 속에서 존속하므로 경기규칙*Rule of Game*을 공정하게 지켜나가야 한다. 특히 한국의 경우, 세계적으로 유례가 없이 대기업 집단에 경제력이 집중되어 불공정거래의 가능성이 높으며, 실제로 일부 대기업 집단은 중소기업과 소비자들에게 비윤리적인 불공정한 거래관계를 가지고 있다. 경제정의연구소가 1994년에 발표한 자료에 의하면 1980년~1993년 기간 동안 약 800여 건의 불공정거래 중 30대 재벌이 차지한 비중이 63%를 차지하고 재벌규모가 클수록 위반건수가 더 많은 것으로 나타났다.

### (3) 기업의 사회봉사활동

기업들의 사회봉사활동을 통해 국민들의 기업에 대한 긍정적 인식을 강화하는 것은 매우 중요한 일이다. 전경련의 조사결과에 의하면, 현재 국내기업의 사회봉사활동에 대하여 사회적 책임과 관련한 동기는 낮은 비율로 나타나고 있으며, 개별사업의 규모도 아직은 미미한 수준이며, 대기업의 경우 사회봉사활동은 주로 학술과 장학부문에 편중되어 있다.[188] 기업의 사회봉사활동을 평가하기 위해서 KEJI는 ⅰ) 사회복

188) 전국경제인연합회, 1993, 보고서 35호.

지, ii) 사회지원, iii) 사회봉사 등의 지표를 활용하고 있다.

(4) 환경보호

최근에 국내는 물론 세계적으로 환경보호가 최대의 관심사가 되고 있다. 따라서 기업활동을 평가하는데 있어서 환경오염 유발여부 등 기업의 환경보호 만족수준을 평가하는 것이 중요하다. 그것은 결국 기업의 경쟁력은 물론 국가경쟁력을 높이는 것이다. 이러한 측면에서 KEJI Index에 환경보호 항목을 포함시키고 있다. KEJI Index는 기업활동에 대한 환경보호 만족수준을 평가하기 위해 i) 환경오염방지에 대한 노력, ii) 환경보호를 위한 개선결과, iii) 위반과 오염실적에 대한 적발건수 등으로 분류하여 지표화하고 업종별로 상대평가 하여 순위화하였다.

(5) 소비자보호 기여도

소비자문제는 대량생산, 대량판매, 대량소비의 시대에서 가장 중요한 사회문제로 인식되고 있다. 한국에서는 1960년대 후반부터 소비자문제가 사회문제로 대두되었고, 이러한 소비자보호운동이 본격적으로 전개된 것은 1980년대에 들어와서부터이다. 기업의 판매촉진을 위하여 생산과정이나 상품에 대한 정확한 정보가 제공되지 않은 상태에서 기업의 일방적인 선전이나 광고에 의해 상품이나 품질을 판단한다면 소비자는 시장에서 생산자에게 종속될 수밖에 없다. 그 결과, 소비자들은 소비하는 과정에서 생명이나 신체의 안전을 침해받거나 부당한 가격 등에 의해 재산상의 손실 등 경제적인 불이익이 초래되는 경우가 많다. 이런 경우 기업은 사회적 책임을 다했다고 볼 수 없다. 이러한 측면에서 KEJI는 기업의 사회적 역할 평가항목에 기업의 소비자기여도를 포함시켰으며, 세부항목으로 i) 소비자에 대한 기업의 거래수준

*Transaction Level* 을 측정하는 기업예산과 조직, 품질, 가격, ⅱ) 광고, ⅲ) 계약 등의 항목을 세부항목으로 포함시켜 기업을 평가하였다.

(6) 종업원 만족도

기업에 종사하는 모든 종업원은 직위와 성에 관계없이 공정하게 대우받아야 하고 기업은 이들의 의사를 존중하고 인간적인 관계를 유지해야 한다. 따라서 모든 기업은 종업원의 능력에 따라 봉급을 지급하고 성차별이 없는 공정한 인사제도와 교육훈련제도를 실시할 책임이 있고 복지기금을 통한 종업원의 복지 향상과 종업원 지주제를 정상적으로 운영하고 작업환경개선을 통해 기업의 사회적 책임을 다해야 한다. 이러한 측면에서 KEJI는 종업원만족도의 세부항목으로 ⅰ) 기업의 산업재해정도, ⅱ) 인적자원투자, ⅲ) 복지후생, ⅳ) 노사관계, ⅴ) 남녀고용평등 등을 포함시켜 기업의 사회적 책임을 평가하고 있다.

(7) 경제발전 기여도

기업의 이윤추구를 목적으로 하는 고유의 기업활동은 원칙적으로 국가의 결제발전과 양립해야 한다. 특히 21세기에 경제발전의 원동력이라 할 수 있는 지식집약형 중심의 산업구조개편은 기업의 기술혁신을 통해서만 가능하다. 따라서 기업의 경제발전 기여도를 평가하기 위해서 기업의 연구개발 노력 및 연구개발 성과를 평가해야 한다.

이를 요약 · 정리하면 다음〈표 39〉와 같다.

**표 39** 사회적 역할을 평가하는 KEJI Index

| | | |
|---|---|---|
| 건전한 기업경영활동 | 1. 주주구성의 건전성<br>① 내부지분율<br>② 전문경영인 정도<br>i ) 대주주경영독점정도<br>ii) 경영세습상태<br>③ 상호출자(30大 계열사) | <br><br>(내부지분수/총발행주식수) × 100<br><br>(대주주관련임원수/총임원수) × 100<br>(1세 · 2세 · 3세 · 4세 차등화)<br>(계열사 출자지분수/총발행주식수) × 100 |
| | 2. 투자지출의 건전성<br>① 보유 부동산<br>② 소비성 지출 | <br>(부동산/총자산) × 100 [업종 · 규모별]<br>(접대 · 기밀비/인건비) × 100 |
| | 3. 기업활동의 건전성<br>① 광고선전활동<br>② 탈세<br>③ 사치품 수입 | <br>(광고선전비/판관비) × 100 [업종별]<br>적발건수(관세포탈 · 밀수포함)<br>사치품 수입 금액 정도 |
| | 4. 자본조달의 건전성<br>① 위험성<br>② 상호지급보증<br>(30大 그룹 계열회사) | <br>(단기 차입금 총계/자기자본) × 100<br>[업종평균비율]<br>(보증금액/자기자본) × 100 |
| 기업활동의 공정성 | 1. 공정거래<br>① 경제력집중(기업결합)<br>② 시장지배 지위남용<br>③ 부당한 공동행위<br>④ 불공정거래행위<br>• 부당한 내부거래<br>• 언론 및 광고회사 보유 | [공정성] [시장점유분 파악]<br>내용 / 건수 (내용에 따라서 탈락)<br>내용 / 건수 〃<br>내용 / 건수(가격담합행위, 과대가격) 〃<br>내용 / 건수 〃<br>내용 / 건수<br>내용 / 건수 |
| | 2. 증권거래의 공정성<br>① 불성실공시(분식결산)<br>② 내부자거래<br>③ 사업보고서/감사보고서의 적정성 | [투명성]<br>공시위반 내용 / 건수 〃<br>〃 〃<br>기재내용 위반 건수 |

| | | |
|---|---|---|
| 기업활동의공정성 | 3. 협력업체 관계<br>① 중소기업지원<br>② 고유업종침해<br>③ 납품대금지급<br>④ 불공정하도급거래행위 | [협력관계성]<br>지원금액(자금, 기술지원,연계보증 등)<br>건수<br>어음발행 대금지급기일 수<br>내용 / 건수 |
| 사회봉사 | 1. 사회복지<br>① 장애인고용<br>② 고령자고용<br>③ 복지지원 | <br>(고용수/의무고용수) × 100<br>(전체 고령자고용수) [업종별]<br>(고아원 · 양로원, 어린이심장병, 소년소녀가장, 암협회, 결핵협회, 원호대상자, 소아백혈병 등 / 부가가치) × 100 |
| | 2. 사회지출<br>① 기부금<br><br>② 지역사회지원<br>③ 사회단체지원 | <br>(기부금액/부가가치)<br>[대학 · 대학장학금 · 연구비지원, 문예진흥기금포함] × 100<br>1사 1촌운동 여부(내용파악 면담/전화)<br>(시민운동지원금액 등 / 최근 3년간 평균 세전 순이익) × 100 |
| 환경보호 | 1. 환경의지<br>① 환경경영의지<br>② 폐기물예치금<br>③ 에너지효율 | <br>투입예산과 환경헌장 추진현황 실태<br>(환불금액/예치금) × 100<br>(사용량/매출액) × 100, 에너지절약우수업체 |
| | 2. 환경개선 결과<br>① 특정폐기물처리결과<br>② 환경친화적 기업 | <br>(자가재생이용 소각, 매립 / 배출량) × 100<br>(지정여부(환경마크,ISO14000획득 반영)) |
| | 3. 위반 및 오염실적<br>① 수질 · 대기분진 · 특정유해물질 오염실태<br>② 과대포장<br>③ 환경오염피해분쟁조정 | [적발건수/매출액(상중하)]<br><br>과대포장 과태료<br>내용 / 건수 |

| | | |
|---|---|---|
| 소비자보호기여도 | 1. 품　질 | |
| | ① 소비자피해구제 | 내용/처리건수 [매출액대비 상대평가] |
| | ② 제품결함, 배상 및 환불<br>(식품위생 약사법 위반) | 내용/불만건수 〃<br>약사 · 위생법 위반건수 |
| | ③ 품질경쟁력 우수기업 | 100대 우수기업 명단 |
| | 2. 광　고 | |
| | ① 광고의 진실성 | 내용 / 허위과대광고건수 〃 |
| | 3. 계　약 | |
| | ① 약관의 정당성 | 불공정약관 |
| 종업원 만족도 | 1. 산업재해 | |
| | ① 재해율 | (일반재해 · 중대재해 건수/ 종업원수) × 100 |
| | ② 작업환경 | 작업환경측정결과 · 유소견자 발견현황 |
| | 2. 인적자원투자 | |
| | ① 인적자원개발강도 | (당교육훈련비/당인건비)×(당교육훈련비/전교육훈련비) × 100 [업종별] |
| | 3. 복지후생 | |
| | ① 사내복지기금 | (기금액 / 부가가치) × 100 |
| | 4. 노사관계 | |
| | ① 경영정보 공개정도 | 노사간 정부 공유 정도 |
| | ② 부당노동행위 및 부당해고 | 유무에 따라(1건 기준 차별) |
| | ③ 노사협력 | 노조구성에 대한 차별 |
| | ④ 노조구성 | (노조원수/종업원 수) × 100 |
| | ⑤ 노동쟁의 | 쟁의행위기간 · 유형별 차별 |
| | 5. 남녀고용평등 | |
| | ① 고용평등법준수노력 | (채용위반건수 · 임금위반건수 · 출산휴가위반건수 · 퇴직위반건수 · 승진위반건수) |
| | ② 여성지위향상 | 사무직 여성 대리급 이상 간부고용비율 |

| | | |
|---|---|---|
| 경제발전기여도 | 1. 연구개발 노력 | |
| | ① 연구개발 지출 | (R&D/매출액) × 100 [업종별] |
| | ② 연구인력 | (연구인력/종업원수) × 100 |
| | 2. 연구개발 성과 | |
| | ① 특 허 | 건수 / 연구개발비 [업종별] |
| | ② 장영실상 | 전년대비 수상건수 [업종별] |
| | 3. 경영성과 | 자기자본 경상이익률 |
| | ① 수 익 성 | 매출액성장률(3개년) |
| | ② 성 장 성 | (기계장치구입액/유형고정자산) × 100 |
| | ③ 설비투자 | (법인세/부가가치) × 100 |
| | ④ 조세납부 | (배당금/당기순이익) × 100 [소액주주보호] |
| | ⑤ 배당성향 | |
| | 4. 고용창출 | |
| | ① 인 력 | (인건비 / 총자산) × 100 |
| | ② 노동생산성 증가율 | 종업원 1인당 부가가치/전년 |
| | 5. 무 역 | |
| | ① 수출비중 | (수출액/매출액) × 100 [업종별] |

자료 : 경제정의연구소, 위의 책, pp.95-133.

## 4. 결론

무한경쟁시대의 국가경쟁력의 실질적 주체는 기업이 될 수밖에 없다. 슘페터의 말처럼 기업은 자본주의 시장경제의 걸작품*Masterpiece*이다. 또한 기업의 영리추구는 자본주의하에서 기업이 결코 포기할 수 없는 기업의 절대적 책임이다. 따라서 정부, 경제단체 및 시민단체 모두가 21세기 한국기업들이 전문경영인이 중심이 되어 경쟁력을 갖출 수 있도록 지원을 아끼지 않아야 한다. 그러나 기업경쟁력을 강화하는

데 있어서 단순히 이윤만을 추구하는 경제적 효율성 관점만으로는 부족하며, 기업의 사회적 책임과 기업윤리를 고려한 기업의 역할에 관한 새로운 인식의 전환이 필요하다. 즉, 경제적 효율성과 기업의 사회적 책임은 서로 상충되는 것이 아니라 상호보완적이라는 인식의 전환이 필요하다. 과거 IMF 체제의 한국경제에서 기업의 본질은 이윤창출에 있으며 기업에 사회, 문화적 책임을 지우려 한다면 기업의 경쟁력이 약화된다는 입장에서 기업의 사회적 책임을 단순히 경제적 효율성 측면에서 개별기업의 이익을 극대화하는 것으로 제한해야 한다는 주장을 하기도 하였다.[189) 190)] 제13장에서 KEJI Index를 통해 제시한 기업의 사회적 책임과 기업윤리의 중요성은 기업의 1차적 목표인 이윤추구를 과소평가하고, 기업을 지나치게 도덕적 주체로 규정하고 이상적인 기업모형을 제시하고 있다는 평가를 내릴 수도 있다. 그러나 21세기 현대기업은 경제적 목적만을 추구하는 단순기능적 조직에서 벗어나 경제적, 사회적, 정치적, 문화적인 측면을 종합적으로 갖게 되는 다원적이고 통합적인 존재로 인식해야 한다. 이는 기업활동이 과거의 단순한 이윤추구에서 벗어나 기업환경에 존재하는 다양한 이익집단과 이해관계자들을 고려한다는 것을 의미하고 환경보호, 자원고갈, 소비자보호, 산업공해 등과 같은 가치의 다원화를 바탕으로 제기되는 다양한 사회적 문제에 대해 경영자로서 책임의식을 갖는 것을 의미한다. 최근 학회와 경제단체에서 모범적인 기업을 표창하는 제도가 활성화되고 있는데, 이들 단체들의 시상 심사기준의 공통점은 기업의 윤리수준과 기업의 사회적 책임을 가장 중요한 기업의 역할로 평가하고 있다

189) 매일경제신문, 1999년 1월 19일자

190) 이는 보수주의 혹은 고전적 자본주의 입장에서 본 기업의 사회적 책임이다. 이러한 입장을 대표하는 학자로는 Smith, A 이후 Leavitt, T, Friedman, M, Hayek, F.A 같은 자유주의 경제학자 등을 들 수 있다.

는 점만 보아도 기업의 역할에 관해 패러다임이 변하고 있음을 알 수 있다. 따라서 기업의 최고경영자는 기업의 사회적 책임과 기업윤리에 대한 확실한 경영철학을 가지고 있어야 하며 그것이 기업의 윤리강령에 확실히 나타나 있어야 하고, 경영활동에 그러한 의지가 반영되어야 한다.

# 제14장
## 독일의 민영화 정책이 한국에 주는 시사점

독일에 있어서의 공기업 민영화는 그 대상이 된 공기업 수나 민영화의 역사를 보더라도 서유럽의 여타국가보다 적극적이고 성공적이었다고 볼 수 있다. 특히, 1982년 이후 정권을 잡은 기민당*CDU* 및 자민당*FDP* 연정에 의해 민영화정책이 적극적으로 추진되고 있다. 독일에서 1960년대 중반 이후부터 진행된 민영화프로그램의 성격 및 특징은 앞서 살펴본 바와 같이 어떤 정당이 정권을 잡느냐에 크게 의존하고 있음을 알 수 있다. 대체로 사민당*SPD* 정권은 민영화에 대해서 부정적이거나 아주 소극적인 정책을 추진해 온데 비해, 기민당*CDU* 정권은 매우 긍정적이고 적극적인 정책으로 일관해 왔다. 이러한 정당 정책의 차이에 의해 독일에서의 민영화추진도 시기별로 큰 차이를 나타내고 있다. 예를 들면 사민당*SPD*이 정권을 잡고 있던 1970년대(1969~1982년)에 독일에서의 민영화논의는 극히 부분적으로 지방자치단체를 중심으로 주로 건물청소, 쓰레기운반 등의 공기업들을 민간에게 이양하는 정도에 그쳤다. 그러나 1970년대 이전의 적극적인 민영화과정이나 1980년대 및 1990년대의 대규모 민영화는 모두 현재 정권을 잡고 있는 기민당*CDU* 정부에 의해 이루어지고 있다.

독일에서 그동안 추진되어 온 공기업의 민영화는 재정적자의 축소라는 부분도 있으나 가장 중요한 목적은 공기업의 비효율성을 제거하고 개선하는데 두었다. 그 결과 부분적인 경영자주성의 부여, 경쟁원리의 도입, 서비스질의 개선 등의 면에서 상당한 성과를 올렸다고 볼 수 있다.

우리나라에 있어서도 1960년대 후반부터 정부는 수의계약방식으로 정부주식의 매각 또는 정부 통제하에 있던 시중은행과 산업은행 등에 현물출자형태로 소유권을 이전하는 형태의 민영화를 추진하였다. 그러나 당시의 민영화는 시장의 경쟁력제고나 기업경영의 효율성을 제고하는데 그 목적이 있는 것이 아니라, 정부의 독점적 소유권의 이전이 민영화의 중요한 목적이었다고 볼 수 있다.

1987년 이후 한국전력공사, 포항제철을 국민주 방식으로 민영화하기 시작하면서 민영화에 대한 논의가 본격화되기 시작하였다. 특히 1993년 2월에 출범한 김영삼 정부는 민간주도의 경제운용이라는 정책이념 하에서 규제완화와 민영화를 적극 추진하였다. 정부가 1994년 12월 24일 발표한 민영화계획에 의하면 총 133개의 공기업중 당초의 설립목적을 달성했거나 혹은 민간기업에 의한 경영이 보다 효율적이어서 공기업으로 존속할 필요성이 낮은 총 61개의 공기업을 1994년부터 1998년까지 연차적으로 민영화한다는 것이다.

공기업 민영화의 배경에 대해서는 나라마다 다르며, 한 국가에 있어서도 경제발전단계에 따라 다르다 하겠다.

우리나라의 경우, 공기업의 민영화는 공기업의 경영효율성을 제고하는데 있다고 볼 수 있다. 즉, 과거에는 공기업만이 수행하던 기능을 민간기업도 수행할 수 있게 함으로써 정부는 대신 공공부문이 끝까지 개입하지 않으면 안 되는 부문에 집중함으로써 자원을 효율적으로 활용할 수 있기 때문이다. 이러한 관점에서 공기업 민영화의 우선적인 목적을 효율성 제고에 두고 있는 독일 민영화의 사례연구는 향후 우리나라에 있어서 공기업의 민영화방안 수립에 여러 가지 시사점을 줄 수 있다고 판단하여 몇 가지를 제시해 보고자 한다.

## 1. 민영화 추진주체의 설정

독일에서 공기업 민영화의 추진주체는 연방 재무부*Bundes Finanzministerium*이다. 연방재무부는 공기업으로서의 연방기업 참여에 대한 정당성을 규정하고 있는 예산법(연방예산 규칙 제 65조)의 검토를 통해 어디에도 정의되어 있지 않은 '연방이해'라는 개념이 통일되지 않은 채, 행정적 입장에 따라 편의적으로 해석된다는 사실을 발견하고, 민영화는 이러한 행정적, 정치적 장애에 의해 성과를 거두고 있지 못하다고 지적하였다. 이에 따라 연방재무부는 1985년 3월부터 공기업의 민영화계획에서 5개는 연방재무부, 4개는 연방철도청, 2개는 교통부 그리고, 보건부 및 경제부에 각각 1개를 관리하는 주무부서로 배정하고 연방재무부와 상호 협조하여 민영화를 추진할 수 있도록 하고 있다. 또한 연방재무부내에 학자, 연구기관의 연구원, 민간기업 대표 등으로 구성된 민영화 추진위원회를 두고 있다.

민영화과정에서 발생되는 주무부처간의 이해관계는 연방재무부가 주체가 되어 부처간의 이해관계를 중재, 조정하는 역할을 맡고 있다. 한 가지 예로 최근 텔레콤의 민영화추진에 있어 입법부, 연방정부 및 민간기업간의 긴밀한 협조가 필요한데 이의 역할을 연방재무부가 맡고 있다. 뿐만 아니라 재무부는 텔레콤의 성공적인 민영화를 위해 통신사업 주식의 우량성에 대해 국내외 투자가들에게 홍보활동도 하고 있다. 우리나라에 있어서도 민영화의 성공적인 추진을 위해 민영화의 주체를 재정경제원으로 일원화하고 조직개편에 따라 기능이 취약해진 민영화추진기구의 전문성을 보완하고, 각 주무부처의 이해관계로 인한 민영화에 대한 소극성을 배제하기 위해서도 독일에서와 같은 각계 전문가로 구성된 '민영화추진 특별위원회' 같은 상설기구를 기획재정부 산하에 설치하는 것도 검토해 볼 필요가 있겠다. 아울러 1995년 6.27 지방자치 선거 이후 전개된 지방화시대에서 지방정부에 속해 있는 공기업의 민영화가 필요할 경우, 민영화추진 배경과 목적을 고려하여 일관성 있게 민영화를 추진할 수 있는 지방정부차원의 민영화추진 상설기구의 설치도 검토해 볼 필요가 있다.

## 2. 다양한 민영화 방식의 도입

### (1) '국민주' 발행을 통한 민영화 방법의 확대

공기업을 민영화하는 방법은 매우 다양하다고 볼 수 있다. 증권시장을 통한 매각방식, 개별기업에 대한 직접매각방식, 국민주 방식, 공개경쟁 입찰방식, 제한경쟁 입찰방식, 우리사주발행을 통한 종업원에 의한 인수방식 등 매우 다양한 방식들이 여러 나라의 민영화에서 사용되어 온 방법들이다.

이들 방식은 각각의 장점과 단점을 가지고 있어 어느 한 가지 방법이 다른 방법보다 절대적으로 우월하다고 말할 수 없다. 예를 들어, 경제력 집중을 완화하는 방향으로의 효과적인 민영화 방법은 국민주 방식이 될 것이며, 재정적자를 해소하기 위해 매각수입을 극대화할 수 있는 방식은 경쟁입찰 방식이 될 것이다. 또한 공기업의 가장 정확한 매각가격의 선택을 위해서는 증시를 통한 매각방식이 가장 좋을 것이며, 책임경영을 통한 효율성의 증대를 위해서는 직접 매각방식이 가장 바람직할 것으로 보인다.

독일에 있어서 공기업의 민영화는 크게 우리사주 발행, 국민주 발행 그리고 증권시장의 상장방법 등을 통해 추진되어 왔다. 1960년대에 진행된 대규모 민영화작업은 국민주 발행을 통해 이루어졌는데, 대표적으로 폴크스바겐 주식회사*VW AG*와 VEBA 주식회사의 민영화가 국민주 방식에 의해 민영화된 기업들이다.[191]

우리나라도 1987년 국민은행, 포항제철, 한국전력, 전기통신공사, 중소기업은행, 외환은행 그리고 담배인삼공사 등 7개 공기업의 자기자본중 약 5조원의 자산을 1988~1992년에 걸쳐 5년간 국민주 발행에 의해 단계적으로 매각하는 민영화계획을 수립, 발표하였다. 그러나 이 가운데 실제로 국민주 방식으로 민영화가 이루어진 기업은 포항제철과 한국전력의 2개 회사에 불과하다.

국민주 방식이 가져다 주는 주요한 경제적 효과는 앞서 지적한 바와 같이 민영화의 부정적 측면인 소유권 이전을 통한 경제력집중 현상을 해소하고 대신 소유권 확산을 통한 재산권 민주주의*Property-right Democracy*를 확립할 수 있다는데 있다(김재홍, 1994). 재산권 민주주의는 바로 우리나라의 재산권이 모든 국민들에게 확산되는 과정을 의미하며, 이는 곧 개별 공기업에 대한 민영화의 목표가 국가경제 전체로 확대되어지는 순기능이 있음을 의미한다. 한국전력과 포항제철의 경우도 정부지분 1조 7,000억 원 규모의 자산을 수백만의 국민에게 분산함으로써 부분적이나마 국민들의 재산형성의 기여와 소유권이전의 독점현상을 완화할 수 있었다.

191) 그 결과 독일은 정부소유주식을 광범위하게 분산시키는 민영화작업을 시행한 종주국으로 평가받고 있다.

이러한 국민경제적 차원에서의 순기능이 있음에도 불구하고 우리나라에서 공기업의 민영화 방식은 국민주의 보급을 중단하고 주로 경쟁입찰 방법을 채택하였다. 이는 국가경제의 재산권을 모든 국민에게 분산시키기 보다는 경제력을 가진 일부 기업들에게 집중시킬 가능성이 있음을 의미하며 이는 재산권 민주주의의 발전에 역행하는 것이라고 볼 수 있다.

따라서 독일에서 민영화 방법으로 채택되었던 국민주 방식은 국민기업의 소유권 분산을 통하여 경제력집중 억제와 국민의 재산증식이나 소득재분배 효과를 가져올 수 있는 민영화 방안의 하나이므로 향후 공기업의 민영화에 있어 계획대로 국민주 방식이 지속적으로 추진되는 것이 한국경제의 구조상 바람직하다 하겠다.

(2) '우리사주' 발행을 통한 민영화

앞서 언급한 바와 같이 민영화 방식은 각각의 장점과 단점을 가지고 있다. 국민주 방식의 민영화도 경제력 집중의 완화와 재산권 민주주의의 실현이라는 장점이 있지만, 반대로 소유권을 방만하게 분산시킴으로써 소위 '주인 없는 기업'이 될 가능성이 높으며 이는 결국 기업의 효율성을 저하시켜 본질적으로 공기업의 민영화 목적을 크게 왜곡시킬 수 있다. 그러나 우리사주 방식으로 민영화를 추진할 경우, 자신이 종사하는 공기업의 자산을 종업원에게 우리사주 형태로 배당해 줌으로써 '주인 없는 기업'이 가져올 경영의 비효율성을 제거할 수 있을 뿐만 아니라 책임 있는 경영과 종사가 가능해 기업의 효율성을 높일 수 있다고 본다.

독일에 있어서는 이러한 목적 하에 1980년대에 VEBA사(社), IVG사(社) 및 VIAG사A(社) 등이 우리사주의 형태로 민영화를 하였으며 국민들의 호응과 기업의 효율성을 증진시켰던 것으로 분석된다.

이러한 시각에서 우리나라에서 공기업의 민영화는 종업원의 근무태도 개선과 경영의 효율성을 높이는 것이 우선인 기업에 있어서는 우리사주 방법에 의한 민영화를 검토해 볼 필요가 있다 하겠다.

## 3. 시장 경쟁원리의 적극도입

독일의 민영화 경험에 의하면 민영화의 성공요인이 소유주체의 변동보다는 민영화를 통한 경쟁촉진에 있었다. 한 가지 예로 독일에서 제1차 체신개혁이라 할 수 있는 1989~1993년에 부분적으로 전자통신 분야에서 민영화가 이루어졌다. 국제적인 경쟁력을 강화하기 위하여 이동통신 분야와 위성무선통신 분야를 민영화함으로써 시장 경쟁원리를 도입하였다. 그 결과, 동 분야에서 기업들은 매우 혁신적인 형태로 기업을 경영하게 되었으며 고객들에게 새로운 서비스와 제품을 공급하게 되었다. 민영화가 진행된 지난 5년 동안 수요자의 수가 20만에서 180만으로 증가하였으며, 이동통신기의 가격도 같은 기간 중에 약 6천 마르크에서 1천 마르크로 하락하였다. 또한 1991년 1월 현재 66개 업체에 불과하던 기업이 민영화를 통한 경쟁의 도입 결과 1994년 1월 현재 약 381개로 증가하였다. 이러한 성과는 바로 민영화를 시장경쟁원리를 통해 추진한 결과이다.

우리나라에 있어서도 경쟁을 촉진하기 위해서는 공기업을 민영화하거나 기존의 진입제한 또는 가격규제를 완화하거나 철폐할 필요가 있다. 다만 전기, 통신, 가스, 철도 등 규모의 경제 형성으로 경쟁도입을 신중히 해야 할 필요가 있는 분야에서는 정부가 신중히 고려하면서 추진해야 한다. 공기업의 민영화시 과당경쟁이나 과잉중복투자의 문제가 발생할 수도 있으나, 이는 독일의 '사회적 시장경제' 체제의 경험에서 알 수 있듯이 정부의 일관된 경쟁촉진 정책을 통해 극복할 수 있을 것이다. 경쟁촉진을 목적으로 공기업을 민영화하더라도 경쟁을 단계적, 점진적으로 확산시킬 필요가 있겠다. 예를 들면, 독점적 공기업을 민영화한 후 시장 진입 장벽을 철폐하더라도 기존기업과 신규 1~2개 사(社) 정도의 제한된 민간기업간의 경쟁관계를 형성토록 한 다음, 점진적으로 시장원리에 의한 경쟁의 논리를 도입하는 것이다.

왜냐하면 이는 앞서 지적한 바와 같이 필요 이상의 과당경쟁이나 과잉중복투자가 발생해 거시경제적 측면에서 자원배분의 왜곡이 발생할 수 있기 때문이다. 특히 기술혁신이 급속히 진행되고 있는 전기, 통신 분야에서는 정부차원에서 중장기 산업구조정책을 설정, 정책수단을 단계적으로 마련하는 것이 필요하다. 또한 자연독점산업도 민영화를 통해 부분적으로 경쟁을 도입하거나 지역별, 기능별로 분할민영화를 검토할 필요가 있다. 분할민영화는 조직과 인원분할에 따른 부작용, 규모의 경제효과 감소 등의 문제점이 있지만 경영규모의 적정화, 경쟁촉진에 따른 경영합리화 등의 장점이 크므로 전력, 통신부문의 민영화 시 적용할 수 있을 것이다. 독일에 있어서도 통신, 전력, 철도부문 등에서 독점해제 및 규제를 완화해 경쟁을 촉진함으로써 효율성을 증대시키고 있다.

## 4. 철도사업 등 정부기업의 민영화

향후 철도, 체신 등의 정부기업의 민영화도 적극적으로 추진되어야 할 것이다. 정부기업 중에서도 특히 철도사업은 독일과 마찬가지로 엄청난 누적적자를 안고 있는 공기업으로서 재정적인 면에서 그 경영개혁방안의 수립은 중요한 과제임에 틀림없다. 경영개혁방안의 한 방법으로 독일의 경우처럼 철도사업을 민영화하는 방안도 강구할 필요가 있다. 독일은 연방철도의 민영화를 추진하기 위해 1989년 소위 연방철도사업 정부위원회라는 하나의 독립된 위원회를 설치하였다. 이 위원회의 제안에 기초하여 1993년 12월에 1994년 1월부터 효력을 발생하는 민영화를 주요내용으로 하는 철도사업 개혁에 관한 법률안들이 제정되었다. 동법률 안에 의하면 3~5년 이내에 철로사업, 여객운송, 화물수송의 3개 분야가 주식회사형태로 독립하되 지주회사*Holding Company* 형태의 독일철도사업 주식회사에 속해 있다가 2002년에 가서 성문화된 회사령에 의해 완전히 독립된 여객운송주식회사, 화물운송주식회사, 철도관리주식회사로 각각 민영화한다는 계획이다.

특히 우리나라의 경우 완공하여 현재 운영 중인 고속철의 경우에 일본의 경험으로부터도 알 수 있듯이 기존열차 노선의 적자는 더욱 확대될 것으로 전망되기 때문에 독일과 같이 철도청 산하에 민영화를 위한 위원회의 설치 등 철도사업의 민영화를 위한 각종 방안을 적극 검토할 필요가 있다. 뿐만 아니라 철도사업이외의 독일에서와 같이 체신사업의 민영화도 적극 검토할 필요가 있다 하겠다.

## 5. 민영화에 대한 정부의 역할과 기능

독일의 경우 공기업을 민영화하는데 있어 정부는 특히, 기민당*CDU* 정부는 일관성 있게 목적 있는 깊은 관여를 해 왔다. 왜냐하면 어떠한 민영화전략이라 하더라도 정부는 그 결과에 대하여 궁극적으로 책임을 져야하기 때문에 정책효과를 확보하기 위하여 일정한 역할을 해야 한다. 특히 공공성이 강한 국민기업을 민영화하는 경우는 더욱 그러하다. 독일의 경우 '사회적 시장경제'라는 고유의 경제체제의 특징 중 하나인 경쟁질서를 확립하기 위해서는 정부의 경제개입이 절대 필요하다는 것이다. 이에 따라 경쟁촉진을 목적으로 하는 공기업의 민영화에 있어서는 정부가 일관성 있게 관여해 왔다.

그러나 우리나라에 있어 정부의 민영화 계획은 그 출발부터 여러 가지 혼란에 봉착하고 있는데, 이는 그동안 정부의 민영화정책이 일관성 없게 추진돼 왔기 때문이다. 예를 들면 공기업의 민영화가 경제력집중을 심화시킨다는 우려의 목소리가 커지자, 4개 은행의 민영화에서는 30대 그룹을 배제하고 중소기업의 참여를 확대시킨다는 방침으로 변경하는 등 민영화추진에 있어 여론성 정책을 추구하였다고 볼 수 있다. 이는 정부의 민영화 계획이 민영화에 대한 지속적인 문제의식과 충분한 준비과정이 없이 단지 대통령의 지시에 의해 매우 짧은 시간에 졸속으로 마련되었기 때문이다.

규모가 큰 공기업이나 금융기관의 민영화에 있어서 정부가 여론에만 치중하여 처음부터 자격 제한을 하기보다는 개방화, 세계화에 대응하여 경영의 효율성 및 국제경쟁력을 강화하는 차원에서 정부의 일관성 있는 민영화정책을 추진해야 한다. 민영화는 목표설정과 매각대상의 선정, 추진과정에서 나타날 여러 가지 장애요인들의 파악과 그에 대한 대응방안의 마련, 그리고 구체적인 매각방법과 일정 등을 포함한 매우 기술적이고도 종합적인 계획을 수립하고 정부가 일관성 있게 그 역할과 기능을 수행해 나가야 하겠다.

# 제15장
# 독일 통일이 한반도에 주는 시사점

## 1. 한반도 통일 후 사유화정책에 주는 시사점

남북한 통일시 북한지역의 체제전환을 위한 여러 가지 정책 중 가장 중요한 것은 사유화정책이다.

북한지역의 사유화 대상으로는 대규모 기업인 연합기업소[192]를 비롯해 중소 제조업, 노동당 및 단체들이 소유한 재산, 금융기관, 호텔 · 음식점 등의 소규모 기업, 도 · 소매업, 토지 및 주택 등이 있다. 이와 같은 사유화 대상 중에서 기업의 조속한 사유화는 체제전환의 성패를 좌우할 만큼 중요한 일로써 올바른 사유화 정책의 수립과 통일시 남북한 체제통합의 핵심이라고 볼 수 있다.

북한지역의 사유화를 위해서는 우선적으로 사유화의 기초 작업인 사유화 대상기업에 대한 정확한 평가와 용도별 분류를 통해 투자가들에게 정확한 정보를 제공하여 사유화의 장애요인을 제거해야 한다. 또

192) 북한은 1985년 이후 동독의 콤비나트와 같은 형태인 연합기업소제도를 도입하여 거대기업군을 형성하였다.

한 사유화 방식에 대한 합의를 도출하여 사유화 방식에 관한 남북한 주민간의 공감대를 형성하고 사유화에 대한 당위성 제고와 체제전환에 따른 새로운 제도에의 적응을 용이하게 할 필요가 있다.

이와 같은 기초 작업 후 각 기업에 적용될 사유화 방식의 분류가 필요하며, 이에 입각한 사유화가 진행되어야 할 것이다. 사유화 방식은 각 기업에 명확한 원칙에 의해 일괄적으로 적용되어야 하며, 매각 방식에 있어서도 단계적 공개매각방식이 적합한 방식으로 생각된다. 독일의 경우 사유화 방식의 분류 후, 모든 기업에 일괄적인 사유화 방식이 적용되지 않았으며 매각방식에 있어서도 소규모매각에는 공개매각방식이, 대규모매각에는 통일에 따른 우선정책을 실현할 수 있는 협상을 통한 비공개매각방식을 채택하였다. 그러나 비공개매각방식은 사유화에 투자와 고용에 관한 조건이 부과됨으로써 사유화의 효과가 충분히 나타나지 않았으며, 공개매각방식에 비해 사유화 속도의 지체, 매각수입의 감소 등 여러 가지 부작용이 나타났다. 따라서 북한지역에서는 이를 보완하기 위해 공개매각방식을 원칙으로 기업의 규모에 따른 사유화 방식인 '선소규모 후대규모'의 단계적 사유화와 북한주민을 사유화에 참여시킬 수 있는 제한 입찰방식이 채택되어야 할 것이다. 이를 구체적으로 살펴보면 소규모 기업, 식당, 약국 등의 사유화에 있어서는 북한 주민의 우선적인 참여와 기득권을 인정할 수 있는 북한 주민을 대상으로 하는 제한적인 경매방식이 채택되어야 하며, 500인 이하의 중 · 소규모의 기업에 있어서는 MBO/MBI 방식과 남한 중소기업과의 합작에 의한 신규진출이 유리한 방식으로 생각된다. 그리고 국가전략산업 및 연합기업소의 경우, 적절한 해체를 통해 투자자들의 위험부담을 줄여 줌으로써 투자를 적극 유치해야 하며, 남한의 기업들과 외국기업들이 참여할 수 있는 공개매각방식이 선택되어야 할 것이다. 또한 대기업 지분의 일정비율을 바우처 방식에 의해 일반주민들에

게 무상배분 함으로써 일반주민들의 사유화 참여를 적극 유도하는 것도 바람직한 방식이다.[193)]

또한 독일에서는 독과점 구조 방지를 위해 중소기업 우대, MBO/MBI 방식 장려 등의 정책이 추진되었으나, 대기업 부문에서 서독 대기업에 대한 우대정책을 적용함으로써 오히려 독과점 구조가 심화되는 문제가 발생하였다. 이에 북한지역에서 대기업 부문의 독과점 구조를 방지하기 위해 남한에서의 산업별 기득권을 인정하지 않고, 시장경쟁체제 및 산업구조 정책적 측면에서의 사유화 작업이 추진되어야 할 것이다.

경영정상화에 있어서도 독일은 기업의 현상유지를 중시한 소극적 경영정상화방식을 채택함으로써 통일비용의 증대와 사유화의 지체를 가져왔다. 경영정상화기업과 폐기업의 발생원인은 동서독의 경제력 격차에 기인한 것으로, 남북의 경제력 격차는 동서독보다 더 큰 격차를 보이고 있어 사유화대상 기업보다는 경영정상화나 폐업으로 분류되는 기업의 비율이 더 높을 것으로 예상된다. 이와 같은 경영정상화와 폐업 대상기업의 증가는 통일비용의 증가와 사회문제의 발생으로 나타나게 되는데 이는 경영정상화 대상기업의 축소와 회생 불가능한 기업의 폐업조치 확대를 통해 사유화 대상기업의 비율을 높임으로써 해결이 가능하다고 생각된다. 따라서 사유화 대상기업의 비율을 높이기 위해서 사유화 또는 경영정상화기업에 대한 일괄적인 지원정책으로 투자의욕의 고취, 경영정상화기업에 한시적인 임금 및 자본 등 보조금정책의 동시실시, 북한체제하에서의 부채와 환경정화비용에 대한

193) 북한 노동력의 남한 이주에 따른 부작용을 막기 위해 노동력의 이동을 전제로 한 사유화증서의 배분방식도 고려해 봄직하다. 이는 노동력 이동에 따른 기회비용의 증가를 통해 노동력 이동을 제한하는 방법으로 개별 노동자의 기회비용이 크면 클수록 노동력의 이동을 제한하는 효과는 크게 나타날 것이다.

감면 등이 필요하다고 본다. 또한 이와 같은 기업의 분류에 있어서도 독일의 경우처럼 대차대조표 등에 의한 단기적 · 미시적인 분석만이 아니라, 경제적 비용 및 사회적 비용이 적용된 거시경제적 효과까지도 고려된 분석이 필요하다.

마지막으로 사유화기관의 문제인데 독일의 신탁청은 재무부 산하에 귀속됨으로써 외부의 압력에 영향을 받았으며, 중앙 집중적인 기관으로 조직의 비효율성이 나타났다. 또한 각 지역에 지사를 설립하여 각 지역 특유의 경제구조를 반영하려고 노력하였으나, 산업의 특성에 맞는 전문성 확보에는 실패하였다. 이에 북한지역에 설치될 사유화 기관은 우선적으로 산업별 전문성을 확보하여야 하며, 외부의 압력으로부터 독립적일 수 있는 대통령 직속기관 혹은 독립기관으로 설립되어야 할 것이다. 또한 조직의 구성원에 있어서도 관료집단뿐만 아니라 전문가, 경영자 대표, 노조 대표 등을 참여시켜 기관 업무의 공개성을 확보하고 국민적 합의를 도출해 낼 수 있어야 할 것이다. 이와 더불어 사유화기관에서 사유화를 진행시켜 나가는데 필요한 전문경영인의 양성 및 북한 주민참여 등의 프로그램을 개발하는 것도 사유화의 효율성을 높일 수 있는 방안이다.

## 2. 한반도 통일에 주는 시사점

향후 한반도에서의 통일은 독일식 흡수통일이 될 가능성이 매우 높다. 이러한 관점에서 독일 통일의 경험은 한반도 통일에 여러 가지 면에서 중요한 시사점을 줄 수 있을 것이다.

2005년을 기준 시점으로 하여 독일통일 15년이 안고 있는 사회경제적 문제점 분석을 통해 향후 한국 통일에 주는 정책적 시사점과 교훈

을 도출해 보면 다음과 같이 정리할 수 있다 :

첫째, 통일 이후 한반도에서 남북한 통합과 관련된 경제정책은 철저히 경제논리에 기초하여 합리적으로 추진되어야 한다.

한반도에서 통일 이후 북한의 경제재건을 위한 제반 경제정책을 경제논리에 기초하지 않고, 민족 정서나 정치적 논리 등을 우선시하여 잘못 추진하게 되면 그 후유증이 장기적으로 지속되어 통일 한국의 사회경제적 안정과 발전에 큰 걸림돌이 될 수 있다는 점을 독일 통일의 사례가 시사하고 있다. 그 대표적인 사례로 1:1의 통화 통합정책을 들 수 있다.

이미 서술한 바와 같이 동서독 간의 1:1 화폐통합은 동독화폐의 평가절상 효과를 가져왔고, 이는 급격한 생산비용의 증가와 동독기업의 경쟁력 상실과 이로 인한 대량실업을 가져왔다. 향후 남북한 통일 과정에서 독일의 경우와 같이 남북한 화폐통합이 1:1의 비율로 이루어진다면 통일 후 한반도에서도 독일과 같은 현상이 재현될 가능성이 높을 뿐만 아니라, 오히려 그 후유증은 독일보다 더 클 것으로 예상된다. 그 이유는 1990년 통일 당시 동서독 간의 경제수준 차이보다 현재 남북한 간의 경제력 격차는 더 심각하기 때문이다. 통일 당시 동서독 간 1인당 국민소득을 비교해 보면 서독이 2만 2천달러인데 비해, 동독은 약 8천달러로서 서독이 약 2.75배 정도 높았다. 그러나 남북한의 경우, 2005년 통계청이 발표한 통계[194]에 의하면 2004년 기준, 남한의 1인당 국민소득은 1만 4천162달러인데 비해, 북한은 914달러에 그쳐 그 격차가 무려 15.5배에 달하는 것으로 나타났다. 더 큰 문제는 이러한 격차가 시간이 갈수록 더 심화되고 있다는 것이다.

한반도에서 통일의 시점이 언제일지는 알 수 없으나, 통일 당시 통

194) 통계청 「통계로 본 남북한의 모습」, 2005.12.15

화통합은 남북한의 경제력을 고려하여 통일의 후유증을 최소화하는 수준에서 합리적으로 이루어져야 할 것이다.

둘째, 독일의 통일에서 얻을 수 있는 또 다른 교훈과 시사점은 통일 후 예상되는 통일비용을 합리적으로 추산하는 것이며, 통일비용의 재원은 국민경제에 큰 부담을 주지 않는 범위 내에서 중장기적 관점에서 다양한 방식으로 조달해야 한다는 것이다.

독일의 통일과정은 구동독 지역에 대한 예상을 초월한 천문학적 숫자의 재정지원으로 이루어졌다. 그 결과, 독일은 만성적인 재정적자와 이로 인한 엄청난 규모의 국가부채 증가라는 문제점을 초래하고 있다. 이러한 문제는 현재까지도 독일경제 성장의 아킬레스건으로 작용하고 있다. 이 문제를  해결하기 위해 독일정부는 'Agenda 2010' 이라는 경제개혁 프로그램을 추진함과 동시에 긴축정책을 실시하고 있으나 성공가능성은 불투명하다.

통일 독일의 만성적인 재정적자는 경제적으로 낙후된 동독경제를 회복시키는데 있어서 발생한 불가피한 현상이기도 하다. 그러나 문제는 통일 당시 독일 정부가 동독 경제를 과대평가했다는 것이며, 이로 인해 통일비용의 추산과 재원조달을 너무 낙관적으로 했다는 것이다.

현재 남북한의 경제력 격차를 고려할 때, 향후 한반도에서의 독일식 통일비용은 천문학적 숫자가 될 것으로 예상된다. 따라서 보다 현실성 있는 객관적인 통일비용의 계산이 필요하며[195], 더 중요한 것은 이러한 통일비용을 어떻게 마련할 것인가 하는 다양한 방법론이 통일 이전

195) 그동안 통일비용 추산에 관한 정부기관, 연구소 및 학자의 연구 성과들이 있다. 그러나 그 연구결과에서 제시하고 있는 통일비용은 분석하는 방법론의 차이(예를 들면, 통일 시점의 선정 등)에 따라 현격한 차이를 나타내고 있다. 그러나 보다 본질적인 문제는 이러한 통일비용을 국민경제의 걸림돌이 되지 않는 범위 내에서 어떻게 그 재원을 조달할 것인가 하는 준비와 연구가 매우 부족하다는 점이다.

부터 중장기적 계획을 가지고 모색할 필요가 있다.

셋째, 한반도 통일 이후 남북한의 경제적 격차를 가능한 빠른 시간 내에 해소할 수 있는 다양한 방안들을 통일 이전부터라도 지속적으로 추진하고, 정책에 적극 반영할 필요가 있다.

통일 이후 독일은 구동독지역에 막대한 통일비용을 지출하고도 아직도 동·서독 간의 경제적 격차는 좁혀지지 않고 있으며, 실업 등 그 격차는 오히려 심화되고 있는 상황이다. 이러한 경제적 격차는 단순히 경제문제로 끝나는 것이 아니라, 동서독 주민 간에 사회적 갈등을 심화시키는 사회적 문제로까지 확대되고 있다. 이러한 이유로 인해 독일의 내적 통일은 아직도 이루어지지 않았으며, 독일의 통일은 '반 쪽 통일'에 불과하다는 냉소적인 평가가 이루어지기도 한다.

현재 남북한의 경제적 격차를 고려할 때, 통일 이후 한반도에서 발생할 남북한의 경제적 격차와 이로 인한 남북한 주민 사이에 야기될 수 있는 사회적 갈등의 문제는 매우 심각한 상황에 이를 것으로 전망된다. 따라서 통일 이전부터라도 통일 후 발생하게 될 이러한 경제적 격차의 문제를 해소할 수 있는 방안과 그 정책대안들을 구체적으로 제시하고 추진하여야 할 것이다. 지속적인 남북 경제교류와 협력의 강화, 한반도 경제공동체의 추진 등은 그 한 예가 될 것이다.

이를 효과적으로 추진하기 위해 남북한의 경제적 격차 문제만을 해결하기 위한 전담부서로서 전문가로 구성된 민관 합동의 구성체 조직도 정부가 주도해서 추진할 필요가 있다. 왜냐하면 통일 이후 자명하게 나타날 남북한의 경제적 격차의 문제를 통일 후에 해결하고자 할 경우, 통일에 따른 필요 이상의 막대한 사회적 기회비용을 지불할 수 있기 때문이다.

넷째, 통일 후 한반도에서 예상되는 남북한 주민 간의 사회적 이질감과 이로 인한 갈등의 문제를 해결하기 위한 방안들을 모색하여야 할 것이다. 즉, 통일에 대한 남북한 주민들의 합의를 넓혀갈 수 있는 일관성 있는 사회통합적 통일정책의 수립이 필요하다.

독일통일의 경험이 보여 주듯이 동서독 주민 간의 사회적 갈등은 독일의 통일이 아직도 완전히 이루어지지 않았다고 평가하는 가장 중요한 이유가 되고 있다. 그래서 독일의 통일은 '한 민족 두 국가' 에서 '한 국가 두 사회' 로의 변화에 불과하다는 자조적 평가가 회자되고 있는 것이다.

현재 남북한 간의 경제적 격차를 고려할 때, 통일 후 한반도에서 초래될 남북한 주민 간의 사회적 갈등은 통일독일보다 더 심화될 가능성이 매우 높다. 따라서 이러한 문제를 해결하기 위한 방안들을 강구하여야 할 것이다.

이를 위해서는 남북한 간 상이한 정치 및 경제체제에서 가졌던 가치관, 행동양식, 생활습관 등의 차이점과 다양성을 남북한 주민 간에 받아들일 수 있는 다원적 관점과 사고를 키울 수 있는 언론의 역할 강화와 교육프로그램의 개발 등을 포함한 다양한 사회통합정책의 사전적 수립이 필요하다 하겠다.

# 참고문헌

## 국내문헌

강명규, 新오스트리아학파 경제사상의 계보,「경제사학」, 제4호, 경제사학회, 1980.

경제정의연구소, 경제정의지수(KEJI Index)로 본 한국기업의 평가, 경실련, 1998.

고일동 · 조동호, 구동독의 사유화 방안 및 실업대책, 한국개발연구원, 1992.

공보처, 도표로 본 북한의 오늘, 공보처, 1993.

공병호, 최승노, 기업윤리강령과 기업의 사회적 책임, 한국경제연구원, 1996.

국민경제연구소, 경제체제의 변화와 재산권, 국민경제연구소, 1992.

국제민간경제협의회, 폴란드 · 헝가리 · 체코의 경제개혁과 사유화 추진현황, 국제민간경제협의회, 1991.

김광수 · 박만수, 북한경제, 숭실대학교 출판부, 1994.

김규판, 주요국의 국유기업 사유화 정책 및 제도, 대외경제정책연구원, 1994.

김균외, 자유주의 비판, 풀빛, 1996.

김누리, 통일독일을 말한다 1 - 머릿속의 장벽, 한울아카데미, 2006.

김누리, 통일독일을 말한다 2 - 변화를 통한 접근, 한울아카데미, 2006.

김누리, 통일독일을 말한다 3 - 나의 통일이야기, 한울아카데미, 2006.

김득갑, 슈뢰더의 경제개혁(아젠다 2010),「World Report」, 제87호, 삼성경제연구소, 2003.

김면회외, 통일 이후 구동독지역 개발 현황과 전망,「세계지역연구논총」, 24집 3호, 한국외국어대학교, 2006.

김용구, 독일 사회적 시장경제의 지도적 원칙들과 한국 경제개혁 방향의 선택,「비교경제연구」,제2호, 한국비교경제학회, 1994.

김재홍, 한국의 민영화 정책, 김재홍, 이승철 편「민영화와 규제완화」, 한국경제연구원, 1994.

김창권, 독일 통일 비용 15년의 평가와 시사점,「통일경제」, 겨울호, 2005.
김해순, 통일 이후 동서독 주민들의 갈등과 사회통합 – 통일교육에의 시사점 –, 통일부 통일교육원, 2002.
나성린외, 공공경제학, 학현사, 1995.
매일경제신문, 1999년 1월 19일.
민경국, 진화냐, 창조냐, 자유기업센터, 1996.
박기덕 · 이종석, 남북간 체제비교와 통합모델의 모색, 세종연구소, 1995.
박상봉, 트로이한트와 한반도 통일, 혜화, 1994.
박성훈, 남 · 북한의 통일에 비추어 본 독일 신탁관리공사의 역할과 의의, 대외경제정책연구원, 1993.
박제훈, 러시아에서의 사유화 진전과 외국인 투자 여건, 대외경제정책연구원, 1992.
배진영, 경제질서의 이론과 정책, 비봉출판사, 2003.
신유근, 기업윤리와 경영교육, 세경원, 1992.
손정식, 소프트 경제원론, 문영사, 2001.
송병락, 한국경제론, 박영사, 1992.
아오키 마사히코 외, 기업시스템의 비교경제학, 연암사, 1998.
안두순, 독일통일의 경험이 남북한 체제통합에 주는 교훈, 세종연구소, 1995.
안두순 외 譯, 사회적 시장경제(O. Schlecht), 비봉출판사, 1993.
안석교, 하이에크와 오이켄의 자유주의 사상에 대한 비교연구, 「경제연구」, 제24권 제2호, 2003.
이근식. 자유주의 사회경제사상, 한길사, 1999.
이근식/황경식, 자유주의란 무엇인가, 삼성경제연구소, 2001.
이덕호, 독일 기업지배구조 특성과 유럽의 기업지배구조, 경제정의연구소, 2006.
이상만, 통일경제론, 형설출판사, 1994.
이상직 · 최신림 · 이석기, 북한경제 전망과 남북경협, 산업연구원, 1995.
이수혁, 통일독일과의 대화, 랜덤하우스중앙, 2006.
이영선, 북한의 현실과 통일과제, 동서문제연구원, 1993.
이진규, 세계화시대의 기업윤리와 기업문화 정립방안, 대한상공회의소, 1995.

이정전, 시장은 정말 우리를 행복하게 하는가, 한길사, 2002.
이준구외, 경제학 원론 I, 법문사, 1997.
이재율, 경제윤리, 민음사, 1995.
이종영, 기업윤리, 삼영사, 1996.
이태욱, 두개의 독일 : 독일통일과 경제･사회적 부담, 삼성경제연구소, 2001.
이태욱, 국제화 시대의 기업윤리의 이론과 실제-한국과 일본, 연세대 경영연구소, 1998.
임 철, 통일한국의 땅 이야기, 동연, 1995.
양기륜, 한국의 기업윤리에 관한 연구, 동아대 대학원, 박사학위논문, 1994.
자유주의경제학연구회, 시카고학파의 경제학, 민음사, 1994.
전국경제인연합회, 기업윤리헌장, 1996.
전성인 경제질서에 관한 질서자유주의와 신자유주의 사상에 대한 소고 : Eucken과 Hayek를 중심으로, 「경제연구」, 제13집, 한국경제통상학회, 1998.
정갑영, 민영화와 기업구조, 나남출판, 1996.
정남기, 독일기업의 지배구조와 출자전환제도에 관한 소고, 「전문경영인연구」, 제10집 제1호, 한국전문경영인학회, 2007.
평화문제연구소, 기다리는 통일 준비하는 통일, 평화문제연구소, 1995.
통계청, 통계로 본 남북한의 모습, 통계청, 2005.12.15.
통일원, '95 북한개요, 통일원, 1995.
한국비교경제학회, 남북한의 경제체제와 통합, 박영사, 1995.
허선 譯, 통일 그리고 경제의 모험(H. Siebert), 을유문화사, 1993.
현대경제사회연구소, 통일 경제, 통권 제 22호, 현대사회경제연구소, 1996.
한국경영학회, 한국의 기업윤리, 세경사, 1994.
황병덕, 독일통일 후 동독지역에서의 사유화정책 연구, 민족통일연구원, 1993.
황신준, 발터 오이켄의 경제질서정책-자유주의 경제개혁시대의 사상적 모색, 『경상논총』제13집, 한독경상학회, 1995.
황의각, 북한경제론, 나남, 1992.

## 국외문헌


Albert, M, Capitalism vs. Capitalism, New York, 1993.

Becker, H, Die Soziale Frage im Neoliberalismus. Analyse und Kritik, Heidelberg, 1965.

Beyenburg, U – Weidenfeld, Wettbewerbstheorie, Wirtschaftspolitik und Mittelstandsfoerderung 1948–1963, Stuttgart, 1992.

Bisky, J, Die deutsche Frage. Berlin, 2005.

Borrmann, A, Soziale Marktwirtschaft, Hamburg, 1990.

Borrmann, A(Hrsg.), Soziale Marktwirtschaft, Hamburg, 1990.

Buergenmeier, B, Socio–economics, Boston, 1992.

BfW, 40 Jahre der Sozialen Marktwirtschaft, Bonn, 1989.

Bisky, J, Die deutsche Frage, Berlin, 2005.

Bowie, E. N & Freeman, R. E, Ethics and Agency Theory, Oxford university Press, 1992.

Braehler, E and Richter, H–E, Deutsche – Zehn Jahre nach der Wende, Politik und Zeitgeschichte, (99)45 : 24–31, 1999.

Cassel, D(Hrsg.), 50 Jahre Soziale Marktwirtschaft, Stuttgart, 1998.

Davis, K & R. L. Blomstrom, Business and Society, New York, 1971.

Davis, K & W. C. Frederick, Business and Society, New York, 1984.

Dorff, R 통독 이후의 경제전환과정, 「세미나 자료」, 2005.

Dunfee, Th.W, Business Ethics, Kluwer, 1993.

Erhard, L /A. Mueller–Armack, Soziale Marktwirtschaft, Berlin, 1972.

Eucken, W, Wirtschaftsordnung, Oberursel/Berlebach, 1948.

Eucken, W, This Unsuccesful Age or The Pains of Economic Progress, London, 1951.

Eucken, W, Grundsaetze der Wirtschaftspolitik, Tuebingen, 1959.

Eucken, W, Grundlagen der Nationaloekonomie, 9.Auflage, Berlin, 1989.

Fasbender, K, u. a.(Hrsg.), Elemente der Sozialen Marktwirtschaft, Hamburg, 1991.

Flassbeck, H and G. A. Horn, German Unification - an Example for Korea, Brookfield : Dartmouth, 1996.

Friedman, M, Free to Choose, New York, 1980.

Gabriel, O. W(Hrsg.), Waechst zusammen, was zusammengehoert ?, Nomos, 2005.

Ganz, J & Hayes, N, Teaching Business Ethics, Journal of Business Ethics, Vol.17, 1988.

Giddens, A ,『제 3의 길』(한상진, 박찬욱역), 생각의 나무, 1998.

Gritsiuk, G, Privatization, Problems of Economic Transition, No.9, 1993.

Hayek, F. A, The Road to Serfdom, The University of Chicago Press, Chicago, 1972.

Hayek, F. A, Law, Legistration and Liberty : The Mirage of Social Justice, London, 1976.

Hefeker, C and Wunner, N, Promises Made, Promises Broken : A political Economic Perspective on German Unification, German Politics, 12(1) : 109-134, 2003.

Herder-Dorneich, P, Die Zukunft der Sozialen Marktwirtschaft, Berlin, 1973.

Herder-Dorneich, P, Soziale Marktwirtschaft als weltweites Modell, Koeln, 1993.

Herles, W, Wir sind kein Volk, Muenchen, 2004.

Hickel, L, 독일통일 10년에 대한 중간평가, 프리드리히 에버트 재단, 2000.

Hoffman, L, Die Waehrungsunion - Eine Entscheidung mit Folgen, Vierteljahrshefte zur Wirtschaftsforschung, 69. Jahrgang, Heft 2, 152-162, 2000.

Galbraith, J. K, Age of Uncertainty, Boston, 1977.

Ifo-Schnelldienst, Fuenf Jahre Reformprozess in Ostdeutschland, Muenchen, 1995.

IMF Staff Papers, 1991.

Giersch, H, Allgemeine Wirtschaftspolitik- Grundlagen, Wiesbaden, 1991.

Grossekettler, H, Die Wirtschaftsordnung als Gestaltungsaufgabe, Muenster, 1997.

Kang, M. K and Lee, K, Industrial System and Reform in North Korea : A Comparison with China, World Development, No.7, 1992.

Keese, Ch, Rettet den Kapitalismus, Hamburg, 2004.

Klein, W(Hrsg.), Soziale Marktwirtschaft, Berlin, 1995.

Kloten, N, Der Staat in der Sozialen Marktwirtschaft, Tuebingen, 1986.

Kremer, J, Reform der Sozialen Marktwirtschaft, Bielefeld, 1993.

Kuehn, W, Schlusslicht Ostdeutschland – ein Menetekel ?, Blaetter fuer deutsche und internationale Politik, 10, 2005.

Liebig, J, Business Ethics, California, 1990.

Ludwig, U, Licht und Schatten nach 15 Jahren wirtschaftlicher Transformation in Ostdeutschland, Deutschland Archiv. Zeitschrift fuer das vereinte Deutschland, vol. 38, no.3, 2003.

McGuire, J. W, Business and Society, New York, 1963.

Medvedev, V, Privatization, Problems of Economic Transition, No.11, 1993.

Miksch, L, Die Wirtschaftspolitik des Als-ob, Zeitschrift fuer die gesamte Staatswissenschaft, Tuebingen, 1949.

Mises, L. v, Nation, Staat und Wirtschaft : Beitraege zur Politik und Geschichte der Zeit, 1919.

Mieses, L. v, Preistaxen 6Bd., Handwoerterbuch der Staatswissenschaft, Jena, 1923.

Mochmann, I and EL-Menouar, I, Lifestyle Groups, Social Milieus and Party Preference in Eastern and Western Germany : Theoretical Considerations and Empirical Results, German Politics, 14(4) : 416-437, 2005.

Moeller, H, Ordnung der Wirtschaft, Hamburg, 1939.

Mueller-Armack, A, Wirtschaftslenkung und Marktwirtschaft, Hamburg, 1946.

Mueller, U(이봉기 역) 대재앙 통일 - 독일 통일로부터의 교훈, 문학세계사, 2006.

Nash, L. L, Good intentions Aside, Boston, 1993.

Nikiforov, L and Kuznetsova, T, Conceptual Foundations of Destatization and Privatization, Problems of Economic, No. 7, 1991.

Nikitenko, M, The Effectiveness of Privatization, Problems of Economic Trasition, No.10, 1993.

OECD, Economic Surveys Germany, Volume 2002, 2003a.

OECD, The Sources of Economic Growth in OECD Countries, 2003b.

Ol' shtynskii, A, The Path to Privatization, Problems of Economic No.2, 1991.

Paetzold, J, Soziale Marktwirtschaft, Berlin, 1994.

Pastin, M, Lessons from High-Profit, High-Ethics Companies : An Agenda for Managerial Action, in : Hoffman, Business Ethics, New York, 1990.

Peterson, H. G, Steuerpolitik : Rettung vor Chaos und Ueberbelastung tut Not, in : K. F. Zimmermann(Hrsg.), Reformen - jetzt ! So geht es mit Deutschland wieder aufwaerts, Gabler IZA, 1. Aufl., 2003.

Radke, D, Soziale Marktwirtschaft - eine Option fuer Transformations- und Entwicklungslaender, Koeln, 1994.

Renner, A, Neoliberalismus- Versuch einer Begriffsklaerung, Frankfurt am Main, 1990.

Roesler, J, Ostdeutsche Wirtschaft im Umbruch 1970-2000, Bonn : Bundeszentrale fuer Politische Bildung, 62-67, 2003.

Ritter, U. P, Vergleichende Volkswirtschaftslehre, Wien, 1992.

Schmitt, H, Handeln fuer Deutschland, Berlin : Verlag GmbH, 허 선 譯, 「이웃에서 동반자로」, 서울 : 매일경제신문사, 1994.

Schneider, H, Arbeitsmarkt : Wider die unheilige Allianz von Politik und Tarifkartellen, in : K. F. Zimmermann(Hrsg.), Reformen - jetzt ! So geht es mit Deutschland wieder aufwaerts, Gabler IZA, 1. Aufl., 2003.

Siebert, H, Das Wagnis der Einheit, Stuttgart : Deutsche Verlags-Anstalt, 1993, 허선 譯, 「통일, 그리고 경제의 모험」, 을유문화사, 1993.

Siebert, H, The German Economy - beyond the social market, Princeton University, 2005.

Sinn, H.-W, Volkswirtschaftliche Aspekte der deutschen Vereinigung, dtv Beck-Wirtschaftsberater, 박광작 · 김용구 · 이헌대 譯, 「새로운 출발을 위한 전환 전략」, 서울프레스, 1994.

Sinn, H.-W, Ist Deutschland zu retten ?, Berlin, 2004.

Starbatty, J, Ordoliberalismus, Wirtschaftsstudium(Wist), Tuebingen, 1983.

Steingart, G, Deutschland, Piper, Muenchen, 2004.

Smith, A, The Wealth of Nations, Oxford, 1976.

Spiegel, 2004년 4월, 제15호.

Theodore, K, Privatization : Conditions for Sucess and Fiscal Policy Implications, Social and Economic Studies, 41:4, 1992.

Thieme, H. J, Soziale Marktwirtschaft-Ordnungskonzeption und wirtschaftspolitische Gestaltung, Muenchen, 1991.

Vanberg, V, Freiburg School of Law and Economics, London, 1998.

Voy(Hrsg.), K, Marktwirtschaft und politische Regulierung, Marburg, 1991.

Wartin, Ch. Der neue Leviathan - ueber Gefahren einer Selbstzerstoerung der freien Gesellschaft, Stuttgart, 1982.

Wolf, Ch, Jr, 시장과 정부(전상경역), 교문사, 1991.

Zeppernick, R, Zur Rolle des Staates in der Sozialen Marktwirtschaft, Tuebingen, 1987.

Zinn, K-G, Soziale Marktwirtschaft, Mannheim, 1992.

# 찾아보기

## 주 제

## 영 문

# 인 명

# 질서자유주의, 독일의 사회적 시장경제

Ordo Liberalism, German Social Market Economy

**초판인쇄** 2011년 9월 16일

**초판발행** 2011년 9월 20일

**지 은 이** 황 준 성

**펴 낸 이** 김 대 근

**펴 낸 곳** 숭실대학교 출판국
서울 동작구 상도동 511

**등 록** 제14-2호(1982. 1. 25)
TEL 02-820-0771~2
FAX 02-817-5297
http://press.ssu.ac.kr

**찍 은 곳** 한다디자인
http://www.handapnt.co.kr
TEL 02-961-7500
FAX 02-961-7400

값 23,000원

ISBN 978-89-7450-276-8